V&R

Herbert Pachmann

Pfarrer sein –
Pfarrerin sein

Ein Beruf und eine Berufung im Wandel

Vandenhoeck & Ruprecht

Umschlagabbildung: Thomas Hirsch-Hüffell, Hamburg

Bibliografische Information der Deutschen Nationalbibliothek

Die Deutsche Nationalbibliothek verzeichnet diese Publikation in der Deutschen Nationalbibliografie; detaillierte bibliografische Daten sind im Internet über http://dnb.d-nb.de abrufbar.

ISBN 978-3-525-63023-5
ISBN 978-3-647-63023-6 (E-Book)

Satz: textformart, Göttingen
Druck und Bindung: ⊕ Hubert & Co., Göttingen

Gedruckt auf alterungsbeständigem Papier.

Inhalt

Vorwort 7

1 Nahe bei den Menschen 11
1.1 Ein sprechender Beruf 11
1.2 Pfarrer als Seelsorger 15
1.3 Pfarrer als Prediger 28

2 Nahe bei Gott 43
2.1 Von Gott reden 43
2.2 Mit Gott reden 47
2.3 Gottesdienst feiern 54

3 Die eigene Rolle 67
3.1 Nichts ist klar 67
3.2 Der Pfarrer ist anders 69
3.3 Als Grenzgänger unterwegs 72
3.4 Das Identitätsproblem 74

4 Amt und Ordination 85
4.1 Die Erwartungen und der Auftrag 85
4.2 Das evangelische Pfarramt 86
4.3 Allgemeines Priestertum 92
4.4 Die Ordination 94

5 Funktion und Person 99
5.1 Amt und Funktion 99
5.2 Amt und Person 104

6 Profile im Amtsverständnis der Moderne 117
6.1 Der geistliche Führer 118
6.2 Der Professionelle 122
6.3 Der Sakramentsverwalter 126

6.4 Der Theologe 132
6.5 Der Portier 137

7 Der öffentliche Auftritt 145
7.1 Kirche repräsentieren 145
7.2 Gottesdienst und Öffentlichkeit 148
7.3 Gottesdienst inszenieren 153

8 Die Gemeinde 165
8.1 Pfarrer für alle 165
8.2 Die Milieuperspektive 170
8.3 Marginalisierte Singles 173
8.4 Frauen und Männer glauben anders 175
8.5 Religiöser Markt neben der Kirche 180
8.6 Offenheit und Begrenzung 188

9 Leben im Pfarrhaus 193
9.1 Geistliche und bürgerliche Existenz 193
9.2 Das Pfarrhaus als bürgerliches Ideal 195
9.3 Die Frauen der Pfarrer 199
9.4 Der Pfarrer als Teilzeit-Hausmann 203
9.5 Offenes Haus oder soziale Isolation? 206
9.6 Vom Sinn der Residenzpflicht 207

10 Das Management 213
10.1 Zeit strukturieren 213
10.2 Gemeinde organisieren 220
10.3 Gemeinde leiten 226
10.4 Das Kreuz mit der Macht 237
10.5 Leistung und Qualität im Pfarramt 244
10.6 Qualitätssicherung in der Gemeinde 249
10.7 Vom *package-deal* 253

Fazit: 12 Thesen 263

Literaturnachweis 269

Vorwort

Pfarrer ist ein alter und immer noch attraktiver Beruf, ein Beruf, der die wechselnden Zeiten relativ stabil überdauert hat. Heute allerdings steht er vor neuen, modernen Anforderungen, denen er nicht ausweichen kann. Obwohl die Kernaufgaben seit der Reformation in erstaunlicher Kontinuität gelten, gibt es zahlreiche Gründe, über Tätigkeiten, Prioritäten und das Selbstverständnis der Pfarrer neu nachzudenken:

Entsprechend der Ausdifferenzierung in allen Bereichen der Gesellschaft haben sich auch die Aufgaben im Pfarramt erweitert, außerdem hat die Ordination von Frauen das Berufsbild facettenreicher gemacht. Die Frage nach den Grenzen zwischen Arbeit und Freizeit, die für die moderne Berufswelt konstitutiv ist, hat mittlerweile auch die Pfarrer erreicht. Das Leben im Pfarrhaus ist vielschichtiger geworden, die Aufgaben der Verwaltung sind gewachsen, die Liste der Sitzungen und Tagungen ist länger geworden. Zudem haben die Zunahme an Funktionspfarrstellen sowie die Einrichtung von Teilzeitstellen das Berufsbild verändert.

Insgesamt ist die kirchliche Praxis pluraler und oft auch diffuser geworden. Die gesellschaftliche Indifferenz in Bezug auf Kirche nimmt noch zu. Damit wächst die Unkenntnis über wesentliche Elemente des Glaubens. Die kirchlichen Bindungen sind allgemein lockerer geworden. Hinzu kommt die demografische Entwicklung der Gesellschaft mit steigender Lebenserwartung und sinkender Geburtenrate, die zu einem Rückgang der finanziellen und personellen Ressourcen in der Kirche führt. Die fetten Jahre sind vorbei.

All diese Veränderungen wirken sich auf das Berufsverständnis der Pfarrer aus. Innerhalb der Kirche sind sie immer noch die einflussreichste und verlässlichste Berufsgruppe. Für viele Menschen wird ihr Verhältnis zur Kirche vorwiegend über die Wahrnehmung des jeweiligen Pfarrers gesteuert. Gleichzeitig ist das Profil des Pfarramtes unklarer geworden, denn die alten Rollenmuster sind ins Wanken geraten.

Genug Stoff also für eine Standortbestimmung. Grund genug auch für eine Selbstvergewisserung des Pfarrer-standes – derer, die es sind, wie jener, die erwägen oder schon anstreben, es zu werden.

In zehn Kapiteln sollen *Signaturen* im Wandel des Pfarrberufs herausgearbeitet und erkennbar gemacht werden. Dabei geht es zunächst darum, die gegenwärtige Diskussion zu ordnen und für die Praxis lesbar zu machen. So hinterfrage ich *Handlungsfelder des Pfarrberufs* und versuche sie mit ihrer jeweiligen Problematik darzustellen.

Dazu habe ich einerseits die *pastoraltheologischen Diskussionen* rund um das Pfarramt verfolgt und zitiere diese ausführlich, vor allem aber eigene Wahrnehmungen geordnet und meine persönlichen Erfahrungen von 30 Jahren im Gemeindepfarramt ins Spiel gebracht.

Die Kapitel sind zwar nummeriert, stehen aber jeweils für sich und lassen sich in beliebiger Reihenfolge lesen. Da es sich um eher essayistisch dargestellte Überlegungen handelt, ließen sich einzelne Wiederholungen in jeweils anderem Zusammenhang nicht vermeiden.

Nicht berücksichtigen konnte ich die spezifische Situation von *Frauen im Pfarramt.* Zum einen fehlt mir dafür ausreichend Erfahrung, zum anderen bin ich ein Mann. Dieses Kapitel müsste von einer Frau geschrieben werden.

Statt der unterschiedlich gebräuchlichen Bezeichnungen für die Behörden in der Kirchengemeinde – Kirchenvorsteherschaft, Kirchenpflege, Kirchenstand oder Kirchgemeinderat – verwende ich durchgehend den Begriff „Kirchenvorstand".

Das Buch richtet sich in erster Linie an meine *Kolleginnen und Kollegen im Pfarramt.* Vielleicht kann es auch jene erreichen, die sich im Vikariat auf ihr Amt vorbereiten. Es soll anregen und Impulse liefern, um sich in Pfarrkapiteln oder zu anderen Anlässen über ein zeitgemäßes Amtsverständnis zu verständigen.

Geschrieben ist es auch für die Mitglieder im *Kirchenvorstand* und alle *kirchlichen Mitarbeiter,* damit sie ihre Pfarrer besser verstehen lernen. Insgesamt wohl ein Buch für alle, die in unserer Kirche Verantwortung übernehmen und an einer Gemeindeentwicklung interessiert sind.

So hoffe ich, dass der Diskurs über den Wandel im Pfarrberuf intensiver geführt wird und dem Ganzen der Kirche, vor allem aber den Kirchgemeinden und ihren Menschen dient.

Herbert Pachmann
am 1. Advent 2010

1 Nahe bei den Menschen

Es ist schön, Pfarrer oder Pfarrerin zu sein. Man ist bei den Menschen, darf an ihrem Leben teilnehmen und sie begleiten. Wer als Pfarrer in einem Dorf nicht bei jeder Familie einmal im Stall gestanden und dann in der Küche den gemeinsamen Kaffee getrunken hat, weiß nicht, was Nähe ist.

Und wer als Stadtpfarrerin nicht Gast in fremden Häusern war und die vielen Geschichten von den Zumutungen des Lebens gehört hat, ist nicht am Puls der Zeit.

Immer wieder neu staune ich darüber, wie viel Vorschuss an Vertrauen mir die Menschen entgegenbringen, aus dem einzigen Grund, weil ich Pfarrer bin.

Ich kenne keinen anderen Beruf, bei dem man so nahe am Leben und so intensiv im Dialog über dieses Leben und das Sterben ist. Der Pfarrberuf bietet die Möglichkeit, Wesentliches in einer Vielfalt und Tiefe erfahren und ausdrücken zu können, die ihresgleichen sucht.

1.1 Ein sprechender Beruf

„Der Pfarrer arbeitet nicht, er redet nur." Ein etwas abgestandener, aber populärer Kalauer. Ja, der Pfarrer übt einen sprechenden Beruf aus. Er ist bei den Menschen vor allem mit seinem Wort – mit dem gepredigten und dem seelsorglichen, dem deutenden, visionären und manchmal heilenden Wort.

Auch in Unterricht und Erwachsenenbildung, bei Kasualien und selbst beim Kirchenkaffee tritt die Pfarrerin als Sprechende in Erscheinung. Die Kommunikation des Evangeliums, die ihren Auftrag ausmacht, geschieht weithin über das Wort. Auch wenn wir Symbole gebrauchen und Rituale begehen, sind diese auf das deutende Wort angewiesen. Der Pfarrer ist ein Mann des Wortes. Die Pfarrerin ist eine Frau des Wortes.

In einer Zeit, in der Worte uns überfluten und zu einer Inflation des Wortes geführt hat, versteht sich der Pfarrer noch immer als Diener am Wort, „Verbi divini minister", wie er in der reformierten Schweiz ehrenhaft bezeichnet wird. Diener des göttlichen Wortes. Sein Einfluss und seine Überzeugungskraft beruhen vor allem auf der Macht seiner Rede, einer Rede allerdings, in der er eine höhere Instanz zu vertreten hat. Darum ist es ein fremdes und bisweilen befremdliches Wort, das er zu sagen hat. Es ist nicht von dieser Welt, sondern aus der Wirklichkeit Gottes.

Der Pfarrer, die Pfarrerin hat also von dem zu reden, was die handgreifliche Welt übersteigt. Das ist eine faszinierende und anspruchsvolle Aufgabe. Was dieses Wort freilich bewirkt, ist seiner bzw. ihrer Machbarkeit weithin entzogen.

Allenfalls können sie wahrnehmen, was die Worte der Vorgänger unter den Menschen bewirkt haben. Ebenso können sie die Hoffnung haben, dass ihre Nachfolger wahrnehmen, was ihr jetziges Wort bewirkt.

Den direkten und schnellen Erfolg jedenfalls kennt der Pfarrerin bzw. die Pfarrerin nicht, und wenn er doch eintritt, dann gehört er zu den seltenen Glücksmomenten. Damit muss der Pfarrer leben können. Er spricht auf Zukunft hin und versteht sich darin in der Perspektive der biblischen Schriften. Er redet, wie all die Propheten und Prediger vor ihm, in der Zuversicht, dass das Wort Gottes nicht leer zurückkehren wird:

> Denn wie der Regen und der Schnee herabkommen vom Himmel und nicht dorthin zurückkehren, sondern die Erde tränken und sie fruchtbar machen und sie zum Sprießen bringen und Samen geben dem, der sät, und Brot dem, der isst, so ist mein Wort, das aus meinem Mund hervorgeht: Nicht ohne Erfolg kehrt es zu mir zurück, sondern es vollbringt, was mir gefällt, und lässt gelingen, wozu ich es gesandt. (Jes 55,10 f.)

Bis in die frühen Jahrzehnte des letzten Jahrhunderts galten die Theologen als Meister der Rede. Inzwischen haben sie professionelle Konkurrenz bekommen.

> Seit der Reformationszeit ist der Anteil verbal zentrierter Berufe in der Gesellschaft erheblich gestiegen. Was einst zur Besonderheit des Pfarrers gehörte, dass er professionelle Praxis der Sprache betreibt, ist inzwischen zum Charakteristikum auch anderer Gruppen geworden. Die Ausbildung eines breit gefächerten Schulsystems, die Entwicklung psychotherapeutischer Heilverfahren und die Professionalisierung der schriftstellerischen Tätigkeit hat es mit sich gebracht, dass der Pfarrer nicht mehr der einzige Arbeiter mit der Sprache ist. Von diesen Kollegen am Wort kann er sich bei der Durchführung der eigenen Aufgaben anregen lassen. Er sieht sich durch sie aber auch, speziell was Wirkung und Ziel seines Redens in der Gesellschaft betrifft, in eine Konkurrenzsituation gestellt.[1]

Im öffentlichen Leben sind es die Fernsehmoderatoren, Politiker, Schriftsteller, Vortragsredner aus allen Wissenschaften und Bereichen, Psychologen und Soziologen, Lebensberater, Werbefachleute und Talk-Master. Sie alle verstehen sich darauf, professionell zu kommunizieren und das Leben zu deuten. Zudem haben sie die Macht der Bilder auf ihrer Seite. Das ist ein nicht zu unterschätzender Vorteil, denn in unserem visuellen Zeitalter werden Botschaften zunehmend über Bilder aufgenommen. Bilder sind schneller fassbar als das gesprochene Wort, sie können fast unmittelbar Emotionen auslösen und ersparen die oft mühevolle Reflexion.

Die evangelische Pfarrerin jedoch hat, bis auf wenige Symbole und Rituale, nur das Medium des Wortes zur Verfügung. Das ist ihre Not und zugleich ihre Chance. Wie kann sie ihre Botschaft hörbar machen und die Menschen mit dem fremden Wort berühren? Ich halte das für die größte Herausforderung im Pfarrberuf.

Manfred Josuttis hat darauf aufmerksam gemacht, dass das Reden des Pfarrers nicht nur angesichts der professionel-

1 Manfred Josuttis, Der Pfarrer ist anders, 91.

len Konkurrenz zur Zumutung werden kann, sondern dass er aus sehr persönlichen Gründen bisweilen lieber schweigen würde.

> Die Glocken läuten zum Gottesdienst, und er muss predigen, auch wenn er angesichts eigener Glaubensprobleme viel lieber schweigen möchte. Die Trauung ist angesetzt, von erfahrener Liebe und erhofftem Glück ist zu reden, auch wenn man kurz vorher an einem Grabe gestanden hat. Ein Seelsorgegespräch findet statt, auch wenn der Pfarrer von Konflikten aus dem eigenen Familienkreis überschwemmt wird. Sicher sind solche Zwänge, die Gottesdienstordnung und Terminkalender enthalten, nicht nur in seinem Beruf anzutreffen. Auch liegt darin für den Betroffenen immer die Chance, durch einen Anstoß von außen aus dem eigenen engen Problemfeld herausgeführt zu werden. Dennoch kann die Erfahrung, zum Reden gezwungen zu sein, für den Theologen makaber werden. Mindestens unbewusst wird der Bruch zwischen Wort und Person die Kommunikation mit dem Pfarrer beeinflussen. Gegenüber dem Wort wie dem Hörer, die ihn zum Reden zwingen, kann der Pfarrer unterschwellig Aggressionen entwickeln. Und vor sich selbst kann er so zum Zyniker werden, weil er sich seinem eigenen Empfinden nach durch andere vergewaltigen lässt.[2]

Josuttis hat diesen Einwand Anfang der 80er Jahre formuliert, in einer Zeit, als die Pfarrer sehr mit ihrer Befindlichkeit beschäftigt waren. Als Problemanzeige behält sein Votum allerdings auch heute Gültigkeit. Dennoch gehört es zur Profession des Pfarrers, zu reden. Die Gemeinde erwartet, dass er sich auch unabhängig von seiner Befindlichkeit darauf einzustellen in der Lage ist.

Eine andere Frage hingegen wird Pfarrer und Pfarrerinnen immer wieder in ernsthafte Konflikte führen: Müssen sie in ihrem Reden auf die Bedürfnisse der Gemeindeglieder eingehen und wenn ja, wie weit, oder sollen sie den eigenen theologischen Überzeugungen folgen? Zugespitzt formuliert:

---

2 A. a. O., 100.

Sollen sie die Menschen mit dem bedienen, was diese jeweils wünschen oder mit der Botschaft, die sie jeweils brauchen? Das wäre häufig etwas anderes.

Kann ich als Pfarrer überhaupt entscheiden, was die Menschen jeweils brauchen? Von einem professionellen Theologen wird man das erwarten dürfen, auch wenn die Frage offenbleibt, ob ihm die Gemeinde darin folgen wird. Andererseits gebietet ihm sein seelsorglicher Auftrag, nahe bei den Menschen zu sein.

1.2 Pfarrer als Seelsorger

Im kollektiven Bewusstsein der Menschen gehört die Seelsorge zum Kernauftrag eines Pfarrers bzw. einer Pfarrerin. Auch Kirchenferne sind sich einig: Ein guter Pfarrer soll ein guter Seelsorger sein. Er soll nahe bei den Menschen sein und für ihre Seele sorgen. Eine schöne Vorstellung!

Ob dieses Bild der Realität entspricht, ist allerdings fraglich geworden. Im Selbstverständnis der Kirche ist zwar die Seelsorge nach wie vor ein zentrales Handlungsfeld.

> Was allerdings Seelsorge präzise umfasst, welches Setting ein seelsorgerliches Gespräch benötigt, welchen Charakter Seelsorge hat und welche Ziele sie verfolgt, ist wesentlich weniger klar. Die Vorstellungen sind meist so: Zeit für Menschen, Zuwendung bei Bedarf, intensive Gespräche, Hilfe in Krisensituationen, Beratung in Lebensfragen. Aber: Im Gegensatz zu Gottesdienst und Unterricht hat Seelsorge keinen klar umrissenen institutionellen Rahmen. Sie ist daher flexibler, situationsabhängiger und muss sich veränderten gesellschaftlichen und kirchlichen Bedingungen stärker anpassen."[3]

Zu diesen veränderten Bedingungen gehört die Tatsache, dass die Seelsorge der Pfarrer und Pfarrerinnen heute durch die

3 Uta Pohl, in Handbuch Praktische Theologie, 675.

Spezialpfarrämter, vor allem aber durch die wachsende außerkirchliche Konkurrenz an Bedeutung verliert.

> Die Gemeindepfarrer sehen sich mit der Tatsache konfrontiert, dass ihre Seelsorgeangebote mehrheitlich ignoriert werden, während der Spezialist für psychologische und soziale Beratung, sein Kollege und Amtsbruder, mit Anfragen geradezu überschwemmt wird. Mit dem Angebot von psychologischen Beratern und anderen Spezialisten wird demnach vor allem die Identität des Generalisten in Frage gestellt.[4]

Damit sieht sich der Pfarrer, die Pfarrerin mit einer Konkurrenz konfrontiert, die ihnen einen Teil ihrer traditionellen Rolle und Aufgaben entzieht und damit den Bereich ihrer Kompetenzen begrenzt.

Hinzu kommt, dass die Seelsorger gezwungen sind, sich in einem gesellschaftlichen Umfeld zu profilieren, das von einem immer schneller wechselnden Zeitgeist bestimmt wird. Zurzeit erleben wir unter dem Etikett „Body and Soul“ einen Boom spiritueller und gesundheitsorientierter Angebote, der alles aufzusaugen scheint: Gesundheit, Ernährung, Psychohygiene und Glücksverheißungen werden mit „spirituellen“ Deutungsangeboten beworben. Medizinische und religiöse Argumente für die eine oder andere therapeutische Anwendung lassen sich kaum voneinander unterscheiden.

Für die Pfarrer müssen solche Entwicklungen irritierend und schmerzhaft sein. Schließlich sind sie für die Seelsorge ausgebildet und erwarten, dass man etwas von ihnen erwartet. Sie halten sich im Alltag Zeitfenster für die Seelsorge frei und haben vom Berufsverständnis und den Ansprüchen an das Pfarramt permanent in Bereitschaft zu sein. Darum ist der Umstand, immer weniger gefragt zu sein, auch eine Demütigung.

Ob also im veränderten gesellschaftlichen Umfeld die Seelsorge des Gemeindepfarrers tatsächlich noch ein zentrales Feld seiner Praxis darstellt, lässt sich nicht mehr eindeutig beantworten. Im kirchlichen Kontext wird diese Frage allerdings

---

4 Pierre Dubied, Die Krise des Pfarramts als Chance der Kirche, 84.

tabuisiert, so als dürfe man um keinen Preis an alten Bastionen rütteln.

Und doch handelt es sich um eine höchst relevante Frage, sowohl im Blick auf das kirchliche Handeln insgesamt, als auch für das Selbstverständnis der Pfarrer und Pfarrerinnen. Ich halte es für dringend nötig, unter der Pfarrerschaft einen Diskurs darüber zu führen, wodurch ein seelsorgliches von einem psychologisch-therapeutischen Gespräch zu unterscheiden ist. Muss ein seelsorgliches Gespräch per se die religiöse Dimension erkennbar machen oder kann auch ein beiläufiger Small Talk die Qualität von Seelsorge erreichen? Wo und wie findet heute Seelsorge tatsächlich statt?

Nach meiner Erfahrung ist die Konstellation, dass sich ein Mensch spontan oder nach Anmeldung zum Pfarrer begibt, um Rat, Beistand oder Hilfe zu suchen, selten geworden, mit Ausnahme von sozialen Härtefällen, bei denen es vorwiegend um finanzielle Unterstützung geht. Auch die seelsorglichen Möglichkeiten bei Kasualgesprächen werden häufig überschätzt, denn vielfach wird „nur" noch der kirchliche, das heißt in erster Linie rituelle Service gewünscht, ohne weiteres Wenn und Aber. Hingegen haben andere Formen an Bedeutung gewonnen: das zufällige Gespräch in der Einkaufshalle, auf der Straße oder an jedem öffentlichen Ort, der Hausbesuch sowie eine Seelsorge an den Urlaubs- und Freizeitorten. Gerade die Freizeit- und Übergangsorte fördern eine stärkere Offenheit für grundlegende Lebens- und Glaubensfragen und bieten zugleich die gewünschte Distanz. Damit machen sie niederschwellige Angebote im Urlaub, bei Kuraufenthalten, auf Bahnhöfen und Flughäfen oder in den offenen City-Kirchen möglich.

Allerdings sollten Pfarrerinnen und Pfarrer prinzipiell als geistliche Figuren erkennbar und ansprechbar sein, so wie Ärzte, Lehrer und Richter in Bezug auf die jeweils von ihnen repräsentierte Sachthematik auch. Gemeindeglieder sollten sicher erwarten können, dass sie mit ihren Pfarrerinnen und Pfarrern über ihre Ängste und Unsicherheiten, über das Altwerden und Sterben, über die Frage nach Gott und dem Leid reden können, dass sie dabei mit ihren Fragen ernst genommen werden, dass für sie gebetet wird und sie sich bei alledem auf die Integrität und Verschwiegenheit ihrer Pfarrerin bzw. ihres Pfarrers verlassen können.[5]

Dass Seelsorge nicht die face-to-face Situation, ja nicht einmal das Gespräch voraussetzt, zeigen heute die medialen, durchaus erfolgreichen Angebote wie Telefon-, Internet- oder SMS-Seelsorge. Das Attraktive daran:

Man kann auf einfache, schnelle und niederschwellige Weise Seelsorger kontaktieren und dabei die Distanz wahren, die für viele zur Voraussetzung geworden ist.

Gerade das Internet wird zum Medium moderner Seelsorge. Selbst seine Sünden kann man dort bekennen.
Dazu läuten Glocken und eine metallene Stimme tönt mit der religiösen Formel „Im Namen des Vaters, des Sohnes, des heiligen Geistes. Amen.“ Wer seine Missetaten in das leere Textfeld einträgt, den Vorsatz zur Besserung und die Reue mit einem Häkchen versieht sowie die Botschaft abschickt, erhält als Antwort den Text des Vaterunsers.

Im Internet kann man nicht nur anonym beichten, sondern vor allem die Beichten und Sünden anderer lesen. Auch der virtuelle Kirchgang wird attraktiv, kann man doch die Online-Gemeinde auch um Gebete fürs eigene Seelenheil bitten. Solche Entwicklungen lassen fragen, ob der nicht spezialisierte Gemeindepfarrer als Seelsorger wirklich noch gebraucht wird.

Ich halte nach wie vor den persönlichen Kontakt und die persönliche Seelsorge für das stärkste Argument bzw. die stärkste Antwort der Pfarrerschaft auf die oben genannten Entwicklungen. Gerade weil es in der Seelsorge um die sensible und anspruchsvolle Aufgabe geht, Lebenssituationen und -schicksale zu deuten, wobei die Kunst des Deutens sich meist auf gebrochenes Leben bezieht, ist der persönliche Kontakt, bei dem man

5 Isolde Karle, Der Pfarrberuf als Profession, 223.

sich einander auch aussetzt, kaum ersetzbar. Allerdings steht der Seelsorger vor der Frage, vor welchem Horizont oder in welchem Rahmen seine Interpretation geschehen soll.

Fulbert Steffensky hat das Problem solchen Deutens am Beispiel von Krankheit reflektiert:

> Um leben zu können, muss man eine Interpretation des Lebens haben. Die Lebensinterpretationen beginnen aber längst vor den ausdrücklichen Sätzen, die über die Krankheit und ihren Sinn zu sagen sind. Kann es noch einmal eine Sprache geben, die von vielen gesprochen wird, die das zerstückelte Leben zusammenbringt und in der Geschichten vom guten Ausgang des Lebens verheißungsvoll aufbewahrt sind?[6]

> Was mich trifft, womit ich zu arbeiten habe, woran ich zu kämpfen habe, ist nicht nur das, was es ist. Es ist auch immer das, was ich in es hineinlese. Die Objektivität ist das Rohmaterial, das bearbeitet werden will. Sie verändert sich durch die Lesart, die ich ihr gebe."[7]

> Gerade in der Krankheit „beginnt die Arbeit, von unserer punktuellen Existenz wegzukommen, uns selber wieder in Zusammenhänge zu bringen, die einsichtig und sinnvoll sind. Wir deuten uns in unserer Krankheit, und unsere Umgebung deutet unsere Krankheit, denn auch sie ist von ihr bedroht.[8]

Da setzt die Arbeit der Seelsorger ein. Kann er oder sie Zusammenhänge und Perspektiven aufzeigen? Alte Gesellschaften hatten ihre Worte, Sakramente und Rituale, die den Kranken in den Zusammenhang mit einem Ganzen brachten. Uns scheinen diese Möglichkeiten zu fehlen, denn wir sind aufgeklärt und ernüchtert. Oder doch nicht? In jedem Fall …

> muss (ich) wissen, was ich tue, wenn ich spreche, dass ich „in Gottes Hand" bin. Ich muss wissen, welchen Realitäten ich ins Gesicht schlage, wenn ich einen solchen Satz sage. Das Zuviel an Sprache und die zu rasche Sprache ist aber nicht mehr un-

---

6 Fulbert Steffensky, Feier des Lebens, 61.
7 A. a. O., 62.
8 A. a. O., 63.

> ser Hauptproblem. Wir haben es damit zu tun, dass wir in den Krisen unseres Lebens stumm und unpathetisch geworden sind. Stumm, weil wir nicht mehr sagen können, wozu etwas gut ist und wozu die Krankheit „dient".[9]

Damit aber ist das Ertragen der Krankheit und die Erträglichkeit der Krankheit kaum noch gegeben.

Für den Seelsorger reicht es nicht, wenn er sich nur als empathischer Zuhörer versteht und die Aufgabe des Deutens scheut. *Pierre Dubied* sieht darin sogar einen unverantwortlichen Rückzug mit schwer wiegenden Folgen für den Pfarrerstand sowie ein Armutszeugnis für die Theologie.

> Dieser Rückzug scheint mir für etwas anderes symptomatisch zu sein, nämlich für die Hemmung, die Identität des Interpreten zu übernehmen. Ist aber auch diese Identität abgelegt, dann bleibt kein seelsorgerliches Proprium mehr. Man mag sich dann darüber wundern, dass Menschen, die zuhören, nur schwer dem Verdacht entgehen können, sie würden das, was sie tun, immer etwas weniger oder weniger kompetent tun als andere Berufsleute, etwa Psychologen, Psychotherapeuten und Sozialarbeiter … Die Undeutlichkeit der Pfarrerrolle hat auch Rückwirkungen auf die Theologie selbst. Wenn die Pfarrer nur noch professionell zuhören wollen, dann vielleicht deshalb, weil sie nichts Spezifisches mehr zu sagen haben, das außerhalb ihres eigenen Überzeugungssystems gehört und verstanden würde. Und hinter diesem Scheitern verbirgt sich das Scheitern der Theologie. Daher der Verlust des theologischen und beruflichen Gerüsts der Pfarrer-Identität zugunsten einer Verschwommenheit, die häufig aus eilends zusammen gebastelten Bruchstücken besteht, zuweilen – selten genug – glanzvoll ist.[10]

Um zu verstehen, wie es dahin kommen konnte, ist ein kurzer Rückblick auf die Entwicklung der Seelsorgekonzepte in den vergangenen fünfzig Jahren nötig. In den 60er und 70er Jahren war es, in Abgrenzung zur dialektischen Theologie, zu einer

9 A. a. O., 66.

10 Pierre Dubied, Die Krise des Pfarramts als Chance der Kirche, 134.

Seelsorgebewegung gekommen, die sich stark an der Psychologie orientierte.

Es waren die Jahre der großen Auseinandersetzungen zwischen dem verkündenden Ansatz der *kerygmatischen Seelsorge* und einem therapeutischen Ansatz der *beratenden Seelsorge*. Die kerygmatische Seelsorge, für die die dialektische Theologie die Grundlagen lieferte, verstand Seelsorge als die „Ausrichtung des Wortes Gottes an den Einzelnen". Die Nöte und Sorgen der Menschen wurden zwar ernst genommen, aber grundsätzlich im Horizont des Wortes Gottes gedeutet, durch das der Mensch zur Umkehr geführt werden sollte.

Wesentlich und viel kommentiert war damals der sogenannte „Bruch" im seelsorgerlichen Gespräch, der Wechsel also von den menschlichen Themen zur transzendenten Ebene. Nach einer langen Phase des Hörens hatte der Seelsorger den Zuspruch des Evangeliums anzusagen, denn er verstand sich auch in der Seelsorge als Prediger.

In Abgrenzung dazu orientierte sich die beratende Seelsorge am Menschen und seinen Fragen, vor allem an seinen Konflikten und Krisen, die sie lösen helfen wollte. Sie übernahm von der Psychologie deren Ansätze und Methoden, vor allem aus der Psychoanalyse und Gesprächspsychotherapie. Von Therapeuten bezog man die methodischen Konzepte, mit ihm teilte man zentrale Hypothesen der Anthropologie.

Zum Leitbild für eine gelingende Seelsorge war unbestreitbar der Therapeut geworden, der sich um leidende, sozial, psychisch und religiös gestörte Menschen bemühte. Ob die Gegenwart Gottes dabei thematisiert wurde, war nicht entscheidend. Die christliche Gesinnung und die kirchliche Verankerung des Seelsorgers wurden als hinreichend angesehen.

Seit den 90er Jahren hat sich diese Dominanz der Psychologie relativiert. Es begann sich die Erkenntnis durchzusetzen, dass Seelsorge mehr ist als „Psychotherapie im kirchlichen Kontext" (Dietrich Stollberg). Seither bekommen religiöse Themen wieder mehr Raum.

Solch Paradigmenwechsel dürfte sich nicht allein mit dem Generationenkonflikt erklären lassen, in welchem sich jüngere

Pfarrer vom Seelsorgeverständnis ihrer Väter emanzipierten. Vielmehr wurde diese Wende durch die grundsätzliche Frage nach dem Rahmen und dem Ziel seelsorglichen Handelns im Kontext der modernen Kultur ausgelöst.

Mittlerweile ist es weithin zum Konsens geworden, dass die kirchliche Seelsorge …

> in besonderer Weise herausgefordert (ist), sich nicht auf ein vermeintlich weltanschaulich neutrales Gesprächsterrain zurückzuziehen, sondern die spezifischen Sinnformen und Ressourcen religiöser Kommunikation sensibel und differenziert zu nutzen. Christliche Sinnformen wie Gebete, Psalmen, Lieder stellen eine poetische und erfahrungsgesättigte Sprache zur Verfügung, die individuelle Erfahrung erschließt und zugleich transzendiert. Individuelle Erfahrungen werden mit überindividuellen Sinnzusammenhängen verbunden.[11]

In den zurückliegenden Jahren wurden eine Reihe neuer Konzepte lanciert, etwa eine *Alltagsseelsorge* oder eine Seelsorge im Blick auf die jeweils fragmentarische Lebensgeschichte, eine *Systemische Seelsorge* sowie Ansätze, die Bibel wieder bewusst ins Spiel zu bringen. Hinzu trat eine Differenzierung im Blick auf bestimmte Zielgruppen (Kinder, ältere Menschen, Kranke, Trauernde) und Praxisfelder, wie Krankenhausseelsorge, Notfallseelsorge, Bahnhofsseelsorge usw. So zeigt sich gegenwärtig eine Pluralität, die insgesamt eine Tendenz zu mehr geistlicher Seelsorge und christlichen Themen erkennen lässt.

Dieser Paradigmenwechsel hat uns wieder ins Bewusstsein gerufen, dass Seelsorge „nicht Teil des Gesundheitssystems, sondern des Religionssystems“ ist. (Isolde Karle)

In der gegenwärtigen Landschaft finden sich Ansätze für eine interkulturelle, eine feministische oder nicht kognitive Seelsorge. Es gibt Modelle für die Arbeit mit religiösen Symbolen (J. Scharfenberg), mit Gefühlen (H. Schmitz), mit Körpertherapien (P. Schellenbaum) oder mit der Macht des Heiligen (M. Josuttis).

---

11 Isolde Karle, Der Pfarrberuf als Profession, 221.

Auffallend in dieser Vielfalt sind zwei Beobachtungen: Zum einen gewinnt der Alltag wieder größere Bedeutung, zum anderen zeigt sich eine stärkere Gewichtung der spirituellen Dimension.

Die neuen Konzepte sind weniger auf die Krisen der Menschen ausgerichtet, sondern auf deren normalen Alltag mit seinen jeweiligen Zumutungen. Sie wollen weder Therapie noch Verkündigung sein, wohl aber Lebenshilfe, die sich aus beiden Bereichen nährt.

Jenseits dieser konzeptionellen Vielfalt steht die sogenannte *Systemische Seelsorge*, wie sie vom *Berner Christoph Morgenthaler* favorisiert wird. Dabei soll der Mensch „systemisch", das heißt in seinen Beziehungen wahrgenommen werden. Probleme oder Sachverhalte werden nicht mehr linear oder kausal betrachtet, sondern als vernetzt in einem komplexen Wirkgefüge.

Damit wird Abstand genommen von dem Versuch, den anderen direkt zu beeinflussen oder auch nur zu meinen, wissen zu können, was dieser braucht. Das „System", in das der Betroffene eingewoben ist, wird als sich selbst organisierend betrachtet. Jede Deutung ist dann nur eine Hypothese, denn alles kann immer auch ganz anders sein oder sich ganz anders entwickeln. Seelsorger können hier nur Anstöße geben, die das System in seinen eingespielten Bahnen stören, damit es sich neu und anders organisiert. Es geht somit weniger darum, Probleme durchzuarbeiten als kreative Ideen zu entwickeln.

Dieser Ansatz ist durchaus spannend, dürfte aber in der Praxis nicht jeden Pfarrers Sache sein. Hingegen halte ich die neue spirituelle Ausrichtung der Seelsorge für geeignet, um von der Mehrheit der Pfarrer angenommen und praktiziert zu werden. Religiöse Elemente, wie Gebet, Segen, Lieder und Beichte, werden vor allem in der *energetischen Seelsorge (M. Josuttis)* als geeignete Zugänge verstanden.

Auch der Bibel kommt im Seelsorgegespräch neue Aufmerksamkeit zu. Sind wir damit wieder dort, wo die dialektische

Theologie mit ihrer kerygmatischen Seelsorge war? Ja und nein. Ja, weil die biblische Botschaft wieder gesagt werden soll. Nein, weil die Bibel nicht zur abstrakten Verkündigung jenseits der konkreten Lebenssituation dienen soll, sondern zu überraschenden und lebensnahen Entdeckungen führen will. Eher beiläufig sollen ihre Schätze wiederentdeckt und ausgespielt werden.

Das neue Interesse an der Bibel erklärt sich aus der Frage nach dem spezifisch Christlichen in der Seelsorge. Bereits in den 70er Jahren hatte *Helmut Tacke* geltend gemacht, dass die biblischen Texte selbst ein therapeutisches Potenzial enthalten. In den 90er Jahren hatte dann *Peter Bukowski* diesen Ansatz weiterentwickelt.[12]

Im Unterschied zum kerygmatischen Konzept der dialektischen Theologie sollen die biblischen Texte das Gespräch nicht abschließen, sondern neu eröffnen.

> Der biblische Text soll ein neues Spiel ermöglichen, oder um das Bild weiterzuführen: Die Karten des vorliegenden Settings sollen neu gemischt werden. Wir können mit einer Geschichte eine neue Sichtweise ins Gespräch bringen, aber wir dürfen nicht das Thema wechseln!«[13]

Der biblische Text soll einen bewusst beiläufigen Charakter haben. Kurz soll er sein und nicht predigend, vielmehr soll er experimentell eingebracht werden. So könne er die ihm eigene Dynamik entfalten.

An Beispielen aus der Praxis schildert Bukowski anschaulich und überzeugend, wie es gelingen kann, mithilfe biblischer Worte eine neue Sichtweise und Deutung in die jeweilige Konfliktlage einzuspielen. Daraus können sich durchaus neue Wahrnehmungs- und Handlungsperspektiven ergeben.

---

12 Die Bibel ins Gespräch bringen. Erwägungen zu einer Grundfrage der Seelsorge, 1994.

13 Zitiert nach Meyer-Blanck, Studien- und Arbeitsbuch Praktische Theologie, 153.

In ähnlicher Weise hat *Isolde Karle* das „semantische Störungspotenzial“ biblischer Texte betont. Die Bibel konfrontiere mit einem Wirklichkeitsverständnis, das die alltäglichen Wahrnehmungsmuster und Zuordnungen stört. Darin liege ihre kreative Kraft. Sie soll nicht als Verkündigungs-, sondern als Entdeckungspotenzial für das seelsorgliche Gespräch dienen. Damit bekommen biblische Texte eine neue, nämlich eröffnende Funktion.

Dass die Chancen für eine Wiedergewinnung der Bibel gut stehen, liegt auch am Neuigkeits- und Überraschungswert, den ihre Texte heute haben.

> Die Fähigkeit von biblischen Texten, die Wahrnehmung zu verändern, steigt mit der Abnahme ihrer Bekanntheit … Das Gespräch mit dem Pfarrer hat über psychologische Dimensionen hinaus etwas Spezifisches zu bieten, was es sonst (in der therapeutischen Szene) nicht gibt … So wird man sich heute eher wundern, dass der Seelsorger auch noch etwas anderes kann, als zuhören und sich zuwenden, nämlich Impulse setzen. Die veränderte Erwartungshaltung kann zu neuer Aufmerksamkeit führen.[14]

Auch *Manfred Josuttis* sieht in diesem Ansatz ein großes Potenzial:

> Wenn man auf diesem Weg weitergeht, dann wird man über den Beitrag der Bibel für die Seelsorge freilich noch mehr sagen müssen. Die Worte der Heiligen Schrift bringen nicht nur neue Wahrnehmungsmöglichkeiten und verschüttete Sprachformen in eine schwierige Situation. Sie befördern die Einsicht, und sie erschließen Gefühle, weil sich in diesen Worten eine Macht manifestiert, die über den hermeneutischen und emotionalen Horizont weit hinausreichen. Das heilvolle Wort löst eine Veränderung aus, nicht weil es mit Normen konfrontiert, sondern weil es Kräfte vermittelt. Es versetzt Menschen, sachgemäß eingegeben, in eine Bewegung, deren Dynamik sie kognitiv und emotional lange Zeit gar nicht erfassen. Was in der überlieferten Übung, an den Schwellenstationen des Lebens einen Bibelvers zu platzieren,

14 Meyer-Blanck, Studien- und Arbeitsbuch Praktische Theologie, 155 f.

immer versucht worden ist, kann auch für das seelsorgerliche Gespräch fruchtbar werden. Das heilvolle Wort schenkt heilsames Leben.[15]

Josuttis hat darüber hinaus einen eigenen Entwurf vorgelegt. Im Anschluss an seine Pastoraltheologie (Die Einführung in das Leben, 1996), in der er den Pfarrer als geistlichen Führer beschreibt (s. weiter unten, Kapitel 6,1), entwickelte er das Konzept für eine *energetische Seelsorge.* Engagiert plädiert er dafür, dass der Seelsorger vom Theologen wieder zum Geistlichen werden müsse.

> In der Gegenwart müssen TheologInnen Geistliche werden. Damit ist kein Standesprivileg gemeint, sondern die elementare Lebensform christlicher Existenz, die sich dann bildet, wenn Menschen vom Geist Gottes erfasst und gestaltet werden.“[16]

Josuttis begründet sein Konzept nicht mehr tiefenpsychologisch, sondern religionsphänomenologisch und hat damit den Schritt von der Psychologie zur Pneumatologie vollzogen. Im Rückgriff auf die religiöse, biblische und kirchliche Tradition geht es ihm darum, dass der Seelsorger den Kontakt mit der Wirkungsmacht des Heiligen vermittelt. Der Vollzug von Symbolen und Ritualen sowie das Rechnen mit den Segenskräften sollen dabei sein Handwerk sein. Josuttis hält fest, dass die poimenische Praxis nur zu einem bescheidenen Teil durch die theologische Theorie bestimmt werde.

> Examinierte Pfarrer/innen haben vielleicht eine „Theologie des Segens“ im Kopf. Aber damit ist keineswegs schon sichergestellt, dass sie auch zu segnen vermögen. Denn die Kraft des Segens wird Wirklichkeit in einer Handlung, die alle Dimensionen menschlichen Daseins umfasst. Der Leib muss zum Kanal einer Lebenskraft werden, die durch ihn hindurchströmt … Die seelsorgerliche Arbeit verlangt in jedem Fall die Präsenz einer Per-

---

15 Manfred Josuttis, Die Einführung in das Leben, 132.

16 Manfred Josuttis, Segenskräfte, Potentiale einer energetischen Seelsorge, 108.

> son, die von sich selbst entleert, vom Geist Gottes erfüllt, für den anderen geöffnet ist. Deshalb benötigt man für die poimenische Praxis eine Ausbildung, die über das Studium der Theologie in vieler Hinsicht hinausführt. Aus Wissenschaftlern sollen Handwerker werden, aus gebildeten Akademikern lebenserfahrene Geistliche.[17]

Folgt man Josuttis, dann zielt Seelsorge weit über die Selbstfindung oder Bearbeitung menschlicher Probleme hinaus, nämlich darauf, dass der Mensch in den Machtbereich des Heiligen gerät. Dafür müsse der Seelsorger die Urformen religiöser Handlungskompetenz wieder erlernen und kultivieren: Segnen, Beten, Handauflegen, Fasten, Beichten, Austreiben.

> Im Kern ist Seelsorge Mystagogik ... Seelsorge ist Seelenführung, gemeinsamer Weg in die verborgenen und verbotenen Zonen des Heiligen ... Die Mittel, die eine solche Seelsorge heranziehen kann, werden vielfältig sein. Sie reichen vom fremden Wort der Heiligen Schrift, über das eigene Wort des Gebets bis zum mächtigen Wort des Segens. Immer wird diese Praxis erfahrungsbezogen sein.[18]

Diese Entwicklungen in der Seelsorge belegen, dass Pfarrer bzw. Pfarrerinnen durchaus etwas zu sagen, aber auch religiös zu handeln haben. Gefragt ist weder der beredte Theologe noch die versierte Therapeutin, sondern Pfarrer, die sich als evangelische Geistliche verstehen. Das allein macht sie erkennbar gegenüber der Internetseelsorge und psychologischer Beratung.

Wir sind Seelsorger, weil und solange wir nahe bei den Menschen und nahe bei Gott sind. Wir haben einen sprechenden und segnenden Beruf.

17 A. a. O., 108 f.
18 Manfred Josuttis, Die Einführung in das Leben, 129 f.

1.3 Pfarrer als Prediger

Neben der Seelsorge und den unterschiedlichsten persönlichen Begegnungen in- und außerhalb der Kirchgemeinde sind es die Predigten, durch die Pfarrerinnen und Pfarrer nahe bei den Menschen sind. Nicht selten war gerade die Aussicht zum Predigen ein gewichtiger Grund für ihre Berufswahl. Pfarrersein und Predigen gehören aufs Engste zusammen und machen wesentlich die Identität des Pfarrberufs aus. Mit dem Predigen sind allerdings eine Reihe von Problemen verbunden.

Eine sogenannte „Predigtnot“ gab es schon immer, längst bevor sie in der dialektischen Theologie in herausgehobener Weise thematisiert wurde. Heute muss sich die Predigt allerdings ganz neuen Herausforderungen stellen, weil ein kultureller Strukturwandel die Predigt als öffentliche Rede in Konkurrenz zu anderen Medien (Literatur, Zeitschriften, Film, TV, Internet) treten lässt.

Für die traditionelle Kanzelrede handelt es sich dabei um eine möglicherweise ihr überlegene Konkurrenz. Zum einen, weil die modernen Medien nicht nur den Konsum, sondern das gesamte Freizeitverhalten lenken, von dem auch die Predigthörer nicht unbeeinflusst bleiben.

Zum anderen setzt dem Prediger der mediale Wandel vom Wort zum Bild, von der Information zur Emotion, von der Nachricht zum Event hart zu. Angesichts der eindrücklichen Bilder, die das TV generiert, oder der interaktiven Möglichkeiten, die das Internet bietet, wirkt es fast als Anachronismus, durch eine ausschließlich monologische Rede die Menschen in den Bann ziehen zu wollen. So lässt sich die gegenwärtig rasante Entwicklung der multimedialen Kultur auch als Verdrängungswettbewerb verstehen, in dem sich die Predigt, wenn sie überleben will, behaupten muss.

Vielleicht müssen wir auch danach fragen, ob es potenzielle Schnittmengen mit den zeitgemäßen Medien gibt. Oder gerade und bewusst nicht? Dann aber wäre stärker an einer unverwechselbaren Rhetorik der Predigt gegenüber einer ästhetischen und medienwissenschaftlichen Sicht zu arbeiten.

Bereits in den 60er Jahren hatte es eine Wendung von der Wort-Gottes-Theologie zum dialogischen Geschehen der Predigt gegeben. *Ernst Lange* wollte die Predigt als Kommunikationsbemühung verstehen, nicht mehr als „Verkündigung", sondern als „Kommunikation des Evangeliums". Für viele Prediger war das damals eine Befreiung.

Nach dieser Wende konnte sich die Erkenntnis durchsetzen, dass die Predigt zwar eine öffentliche Rede, aber weit mehr als eine Ansprache ist, nämlich eine persönliche Anrede. Damit wurde die Rhetorik auf neue Weise zur wesentlichen Referenzwissenschaft. Allerdings mussten sich viele Pfarrer zunächst von dem Missverständnis befreien, die Rhetorik sei ein bloßes Instrumentarium, um fertige Inhalte in Form und wirkungsvoll an die Hörer zu bringen.

Es musste geklärt werden, dass es in der Predigt, im Gegensatz zu einem Referat, um eine nicht abgeschlossene Suche nach der Wahrheit, letztlich um das Geheimnis Gottes geht.

Für eine gute Predigt braucht es den sogenannten Lebensbezug. Doch wo lässt er sich finden und in welcher Form präsentieren? Die Meinungen darüber ändern sich, je nach Zeitgeschmack, immer wieder. Mal waren es die kurzen und handfesten Beispielgeschichten von fiktiven „Nachbarn" oder „Freunden". Später sollten Passagen aus den überlieferten Märchen, samt Deutung, den Lebensbezug garantieren. Dann kamen die langfädigen Versuche der narrativen Theologie in Mode oder es waren die Anleihen aus Soziologie und Psychologie, die den Hörer in seiner jeweiligen Situation „abholen" sollten. Der Zeitgeist wird beim Predigen auch weiterhin ein kräftiges Wort mitreden und muss es wohl auch. Dennoch bleibt es eine ständige Herausforderung, sich nicht in subjektive Beliebigkeiten zu verlieren.

Formal gesehen ist die Predigt ein Monolog, gewiss, doch rhetorisch ist sie als Gespräch mit dem Hörer zu gestalten, hat also eine prinzipiell dialogische Struktur. Es versteht sich von selbst, dass sie sich an den jeweiligen Adressaten, an deren Lebens- und Glaubensthemen sowie ihrem Verstehenshorizont zu orientieren hat. Die Predigt muss, wenn sie die Menschen erreichen will, eine Anrede sein, welche die Hörer trifft und berührt. Mir hat in diesem Zusammenhang bisweilen die Erinnerung daran geholfen, dass Religion, nach *Friedrich Schleiermacher*, „Anschauung und Gefühl", nicht Metaphysik und Moral ist. Auf die Predigt bezogen bedeutet dies, dass sie weder zu einer abstrakten, philosophischen Lehre über die Zusammenhänge des Seins noch zur Theorie sittlicher Imperative degenerieren darf. Wenn die Predigt die Gemeinde erreichen will, muss sie „von Herzen", nicht aus Lehrbüchern kommen. Die Mahnung, die Goethes Faust an Wagner richtet, hat darum auch für Prediger und Predigerinnen eine grundsätzliche Bedeutung:

Wenn ihr's nicht fühlt, ihr werdet's nicht erjagen,
Wenn es nicht aus der Seele dringt
Und mit urkräftigem Behagen
Die Herzen aller Hörer zwingt [...]
Doch werdet ihr nie Herz zu Herzen schaffen,
Wenn es euch nicht von Herzen geht.

Ich gestehe, dass mir die Predigten die ich höre, oftmals weniger zu Herzen als auf die Nerven gehen. *Fulbert Steffensky* hat stellvertretend für andere, auch für mich, sein Leiden an unseren gegenwärtigen Gottesdiensten ungeschönt beschrieben:

> Das erste ist die Predigthäufung. Die Pfarrer predigen nicht nur auf der Kanzel. Sie begrüßen und hängen an ihre bescheidenen Sonntagsscherze noch eine kleine Besinnung. Sie verabschieden wortreich und oft banal. Sie haben eine Taufe, und es gibt eine neue Predigt. Es mag sein, dass es bei den Gemeinden gut ankommt, wenn der Gottesdienst auf diese Weise familiarisiert und verplappert wird. Aber das Schweigen geht verloren. Es wird erstickt unter dem Müll des Dahergesagten. Es geht das verloren, was zum Wesen eines Gottesdienstes gehört: die Anbetung.[19]

---

19 Fulbert Steffensky, Schwarzbrot-Spiritualität, 86.

Die Worte der Predigt und all die predigtähnlichen Worte können auch dahin führen, das Gotteswort, das gesagt werden soll, zu überlagern. Fragt man, was allein die vielen Pfarrerworte in Grenzen halten kann, ist es die Anbetung als gottesdienstliche Grundhaltung.

Steffensky kennt aber weitere Leiden, etwa die wortreiche Erklärung aller Sachverhalte, Riten und Gesten. Dies sei „die kolloquiale Unterlaufung und Kastrierung der Symbolik des Gottesdienstes." Und schließlich:

> Ein weiteres stört mich bei vielen Predigten: die Erwartbarkeit der Aussagen! Wenn der Pfarrer in seiner Predigt eine theologische Aporie aufwirft, etwa wenn er über das Leiden der Unschuldigen oder über die Nicht-Erhörung von Gebeten spricht, brauchen wir nicht zu erschrecken. Er wirft nur die Frage auf, die er sogleich beantworten wird. Wir leiden in unseren Predigten an Stimmigkeitszwängen, an einer Systematikmanie.[20]

Der Kommunikationsforscher *Hellmut K. Geissner* liefert zusätzlich ein wenig zimperliches Votum gegen eine allzu leichtfertige Argumentation mancher Prediger, die sich auf den Heiligen Geist berufen:

> Die Argumentation mit dem heiligen Geist, so unbestritten sie sein mag, ist in vielen Fällen eine allzu billige weil unbeweisbare Ausrede, mit der sich Traditionalisten und Progressisten zu schützen versuchen. … Es ist nicht nur vermessen, hier (beim Predigen) in jedem Falle auf den heiligen Geist zu vertrauen, sondern im Grunde unfair, ihm die Produkte der eigenen Ungründlichkeit oder Beschränktheit oder Nachlässigkeit in die Schuhe zu schieben; denn was müsste das für ein heiliger Geist sein, wenn alle die dürren, papierenen Kanzelmonologe, die salbungsvollen Exaltationen, die schiefen Bilder, pseudopoetischen Paraphrasen ihm angelastet werden könnten. Ihm ist es höchstens anzurechnen, dass die Kirchen trotz allem noch am Leben sind.[21]

---

20 A. a. O., 88.

21 Hellmut K. Geissner, in Martin Peier, Beim Wort genommen, 189 f.

Nach so viel polemischer Kritik drängt es geradezu danach, zu zitieren, was Martin Luther seinen Pfarrern für den Weg auf die Kanzel ans Herz legte: „Geh frisch rauf, tu's Maul auf, hör bald auf!"

Wovon aber ist zu reden? Die Antwort scheint verblüffend einfach und unangefochtener Konsens zu sein: Vom Wort Gottes. Die Bibel soll ausgelegt, das Evangelium kommuniziert werden. Dieser Auftrag, der zum Bestandteil jedes Ordinationsgelübdes gehört, hat seine bleibende Berechtigung und Gültigkeit. In seiner Pauschalität ist er jedoch häufig zu einer floskelhaften Etikette geworden, die erklärungsbedürftig ist. Wissen die Prediger eigentlich genau genug, worauf sie sich da einlassen?

Martin Nicol hat in diesem Zusammenhang klargestellt, dass „Wort" nicht einfach mit „Kommunikation" zu übersetzen sei. „Wort" ist vielmehr eine Bezeichnung für die Gotteswirklichkeit, für das Gottesgeheimnis. Nicol verweist damit auf jenes Wort, das im Anfang war (Joh 1,1 f).

> Gottes Schöpferwort und menschliche Kommunikation sind aufeinander bezogen, aber nicht identisch. Die liturgische Regel, die sich aus dieser Dialektik ableiten lässt: Sorge dafür, dass die menschlichen Worte in ihrer Relation zum göttlichen Wort kenntlich bleiben! … Es geht um Wirklichkeit im Wort. Wort steht für eine Wirklichkeit, in der man sich bewegt, nicht für ein Thema, das man erörtert. Der künftige evangelische Weg im Geheimnis kann nicht länger aus Worten über das Wort bestehen, sondern aus worthaften Vollzügen in und mit dem Wort.[22]

Nicol erkennt an, dass die Predigt mit ihren Worten in das Wort Gottes führen kann. Die reformatorische Predigt habe die Bibel aufgeschlossen und die Menschen in den Worten, Bildern und Geschichten der Bibel heimisch gemacht.

> Andererseits aber führte die Predigt auch vom Wort weg. So sehr sie sich als Auslegung der biblischen Texte gab, so sehr drohte die pastorale Kanzelsprache allein schon durch die Länge der Rede und die Vielzahl der Worte das Wort zu ersticken, das sie eigent-

22 Martin Nicol, Weg im Geheimnis, 78.

> lich groß machen wollte. Nicht nur die biblische Textvorgabe verflüchtigte sich in die pastoralen Aktualisierungen auf der Kanzel. Auch die übrige Liturgie mit ihren durchgängig intensiven biblischen Bezügen konnte im Schatten des Kanzelgeschehens nicht mehr den Atem finden, den sie gebraucht hätte … Reformatorische Wortorientierung war so nicht gedacht.[23]

Tatsächlich wird dem Wort der Bibel, gerade durch die Auslegung der Pfarrer, häufig die Chance geraubt, sich entfalten und wirken zu können.

Solche Verhinderungen können schon mit der Begrüßung zum Gottesdienst ihren Anfang nehmen. Zum Beispiel: „Seien Sie herzlich begrüßt am ersten Sonntag nach Trinitatis, hier im Dom. Übrigens – wussten Sie schon? Wussten Sie schon, dass das, was Sie heute Morgen tun, unmittelbar Ihrer Gesundheit zugute kommt?" Es folgen, gestützt auf neueste Untersuchungen, Ausführungen über die therapeutischen Wirkungen der Religionsausübung. Etwa, dass gläubige Christen rascher von Operationen genäsen als andere. Recht unvermittelt dann die Modulation ins Ethisch-Soziale: „Etwas bessere Menschen sind wir Christen schon, weil wir doch etwas besser als andere Bescheid wissen über das, was Menschen eint und was sie trennt." Endlich die kabarettistisch gelungene, aber liturgisch traurige Pointe: „*Dazu* sind wir zusammengekommen im Namen des Vaters …"[24]

Der evangelische Gottesdienst braucht eine andere Tonart als die des Small Talk. Er braucht eine Liturgie, die ihre eigene Sprache sprechen darf, und eine Predigt, die sich einfügt.

In der Predigt soll das Wort Gott zur Sprache kommen und zwar so, dass es die Menschen erreicht, Glauben weckt und stärkt. Ob meine Predigt „alle" erreichen kann, halte ich dabei für eine sekundäre Frage. Es dürfte kaum möglich sein, jeden Gottesdienstbesucher in seiner persönlichen Lebenssituation anzusprechen. Und doch sind die Ansprüche an eine Predigt

23 A. a. O., 73.
24 Zitiert nach Martin Nicol, a. a. O., 68.

heute so vielfältig wie nie zuvor. Jeder möchte in seiner individuellen Lebenssituation das passende Wort hören: das verliebte Paar und die alleinerziehende Mutter, der Gestresste und die Arbeitslose, der Konfirmand und die betagte Witwe, die Karriere-Frau und der Mann in der Midlife-Crisis, die vom Alltag Gelangweilten wie jene, denen ein Menschheitsproblem auf der Seele brennt, Menschen, denen eine ganz persönliche Angst das Leben schwer macht. Niemand kann in einer Predigt allen das richtige Wort sagen.

Und dennoch: Vom christlichen Glauben soll die Rede sein, und zwar so, dass dessen Relevanz für das konkrete Leben zur Geltung kommen kann. Eine gute Predigt soll aber zugleich über das Alltägliche hinaus in eine theologische Deutungsperspektive reichen. Und auch dies nicht abstrakt oder bloß reflexiv, sondern auf anschauliche, bildhafte, sinnlich begreifbare Weise. Die Predigt steht also in der grundsätzlichen Spannung, menschliche Rede und zugleich göttliche Heilszusage zu sein.

Das Wirken des göttlichen Geistes wiederum ist für den Prediger unverfügbar. Es muss also viel zusammenkommen: die Ambivalenz von Alltag und Transzendenz, von Weltlichkeit und Gottesbezug sowie viel Heiliger Geist. Es reicht eben nicht, dass etwas in der Bibel steht und von der Kanzel verkündet wird. Eine Predigt kann ihre Wirksamkeit nur dadurch entfalten, dass sich Menschen angesprochen fühlen und ihnen etwas aufgeht, was anderswo nicht zu hören ist. Das verlangt vom Prediger die Kunst, Textgemäßheit und Wirklichkeitsbezug in die erforderliche Balance zu bringen.

Im Protestantismus ist die Predigt im Wesentlichen Textauslegung. Sie ist auf einen biblischen Text bezogen und sucht andererseits die gegenwärtige Lebenswirklichkeit der Hörer lebendig werden zu lassen. Dafür gibt es unterschiedliche Wege. Ich kann von einem Bibeltext ausgehen, ihn auslegen und danach fragen, was dieser Text in der gegenwärtigen Situation zu sagen hat.

Umgekehrt kann ich von einer Situation oder einem Thema ausgehen, welches die Menschen im Moment beschäftigt, dieses darstellen und dann zurückfragen, was die Bibel dazu zu sagen hat. Beide, Situation und Bibel, sollen ernst genommen werden und erkennbar vorkommen. *Paul Tillich* hatte in den 50er Jahren genau diese Vermittlung, diese „Korrelation“ von Situation und biblischer Botschaft, angemahnt. Und darin liegt bleibend die eigentliche Kunst der öffentlichen Kanzelrede.

Hellmut K. Geissner plädiert außerdem für mehr theologische Genauigkeit:

> Ich glaube, es geht weder um Tradition noch um Progressionen, sondern um Genauigkeit! Genau sein, heißt für den Prediger, den Liturgen, den Katecheten, den Seelsorger, zunächst einmal ein guter wissenschaftlicher Theologe zu sein. Aber es heißt weiter und für ihn als Theologen unabdingbar: in der Lage sein, das für wahr Erkannte der Gemeinde zu sagen, denn das ist sein Auftrag. Und zwar so zu sagen, dass es die Gemeinde verstehen kann. Mit Genauigkeit ist also nicht nur wissenschaftliche Gründlichkeit gemeint, sondern auch sprachliche Klarheit und Anschaulichkeit. Nun ist es keineswegs so, dass sich beides zwangläufig miteinander entwickelt. Dennoch wird eben dies, so hat es den Anschein, in der Ausbildung der Theologen noch immer angenommen.[25]

Umfragen weisen immer wieder aus, dass die Kirchenmitglieder von den Gottesdiensten vor allem gute Predigten und eine zeitgemäße, verständliche Sprache erwarten. Gleichzeitig bekunden 30 % der Befragten, dass sie durch die Art der Predigt und den Stil, in dem Gottesdienste gefeiert werden, vom Gottesdienstbesuch abgehalten werden (so in der vierten Mitgliedschaftsstudie der EKD). *Isolde Karle* sieht das Problem der Artikulationsfähigkeit …

> in der häufig zu beobachtenden Banalisierung und Moralisierung der christlichen Botschaft auf der einen Seite und in der Flucht in eine eindeutige, gleichsam zeit- und kontextlos gültige Sprache der Dogmatik auf der anderen Seite. Doch geht es weder um eine verflachende Rationalisierung noch darum, sich rationalitätsfeindlich und argumentationsschwach in liturgischer Bilderlust zu verstecken und in Rituale und unreflektierte Mythen und

25 Hellmut K. Geissner, in Martin Peier, Beim Wort genommen, 189.

> Symbole zu fliehen. In guter reformatorischer Tradition bedarf es vielmehr einer theologisch interdisziplinären großen Anstrengung und Übersetzungsarbeit, die die Grundbegriffe christlichen Glaubens – Erlösung, Gnade, Vergebung, Sünde, Auferstehung – nicht trivialisiert und moralisiert, sondern auslegt, plausibilisiert und transformiert, in der Hoffnung, dass Pfarrerinnen und Pfarrer in ihren Predigten aus biblischen Texten neue Texte mit Sinn und Bedeutung für die Gegenwart machen."[26]

Das Maß bleibt also eine relevante und geistliche Predigt. Dafür freilich wäre manchem Prediger mehr Fantasie und Kreativität zu wünschen. Ebenso wünschenswert ist es, dass im Gottesdienst nicht des Pfarrers eigene Selbstdarstellung im Vordergrund steht. „Wer predigt, soll den Text inszenieren und nicht sich selbst." (Meyer-Blanck).

> Es geht um eine anregende Darstellung des christlichen Lebens in seiner Vielfalt, eine Darstellung, durch die die Gemeinde in ihrem Glauben erneuert und gekräftigt wird. Das Ziel der Erbauung ist dabei nicht nur eine gefühlshafte, sondern auch eine kognitive Qualität.[27]

Und doch braucht es hier auch den Einspruch gegen das Diktum vom Wirklichkeits- oder Lebensbezug, denn auch das Gegenteil ist denkbar. Vielleicht sucht mancher Gottesdienstbesucher weder bibelkundliche Belehrung noch Lebenshilfe, weder große Gefühle noch Handlungsanleitungen, sondern einfach nur Inspiration und gute Unterhaltung? Er ist zufrieden mit seinem Leben, kommt leidlich mit sich und der Welt klar, doch er möchte sozusagen die Zugabe, den religiösen Mehrwert kosten.

Für ihn kann es peinlich oder abstoßend wirken, wenn Pfarrer fortlaufend bemüht sind, den grauen Alltag mit all seinen Probleme auszumalen, weil sie einen Anknüpfungspunkt für ihren Predigttext suchen. Es ist durchaus denkbar, dass auch einmal ohne konkreten Lebensbezug über Gott, das Evangelium und den Heiligen Geist gepredigt und es dem Hörer über-

---

26 Isolde Karle, in Michael Herbst, Kirche wächst, 75 f.
27 Isolde Karle, Der Pfarrberuf als Profession, 218 f.

lassen wird, sein Leben, seine Träume oder Nöte darin einzuordnen. Ich halte das für möglich. Als Prediger bzw. Predigerin kann mich diese Annahme auch davor bewahren, Antworten auf Fragen zu geben, die niemand stellt.

Die Mehrheit der Hörer scheint heute nicht mehr in erster Linie daran interessiert, wie etwas zu verstehen ist, als vielmehr an der weit grundsätzlicheren Frage, *warum überhaupt* etwas verstanden werden soll. Darum ist der christliche Glaube so zur Sprache zu bringen, dass sich vor allem seine Relevanz für die Hörer und ihr Leben erschließt.

Gottesdienstbesucher sind grundsätzlich als mündige Hörer ernst zu nehmen, auch im Wissen darum, dass sie das Gehörte mit gutem Grund oft anders deuten, als vom Prediger initiiert. Die Gemeindeglieder sind eben nicht passive Rezipienten, sondern aktive Interpreten, die das Gehörte selbstständig deuten und in ihren je eigenen Lebenskontext integrieren. Die eindrücklichsten Belege für die Interpretationskunst der Gemeindeglieder finden sich in den *Predigtnachgesprächen,* bei denen viel Unerwartetes und Erstaunliches ans Licht kommt.

Dort zeigt sich, dass die Predigthörer nicht nur eine fest umrissene Botschaft empfangen, sondern von sich aus etwas hinzusetzen. Sie werden als Rezipienten aktiv und kreativ, indem sie frei assoziieren, ausblenden oder ergänzen und auf diese Weise „Leerstellen" ausfüllen. Eine gute Predigt lädt die Hörer zu solcher Mitarbeit ein. Pointiert gesagt:

Eine ergänzungsbedürftige Predigt provoziert den Hörer zur Konstruktion seines eigenen Textes. Das freilich setzt voraus, dass der Pfarrer nicht alles zerredet, vielmehr Leerstellen und Assoziationshöfe freihält und die Gemeindeglieder spüren lässt, als mündige Hörer respektiert zu sein.

Wer aber entscheidet, worüber zu predigen ist? Die meisten Kirchen kennen für die biblische Textwahl zur Predigt eine feste *Perikopenreihe*. So halten sich die evangelischen Kirchen in Deutschland an eine Textauswahl, die dem Lauf des Kirchenjahres folgt und sich nach sechs Jahren wiederholt. In der reformierten Schweiz gibt es zwar Textempfehlungen, doch die Pfarrer nutzen sie traditionellerweise in großer Freiheit. Dafür hat die lectio continua, eine an der fortlaufenden Bibellesung orientierte Auslegung, wie *Zwingli* sie praktizierte, größere Bedeutung.

Auch heute entscheiden sich Pfarrer für *Predigtreihen,* in denen sie fortlaufend ein biblisches Buch oder Teile daraus, etwa die Bergpredigt oder die Ich-bin-Worte Jesu, auslegen. Andere Predigtreihen ergeben sich durch aktuelle Themen oder biblische Vergleiche, etwa zu unterschiedlichen Prophetenworten. Zunehmend, so scheint es, gewinnt auch in der Schweiz das Kirchenjahr, bei dem sich der Prediger bewusst auf das jeweilige Proprium des Sonntags einlässt, an Bedeutung. In den deutschen Landeskirchen wiederum scheint es eine Tendenz zu geben, die strikte Perikopenordnung des Kirchenjahres auch einmal zu verlassen, um aktuellen Themen den Vorrang zu geben. Hier nähern sich offenbar unterschiedliche Traditionen an.

Für die Predigtvorbereitung kann das Kirchenjahr sowohl eine Hilfe sein als auch zum Problem werden. Der entscheidende Vorteil besteht darin, dass sich der Prediger nicht Woche für Woche geeignete Bibeltexte suchen muss, sondern einer bewährten Perikopenordnung folgen kann. Das entlastet ihn.

Die Orientierung am Kirchenjahr hat den weiteren Vorteil, dass sie im Laufe des Jahres die ganze Fülle der biblischen Botschaft zur Sprache bringt. Allerdings ist der Pfarrer dadurch gezwungen, sich auch Bibeltexten und theologischen Aussagen zu stellen, die ihm selbst Mühe bereiten. Der Jenaer Praktologe *Klaus-Peter Hertzsch* sieht darin einen Gewinn:

> Solch eine Auseinandersetzung ist in aller Regel fruchtbar und ein Gewinn für meine theologische Kompetenz wie für mein geistliches Wachstum. Zugleich wird so die Gemeinde davor bewahrt, nur den Ausschnitt der biblischen Botschaft in der Predigt kennenzulernen, der Denken und Überzeugung ihrer Pfarrerin oder ihres Pfarrers entgegenkommt, oder gar an jedem Sonntag denselben Lieblingsgedanken eintönig und gleichbleibend zu begegnen. Andererseits aber gibt es ein Geheimnis der Wiederholung und der Wiederkehr, sofern diese nicht Einengung oder simple Redundanz bedeuten, sondern ein Wiederer-

> kennen und eine Neubegegnung, die Neubegegnung mit einem Wort, mit einem Gedanken, in den man immer tiefer eindringt und der sich immer weiter entfaltet. Das ist das Geheimnis der Tiefenwirkung, von dem das Kirchenjahr lebt.[28]

Andererseits besteht bei einer Perikopenordnung, wie übrigens auch bei einer fixierten Predigtreihe, die Gefahr, dass die Predigt an der jeweils aktuellen Situation der Gemeinde vorbeiläuft.

> In unserer Zeit, die durch rasche Entwicklungen und hohe Informationsdichte gekennzeichnet ist, geschieht es häufiger, dass die aktuelle Meldung oder auch die unmittelbare zeitgeschichtliche Erfahrung das Proprium des Sonntags einfach verdrängt. Während die Predigt sich mit einem theologischen oder anthropologischen Sachverhalt befasst, den der Predigttext … vorgesehen hat, sind die Gedanken der Gemeinde ganz anderswo, bei dem, was die Medien eben berichtet haben oder wovon seit gestern auf allen Straßen die Rede ist. Der Prediger sollte darum am Sonntagmorgen die ersten ein oder zwei Spitzenmeldungen einer Nachrichtensendung hören, um nicht zu dieser Stunde in einer ganz anderen Welt zu leben als die Gemeinde.[29]

Und doch ist auch hier wieder das Umgekehrte denkbar:

> Das Proprium des Sonntags, das oft auch etwas wie eine Grundstimmung und beruhigende Vertrautheit bedeutet, verdrängt die Aktualität aus dem Bewusstsein der Gemeinde. Ganz deutlich ist diese Gefahr zu Weihnachten. Für die Predigt besteht die Versuchung, falschen Erwartungen entgegenzukommen und einem kurzzeitigen Selbstbetrug das Wort zu reden … Diese unvermeidliche Spannung zwischen Ordinarium, Proprium und aktuellem Spezifikum jedes Sonntags ist ja gerade die fruchtbare Spannung, die, wenn es gut geht, unsere Predigt spannend macht und die Hörer gespannt zuhören lässt. Wie öffnet unserer heutige Erfahrung diesen Text, und wie sieht unsere Erfahrung im

28 Klaus-Peter Hertzsch, in Handbuch Liturgik, 731.
29 A. a. O., 732.

> großen Horizont der biblischen Überschau aus, in der die biblischen Autoren ihre damalige Gegenwart gesehen und zu deuten gelernt haben?[30]

Klaus-Peter Hertzsch, selbst ein begnadeter Prediger, merkt dazu an:

> Meine persönliche Erfahrung sagt, dass bei genauem Zusehen nahezu jeder biblische Text sich in einer aktuellen Situation als aktuell erweist und zu reden beginnt, wenn wir ihm die Fragen des Tages nur dringlich genug stellen.[31]

Schließlich darf nicht in Vergessenheit geraten, dass bei aller Hochschätzung der Predigt diese ein integraler Bestandteil der gottesdienstlichen Liturgie ist und teilweise selbst rituellen Charakter einnimmt. Wie also soll die Beziehung zwischen Predigt und Liturgie verstanden werden? Klarheit in dieser Frage wird, sowohl für die Gestaltung der Predigt wie auch der Liturgie, Konsequenzen haben. Hertzsch hat auf zwei Missverständnisse hingewiesen, die bei Pfarrern und Gemeindegliedern anzutreffen sind:

> Zum einen wird die Liturgie als Rahmen für die Predigt verstanden, so wie das Streichquartett oder der Chorgesang der Rahmen für eine Festrede ist ... Damit gerät die Predigt aber unter einen starken Erwartungs- und Leistungsdruck. Wenn die Predigt enttäuschend ist, ist der ganze Gottesdienst enttäuschend ... Die Predigerin, der Prediger braucht bei allem intensiven Einsatz für die Predigt doch das Wissen: Wirkung und Segen dieses Gottesdienstes sind nicht nur vom Gelingen meiner Predigt, von der Qualität meines homiletischen Einfalls, von meiner rhetorischen Leistung abhängig.[32]

Das andere Missverständnis betrifft eine Haltung, in der die Predigt selbst als ein liturgisches Element erscheint. Die Hörer haben dann andächtig am Gottesdienst teilgenommen, un-

---

30 A. a. O., 733.
31 A. a. O., 733.
32 A. a. O., 734.

mittelbar danach aber keine Einzelheit der Predigt, ja nicht einmal ihre Grundaussage in Erinnerung.

> Es gibt offenbar eine Art, Predigt zu hören, die sich mit etwas wie einem Grundgefühl zufrieden gibt, einer Gestimmtheit, die durch vertraute Worte, Bilder und Wendungen erzeugt wird und etwas ist wie ein bergender Sprachraum, in dem man Sonntag für Sonntag einkehrt ... Es ist eine Versuchung für Prediger, sich damit genügen zu lassen. Diese Versuchung ist besonders groß bei Fest- und Feiertagspredigten. Sie besteht aber auch bei der Rekapitulation von Glaubenssätzen, ja – gerade bei einer treuen Predigtgemeinde – auch für die Paränese, die uns selber oder andere betrifft. Die Gemeinde ist zufrieden, das Vertraute wieder einmal gehört zu haben, und dabei sind wir ihr Entscheidendes schuldig geblieben. Sie ist unterfordert, zwar befriedigt, nicht aber in Bewegung gebracht worden.[33]

Angesichts dieser beiden Missverständnisse hängt für das Gelingen des Gottesdienstes viel davon ab, Predigt und Liturgie klug aufeinander zu beziehen ...

> und zwar in einer funktionalen Abhängigkeit voneinander, in einer Beziehung von Aktion und Reaktion, von Ruf und Echo, von Aktivität des Predigers und Aktivität der Gemeinde. Die Predigt zusammen mit den Lesungen und der Eucharistie als dem verbum visibile seu actuale hat eine unverwechselbare, eine konstituierende und aktivierende, ein in Gang setzende Aufgabe; aber der Gottesdienst wird erst zum Gottesdienst, wenn zum Wort die Antwort kommt, wenn die Zuhörer den Mund auftun, wenn die Gemeinde aus einem Auditorium zu einer Communio wird. So entsteht eine Einheit im Gegenüber und in Wechselwirkung."[34] Wenn und soweit dies gelingt, können Pfarrer und Gemeinde sich vergewissern, nahe bei Gott und nahe bei den Menschen zu sein.

---

33 A. a. O., 735.
34 A. a. O., 735.

2 Nahe bei Gott

2.1 Von Gott reden

Pfarrer zu sein, ist ein Privileg. Nicht, dass Pfarrer durch ihren Beruf näher bei Gott wären als andere Menschen. Das nicht. Aber sie haben sich von Berufs wegen stärker mit Gott auseinanderzusetzen. Und das ist ein Privileg. Welcher Berufsstand sonst hat schon die Möglichkeiten und den Freiraum, sich mit den wichtigsten Dingen des Lebens zu beschäftigen?

„Gottesmann" hat man ihn früher auch genannt. Das ist längst aus der Mode gekommen und würde den meisten Pfarrern wohl auch nicht gefallen. Dennoch: Pfarrer bzw. Pfarrerin repräsentieren für ihre Umwelt die Kirche und mit ihr den christlichen Gott. Zu Recht erwarten die Menschen von ihnen, dass sie Auskunft geben können über Gott, seine vielfältigen Erscheinungsweisen, seine Verheißungen und sein Wirken.

Als Pfarrerin vertritt sie die Sache Gottes und muss sich darin kundig machen. Das hat sie meist in professioneller Weise im Theologiestudium getan. Doch schon die vorausgehende Studienwahl zeugt vom Interesse an einer vertieften Auseinandersetzung mit Gott. Die spätere Berufswahl legt zudem persönliche Gotterfahrungen nahe. So können wir davon ausgehen, dass sich Pfarrer berufen fühlen, nicht erst von Kirchengemeinden oder einzelnen Personen, sondern lange vorher schon von Gott. Von diesem Gott zu reden, ist der Pfarrer, ist die Pfarrerin angetreten, als sie ihr Amt übernahmen.

Die berufliche Praxis kennt dann allerdings manche Verführungen, die einen Pfarrer in seiner Gottesrede auf Abwege bringen können. Eine dieser Verführungen besteht darin, von Gott so zu reden, wie der Pfarrer meint, dass es die Gemeinde jeweils wünscht. Diese Art vorauseilender Erfüllung von vermeintlichen Erwartungen ist eine sehr natürliche Dynamik, der sich ein Pfarrer, bzw. eine Pfarrerin allerdings bewusst sein muss. Darum sollten sie sich, zwischen all den Ansprüchen, Aufgaben und Terminen, die sie fordern, immer wieder auch Rechenschaft darüber ablegen, wie sie es mit der Rede von Gott halten. Ist sie nur gefällig oder ist sie wahr?

Nach meinen Wahrnehmungen und Erfahrungen gibt es da erhebliche Defizite. Natürlich ist es schwierig, solche Dinge zu konstatieren, ohne dass die Beobachtungen nach Lamento klingen. Dennoch sollten wir die Tatsachen sehen, wie sie sind.

Ein Blick auf die kirchliche Praxis macht schnell einmal deutlich, wie belanglos und allzu gefällig dort von Gott geredet wird. Da ist fast ausschließlich vom lieben Gott die Rede. Er wird als ein sympathischer, väterlich sorgender Gott verkündet, der für alles und jedes Verständnis aufbringt und fortwährend damit beschäftigt ist, ein Auge zuzudrücken. Da wird ein Gott vorgeführt, der stets für jeden da ist, der ohne Weiteres alle annimmt, allen alles vergibt und mit dem zum guten Ende alles gut wird. Man weiß es schon von Anfang an, dass es gut ausgeht.

Natürlich bringt solche Gottesrede weder menschlich noch spirituell etwas zum Schwingen. Sowohl die Schriften der Bibel wie auch das Leben, belehren uns eines anderen. Nicht von einem Kuschel-Gott ist da die Rede, sondern von einem Gott mit vielen und keineswegs immer angenehmen Facetten. Zur jüdischen und christlichen Gottesrede gehören nämlich auch seine abgründigen, dunklen Seiten, die Erfahrung also, dass Gott sich sehr wohl zurückziehen, verweigern, dass er fordern und unergründlich bleiben kann. Er ist der Heilige, der Geheimnisvolle und Unverfügbare, der sich nicht in menschliche Wunschvorstellungen einordnen lässt.

Pfarrer vermeiden es meist, solche theologischen Einsichten der Gemeinde zuzumuten. Warum eigentlich? Wenn wir unsere Gemeindeglieder als mündige Christenmenschen ansehen, sollten wir ihnen auch sagen, dass nur der ganze Gott der Bibel helfen kann.[1]

Natürlich ist Gott die Liebe. Doch dieser Spitzensatz des christlichen Glaubens muss ausgelegt werden. Gott ist nach den biblischen Zeugnissen auch der Zornige, der Fordernde, der

---

1 Mehr dazu s. Herbert Pachmann, Nur der ganze Gott kann helfen, 2008.

Richter und immer wieder der Gnädige. Er erwählt und erlöst, doch er kann auch abweisen und sich entziehen. Der christliche Gott leidet mit seinen Geschöpfen, aber er gebietet auch. Er ist der Segnende und der Richtende. Vom ganzen Gott also ist zu reden, auch wenn das nicht immer komfortabel und oft genug eine Zumutung ist.

Solange wir keine zeitgemäßen Gottesbilder haben, solange uns andererseits der Mut oder die Fantasie fehlen, um neue, kraftvolle Metaphern für Gott zu kreieren, sollten Pfarrerinnen und Pfarrer die biblischen Gotteserfahrungen in ihrer ganzen Vielfalt zur Sprache bringen.

Weil Gott sich in der ganzen Vielfalt des Lebens zeigt, muss eine wahrhaftige Rede von Gott auch das ganze Leben umfassen.

Sie hat also vom Glück zwischen Mann und Frau ebenso zu handeln wie von Gewalt, Ohnmacht und Allmachtsfantasien. Sie wird die Größe und Kreativität des Menschen ebenso umschließen wie seine Zerbrechlichkeit und Erlösungsbedürftigkeit mit all dem Fragmentarischen. Die ganze Lebensrealität ist Thema, denn in allem ist Gott.

Die Bibel bietet ausreichend Folien und Deutemuster für solche Gottesrede. Sie erzählt von der Dramatik der Gottessuche, von Gottesbegegnungen und Gottesverlust. Sie weiß um die Gottverlassenheit und den Sturz in die Ausweglosigkeit, aber ebenso von neuem Aufbruch und dem Glück, Gott zu finden. Gott in allem suchen und finden – das ist weit mehr, als ein elitäres Motto der Jesuiten; es ist ein Anspruch für alle, die von Gott reden wollen.

Anders gesagt: Die ganze Sinfonie von Gottes Wirklichkeit und Wirken soll zum Klingen kommen. Dabei werden Pfarrer bisweilen auch paradox von Gott reden müssen, weil dieser unser Gott sich eben nicht in menschlich wünschbare Kategorien einordnen lässt. Er bleibt der Heilige und Unverfügbare – mit seinen liebenden und dunklen, seinen abgründigen und beglückenden Seiten.

Mitunter kann es zur Zumutung werden, von diesem Gott zu reden, denn …

nach 2000 Jahren Verkündigung hat die christliche Botschaft ihren Neuigkeitswert verloren. Der westliche Europäer ist in einem christlichen Kontext aufgewachsen, hat die biblischen Geschichten schon so oft gehört, meist in moralisierenden Fassungen, dass er sie gar nicht mehr wahrnimmt. Alles schon gehört, alles schon gehabt, in Kindergottesdienst und Schule, in Kirche und Film, in Literatur und Museen. Der Reiz des Neuen und Unerwarteten hat sich verbraucht. Wahrscheinlich löst die kirchliche Gottesrede beim abendländischen Menschen eher Langeweile aus. Verloren gegangen ist damit auch die Fähigkeit, staunen zu können über die unerhörte Botschaft; sich von einem heiligen Schauer ergreifen zu lassen, wie es jenen ging, denen die Botschaft zuerst gesagt wurde. Es verhält sich so ähnlich, wie mit einem Patienten, der ein bestimmtes Medikament zu lange eingenommen hat. Das Medikament verliert seine Wirkung."[2]

Zu allen Zeiten haben Menschen von einem vielfältigen Gott geredet. Sie hatten etwas erfahren, was für sie wahr und wichtig war und was sie darum auch anderen mitteilen wollten, so wie man Erfahrungen eben weitergibt. Darin zeigt sich etwas Grundlegendes: Wer von Gott redet, spricht immer auch von sich selbst. Die Art und Weise, die Akzentuierung unserer Gottesrede korrespondiert jeweils mit den persönlichen Lebens- und Glaubenserfahrungen desjenigen, der von Gott redet. Sind sich Pfarrerinnen und Pfarrer dieser Zusammenhänge ausreichend bewusst?

In der kirchlichen Praxis ist von den persönlichen Gotteserfahrungen der Pfarrer häufig nicht viel zu spüren. Ich kann und will aber nicht glauben, dass die stereotype, moralisierende und banalisierende Gottesrede tatsächlich ein Spiegel der Erkenntnisse und Erfahrungen unserer Pfarrer sein soll. Offensichtlich geht aber vieles verloren zwischen der jeweils persönlichen Spiritualität und der öffentlichen Verkündigung. Pfarrer sollten für ihre Gemeinde auch in ihrer persönlichen Gotteserkenntnis und Frömmigkeit erkennbar werden.

---

2 Herbert Pachmann, Nur der ganze Gott kann helfen, 147 f.

2.2 Mit Gott reden

Wie aber steht es mit der persönlichen Frömmigkeit der Pfarrerin und des Pfarrers? Die lässt sich natürlich weder messen noch durch Umfragen oder Studien erheben. Gott sei Dank! Was in den Pfarrhäusern an geistlichen Übungen geschieht, wissen wir nicht.

Dass ein geistliches Leben mit entsprechenden Exerzitien für die berufliche Identität der Pfarrerin, des Pfarrers von Bedeutung ist, dürfte allerdings unbestritten sein. Allerdings spielt die Herausbildung einer persönlichen Frömmigkeit, die im pastoralen Alltag immer wieder gefordert ist, in der Ausbildung zum Pfarrberuf nur eine sehr marginale Rolle. Verbirgt sich dahinter eine protestantische Mentalität, die man als „Angst vor dem Frommsein" charakterisieren könnte? Offenbar ändert auch die gegenwärtige Spiritualitätswelle nicht grundsätzlich etwas an solch einem Frömmigkeitsvorbehalt.

Dennoch ist der Pfarrberuf gar nicht anders denkbar, als dass Pfarrer neben ihren dienstlichen Anforderungen ein persönliches, geistliches Leben kultivieren. Wie wollten sie auch von Gott reden und in seinem Namen handeln, wenn sie nicht ein individuelles Verhältnis zu Gott pflegen?

Die Gottesdienste und Predigten, Seelsorge, Unterricht und Erwachsenenbildung können nur lebendig bleiben, solange des Pfarrers Gottesbeziehung lebendig ist. Er kann nicht von Berufs wegen über Gott reden, wenn er nicht persönlich mit ihm im Gespräch ist.

> Er soll nicht nur Theologe sein, nicht nur studierter Experte in Sachen Religion, auch nicht nur ein erfahrener Seelsorger und ein guter Prediger. Der Pfarrer soll mit seinem ganzen Leben und mit seiner ganzen Person die lebensgestaltende Kraft der biblischen Tradition repräsentieren. Das aber bedeutet: Er soll bei aller Modernität, die man bei ihm konstatiert oder kritisiert, auch fromm sein. Womit vor allem gemeint sein dürfte: Dieser Mensch soll ein Lebensverhältnis zu dem besitzen, worüber er andauernd redet; an diesem Menschen soll spürbar werden, dass man auch anders leben kann als die meisten,

> dass man leben kann aus der Kraft von Bibellektüre, Gottesdienst und Gebet.[3]

Die persönliche Gottesbeziehung prägt und bestimmt den Pfarrberuf wesentlich. Es scheint, dass die Frage nach der geistlichen Qualität pastoralen Handelns in den letzten Jahren auch von den Gemeindegliedern dringlicher gestellt wird. Nicht alle Pfarrer sind dem gewachsen oder wollen sich diesem Anspruch stellen. Andere sind, was die spirituelle Praxis anbelangt, einfach nur ungeübt, weil sie darin weder gefordert noch gefördert wurden.

Für die Befähigung zum Pfarramt braucht es zwar ein Studium und zwei Examina, Kenntnisse in biblischen, historischen und dogmatischen Fächern sowie einige Methoden zur Kommunikation des Evangeliums, doch eine Kultur der geistlichen Exerzitien wird in der Ausbildung, bis auf wenige Ausnahmen, nicht vermittelt.

> Ein Vergleich mit anderen Ausbildungssystemen für den religiösen Bereich zeigt, dass dieser Zugang zum Pfarrerdasein durchaus nicht selbstverständlich ist. Der Pfarrer lernt bei uns nicht beten und fasten. Er lernt nicht meditieren. Er lernt nicht Opfer auswählen, zubereiten und schlachten. Er erlebt keine Neugeburt, die sich als Initiation in verschiedenen Schritten vollzieht. Er wird nicht mit Angstsituationen konfrontiert und durch gefährliche Stationen begleitet. Er kann sich nicht in Trance versetzen und nicht in Ekstase erheben. Er lernt nicht schweigen. Er lernt auch nicht sterben.[4]

Da gibt es offensichtliche Defizite.

Damit eine Pfarrerin andere Menschen in einer christlichen Lebenspraxis begleiten oder führen kann, muss sie aber selbst mit ihr vertraut sein.

In der heutigen Formlosigkeit spätmoderner Lebensverhältnisse sind allerdings auch theologisch Gebildete nicht mehr

---

3 Manfred Josuttis, Der Pfarrer ist anders, S. 191.
4 Manfred Josuttis, Die Einführung in das Leben, 215.

selbstverständlich in die religiösen Praktiken wie Fasten, Beten und Segnen hineingewachsen, geschweige denn mit einer geistlichen Rhythmisierung des Lebens, etwa durch Stundengebet oder regelmäßiger Bibellektüre vertraut. Was früher vielen mit ihrer familiären Sozialisation selbstverständlich zuwuchs, muss heute bewusst gelernt werden. Das gilt auch für Pfarrer, denn ohne dass sie selber etwas empfangen haben, können sie nichts geben.

Nun könnte man meinen, dass der gegenwärtige Spiritualitätsboom den Boden neu bereitet und Impulse auch für Pfarrerinnen und Gemeinden bereithält. Dieser Vermutung ist wohl eher mit Skepsis zu begegnen. Die Situation scheint paradox: Während ein neu erwachter Drang zur Spiritualität auszumachen ist, setzt sich der Rückgang an Kirchenbindung fort. Religionssoziologen sprechen von einer Verflüchtigung der Religion ins Spirituelle.

Immerhin, es gibt eine neue Aufmerksamkeit für Religion und Spiritualität, verbunden allerdings mit seltsamen Erwartungen und fragwürdigen Praktiken. Gerade von Pfarrerinnen und Pfarrern ist, wie schon so oft in der Geschichte, die Kunst zur Unterscheidung der Geister gefordert. Bereits vor Jahren hatte *Fulbert Steffensky* keinen Hehl gemacht aus seinem …

> Unwillen gegen die neue Magie des Wortes Spiritualität und gegen die Aufblähung des Spiritualitätsmarktes. Mir kommt es gelegentlich vor, als ersetze das Wort selber schon die Inhalte, die damit gemeint sein könnten. Worte können Irrlichter sein, und ich habe den Eindruck, Spiritualität ist ein solches geworden. Es ist oft zu einem Versprechen geworden, das nicht eingelöst werden kann. Ich verstehe die Sehnsucht der Menschen, die nach einem solchen Wort greifen. Sie sind es müde, mit der banalen Oberfläche des Lebens zufrieden zu sein. Sie sind es müde, in der Kirche einer Rhetorik ohne Erkenntnis ausgeliefert zu sein. Sie sind es müde, in ausgeleuchteten Räumen zu leben, die kein Geheimnis mehr bergen. Sie sind es müde, Sinn durch Funktionieren zu ersetzen. So greifen sie zu dem neuen Wort, dessen Versprechen manchmal nur seine Neuheit ist. Aber es sind eigentlich die alten Fragen, die eine Antwort suchen: Wofür stehen wir in unserem Leben? Wie gelingt es den müden Herzen zu beten? … Und immer wieder die Hauptfrage: Wie geben wir weiter, was

> wir selber oft nur noch halb besitzen: den Glauben und die Hoffnung auf den Gott, der unser Leben auffängt?[5]

Steffensky empfiehlt angesichts spiritueller Erlebniszwänge mehr Nüchternheit. Er will Spiritualität als „gebildete und geformte Aufmerksamkeit" verstehen. Für ihn ist Spiritualität ein Handwerk.

> Sie besteht nicht aus der Genialität von religiösen Sonderbegabungen. Man kann das Handwerk lernen, wie man kochen und nähen lernen kann. Aber jedes Handwerk kennt Regeln, und man hat nur Erfolg, wenn man sich an die Regeln hält.[6]

Schließlich schärft er den Blick dafür, dass Spiritualität nicht einfach ins Innere des Herzens oder der Seele verlagert werden kann, sondern nach außen drängt.

> Der Geist kommt nicht mit sich selber aus, und er lässt sich nicht in die Innerlichkeit verbannen. Was nicht nach außen dringt; was nicht Form, Aufführung, Geste, Inszenierung, Haus und Figur wird, bleibt blass und ist vom Untergang bedroht. Der Geist, der seinen Ort nicht findet, ist wie eine Musik, die Partitur bleibt und nicht aufgeführt wird.[7]

Seit je stellen die Religionen für die Frömmigkeit ein einfaches und doch schwieriges Werkzeug bereit: Gebet und Meditation.

> Indem man bittet und indem man dankt, markiert man die Eckpunkte des eigenen Tuns. Indem man die Allmacht anruft, akzeptiert man die Grenze der eigenen Macht. Auch, und gerade wenn alle anderen Methoden versagen, verfallen Menschen nicht in Resignation, sondern versuchen zu beten … Das Gebet ist kein Selbstgespräch wie manche Arten der Meditation. Es ist auch kein simples Zwiegespräch, weil der Adressat kein direktes Gegenüber bildet und nur in Ausnahmenfällen sofort reagiert.[8]

---

5 Fulbert Steffensky, Schwarzbrot-Spiritualität, 7.

6 A. a. O., 20.

7 A. a. O., 28.

8 Manfred Josuttis, Die Einführung in das Leben, 47 f.

Das Gebet ist ein *Dialog mit Gott*, der den Beter über sich hinausführt. Wie jeder Dialog lebt auch das Gebet davon, zu hören und sich Gehör zu verschaffen, zu reden und mit sich reden zu lassen. Auch Pfarrer kennen die Erfahrung, dass die Hände und der Geist schnell müde werden, wenn der Mund nichts mehr zu beten hat. Wer, wenn nicht sie, ahnen, dass einem das Leben rasch entgleitet, wenn es nicht durch das Gebet gehalten wird.

Ich selbst kenne unterschiedliche *Gezeiten in meinem geistlichen Leben*. Da gibt es Phasen, in denen es mich zum Gespräch mit Gott drängt, regelmäßig und oft. Ebenso kenne ich Zeiten, die auch über Wochen andauern können, in denen Lustlosigkeit oder Zerstreutheit mich abhalten vom Beten und Meditieren. Mittlerweile habe ich gelernt gegen den launenhaften Wechsel meiner geistlichen Neigungen weder anzukämpfen noch ihn mit feineren Methoden überlisten zu wollen. Erfüllung, Freude und Inspiration lassen sich nicht herbeibeten.

Die Erfahrung sagt, dass es sinnvoll und wichtig ist, regelmäßig das Gespräch mit Gott zu suchen und ein geistliches Leben zu kultivieren, also auch gegen die eigene Trägheit, nicht aber gegen sich selbst anzugehen. Wir sollen wohl darauf achten, dass wir uns geistlich nicht gehenlassen. Es muss aber ebenso klar sein, dass im Gebet nichts erzwungen werden kann.

Gebet und Meditation prägen die persönliche Frömmigkeit und damit auch die berufliche Identität des Pfarrers. Beide, Beruf und Frömmigkeit, gehen eine Beziehung ein, in der sie sich wechselseitig beeinflussen. *Pierre Dubied* hat diese Beziehung noch einmal aus einem anderen Blickwinkel beschrieben:

> Die Identität eines jeden besteht aus der Geschichte, die er sich über sich selbst erzählt, und aus der Geschichte, die die anderen über ihn erzählen. Eine allzu große Divergenz zwischen diesen beiden Geschichten schafft große Identitätsprobleme und versagt es dem Individuum, die für eine befriedigende Existenz unentbehrliche Kohärenz zu erlangen. Zu diesen beiden Geschichten fügt der Gläubige das Forum Gottes hinzu; vor Gott hört er diese

> Geschichten und versucht, sie mit dem zu verbinden, was ihm Gott selbst sagt. Der Pfarrer – ein etwas herausgenommener und zu einem hohen Maße an Einsamkeit verpflichteter Mensch, ein durch seinen Glauben und seine Berufung exponierter Mensch – hat die Aufgabe, diese Verbindung herzustellen und den Knoten dieser verschiedenen Fäden zu knüpfen. Um das zu realisieren, muss er sich dem Vertrauen in seine Zukunft öffnen. Von Gott kann er alles erwarten, Gott kann alles fordern. Das ist die Haltung des Gebets, deren Andachtsmomente nur Verdichtungen sind.[9]

Wie jeder Glaubende müssen auch Pfarrer hin und wieder mit dem Schweigen Gottes zurechtkommen. Was frühere Generationen unter „Anfechtung“ verstanden, ist nach wie vor eine Realität im Pfarrberuf, nämlich die Zweifel, die eine Pfarrerin oder einen Pfarrer heimsuchen, ihre ganze Arbeit lähmen oder gar zunichtemachen können. Was gibt ihnen dann, jenseits ihrer menschlichen Möglichkeiten, die Kraft und Inspiration, den Durchhaltewillen und Mut, den er oder sie für ihren Beruf brauchen? Nichts anderes, als ihr Glaube und das Bewusstsein ihrer Berufung. Ist ihr Verhältnis zu Gott geklärt, dann spüren das auch die Mitarbeiter und Menschen in der Gemeinde. Ist ihr Verhältnis zu Gott diffus, dann spüren auch das die Gemeindeglieder.

1947 hatte sich *Julius Schniewind* mit der Schrift „Die geistliche Erneuerung des Pfarrerstandes“ an die Pfarrer gewandt. Diese kleine Schrift von gerade mal 47 Seiten hatte damals eine nachhaltige Wirkung unter der Pfarrerschaft ausgelöst. In achtzehn Thesen wurde die geistliche Erneuerung angemahnt: wieder zu Empfängern zu werden, indem man selbst Hörer des Wortes wird (These 4), theologisch zu arbeiten (These 7) und neu beten lernt (These 14).

Unsere gegenwärtige Situation unterscheidet sich offensichtlich nicht all zu sehr von der damaligen. Auch heute gilt es, sich auf die Schätze und die Frömmigkeit der christlichen Tradition zu besinnen. Es ist der persönliche Glaube, der alle pfarr-

---

9 Pierre Dubied, Die Krise des Pfarramts als Chance der Kirche, 182 f.

amtliche Arbeit begleitet und trägt. Pfarrer sind, wie alle anderen auch, darauf angewiesen, sich im Hören auf Gottes Wort tragen zu lassen. Wenn ihre Arbeit darüber hinaus auch vom Gebet und der Fürbitte der Gemeinde begleitet wird, ist das eine wunderbare geistliche Zugabe, die ihre Wirkung nicht verfehlen wird.

Immer wieder haben Pfarrer Möglichkeiten gesucht, sich nicht nur über das jeweilige Gemeindeleben auszutauschen, sondern miteinander auch ein geistliches Leben zu pflegen. Je nach lokaler Situation, persönlicher Befindlichkeit und kirchlicher Struktur hat dieses Bedürfnis zu sehr unterschiedlichen Formen einer geistlichen Weggemeinschaft geführt. Eine interessante Form als *Pastoralkolleg der Zelte* ist in Thüringen entwickelt worden. Dort werden geistlich strukturierte „Oasentage" an verschiedenen Orten (damit es niemand zu weit hat) mit geistlicher Begleitung (Einzelgespräche zur Beratung des inneren Weges) und einer kleinen Regel verbunden. Diese Regel verpflichtet zu fünf Verbindlichkeiten:

- ✓ Wir praktizieren eine Gestalt geistlichen Lebens im Alltag. Die kann individuell sehr unterschiedlich sein, ist aber auf Beständigkeit aus.
- ✓ Wir haben aufeinander Acht und begleiten einander auf dem inneren Weg, soweit es unseren Möglichkeiten und dem Bedürfnis des anderen entspricht.
- ✓ Wir beten füreinander.
- ✓ Wir kommen zu Oasentagen zusammen.
- ✓ Wir bleiben bei dieser Verabredung mindestens für ein Jahr.

Ob Pfarrer an solchen Oasentagen teilnehmen, sich andere Formen suchen oder ob sie spirituelle Übungen, wie Bibellektüre und Pilgern, Gebet und Meditation, Fasten und Schweigen, regelmäßig praktizieren, all das ist keine Frage der Zeit als vielmehr der Einsicht in den Sinn solcher Übungen.

Pfarrer vertreten als Repräsentanten von Religion nun mal jenen Bereich, zu dem eine spirituelle Praxis konstitutiv hinzugehört.

Mit Recht erwartet man von ihnen, dass sie darin kompetent und geübt sind. Zur Professionalität des Pfarrers gehört es, mit Gott im Gespräch zu sein, den eigenen Glauben so zu kommunizieren, dass andere darin Möglichkeiten entdecken, ihrerseits zu geistlicher Bildung zu gelangen.

2.3 Gottesdienst feiern

Der Gottesdienst kann als Visitenkarte der Gemeinde gelten, vor allem aber als die des Pfarrers bzw. der Pfarrerin. Was aber vermitteln Pfarrer im Gottesdienst? Führen unsere Gottesdienste näher zu Gott?

In der sonntäglichen Feier der Christen soll Gott gefeiert, Glauben begangen und gestärkt werden. Um dies ins Werk zu setzen, braucht es viel: zunächst eine *Gemeinde*, die sich im Namen Gottes versammelt.

Weiterhin braucht es die *Zeugnisse der Bibel*, eine angemessene *Sprache*, eine stimmige *Liturgie*, *Musik*, *Lieder* und eine *Ästhetik*, die es erlaubt, sich auf Gott auszurichten. Auch die *Stille* muss ihren Platz finden. Der Gottesdienst ist ein Gesamtkunstwerk.

Auch wenn es für evangelische Ohren noch immer fremd klingt, geht es darum, „schöne" Gottesdienste zu feiern, Gottesdienste, die berühren, von denen etwas ausgeht und in denen Frömmigkeit erlebbar wird. Auf diesem Gebiet gibt es in den Kirchen der Reformation und unter ihren Pfarrern allerdings viel Ungeübtheit.

Martin Nicol will das ändern und den Gottesdienst als einen Weg beliebt machen, der in einer bestimmten Haltung zu gehen ist, weil es ein Weg in der Wirklichkeit Gottes ist.

> Der gottesdienstliche Weg im Geheimnis ist ebenso abenteuerlich wie normal. Er zieht seine Schleifen zwischen himmlischem Thronsaal und Alltag der Welt, führt mit frommen Formeln in die Machtspiele zwischen Himmel und Erde, verhält sich irdisch wie ein Klingelbeutel und heiligt die Dinge durch die diskrete Macht der Doxologie. Ein Pilgerweg eben, mit Blasen an den Fü-

ßen und erhebendem Gesang. Der evangelische Gottesdienst ist, wie andere Liturgien der weltweiten Kirche auch, Weg in der Gotteswirklichkeit, im Mysterium, im Geheimnis.[10]

Dieser Weg ist den vergangenen Jahren breiter und auch attraktiver geworden. Neben dem Sonntagsgottesdienst, der als Predigt- oder Abendmahlsgottesdienst strukturiert ist, wurden Festgottesdienste mit ihrem je eigenen Kasus aufgewertet und vielfältiger gestaltet.

Außer Gottesdiensten für die ganze Gemeinde finden sich vermehrt solche, bei denen *Zielgruppen,* wie Jugendliche, Familien, Frauen oder Liebhaber populärer Musik im Mittelpunkt stehen. Hinzuzurechnen sind auch jene Gottesdienste, die in Rundfunk und TV ein Millionenpublikum erreichen.

Dennoch ist der evangelische Gottesdienst nicht recht greifbar, zum einen wegen der Vielfalt seiner teilweise beliebigen Erscheinungsformen, zum anderen in seiner Unentschiedenheit, mit der er vielerorts gefeiert wird. Die Überzeugungskraft unserer Gottesdienste hat abgenommen. Vermisst wird vor allem religiöse Erfahrung.

Damit ist die Frage nach dem Gottesdienst und seiner Frömmigkeit gestellt. Vermitteln unserer Gottesdienste Frömmigkeit? Wollen sie es überhaupt? Konkreter gefragt: Lassen Pfarrer ihre Gemeinde im Gottesdienst *Frömmigkeit* erleben?

Bisher ist „Gottesdienst und Frömmigkeit" ein wenig beachtetes Thema. *Manfred Seitz* stellt allerdings sehr pointiert die Frage nach einer liturgischen Spiritualität.

> Was geht spirituell von unseren Gottesdiensten aus? Was ist in unserem Alltag davon inbegriffen? Was wirkt als gestaltender Faktor wieder auf sie ein?[11]

Wer so fragt, muss Klarheit darüber schaffen, was genau Spiritualität denn meint.

---

10 Martin Nicol, Weg im Geheimnis, 9.

11 Manfred Seitz, in Handbuch der Liturgik, 606.

Heute wird der Begriff innerkirchlich gern als Synonym für das altertümlich klingende Wort Frömmigkeit verwendet. Seitz will da Klarheit schaffen und differenziert:

> Spiritualität ist ein vom Heiligen Geist gewirktes Leben mit Gott und in der Nähe des Auferstandenen hinsichtlich seiner geschichtlich und persönlich bedingten Konkretionen im Denken, Verhalten und Handeln Einzelner und ganzer Gemeinschaften; kurz: der durch den Ruf Gottes hervorgerufene und je und je unter den Bedingungen des Lebens gestaltete Glaube.[12]

Selbst wenn diese Bestimmung etwas gestelzt klingen mag, wird doch deutlich, dass Spiritualität eine Haltung ist, in der Glauben, Frömmigkeitsübung und Lebensgestaltung zusammenfließen. Außerhalb der Kirche wird der Begriff Spiritualität jedoch in einer Weise gebraucht, bei der sein pneumatischer Gehalt verloren geht. Darum ist darauf zu achten, …

> dass die Begriffe Frömmigkeit und Spiritualität ihre biblisch-theologische Herkunft als lebendige und gestalthafte Beziehung zu Gott und als wahrnehmbares, geistgewirktes Glaubensleben Einzelner und ganzer Gemeinschaften behalten.[13]

Folgt man Seitz, so ist der traditionelle Begriff Frömmigkeit im Bezug auf das gottesdienstliche Feiern besser geeignet als der inflationäre Gebrauch von „Spiritualität“.

Welche Frömmigkeit soll nun im Gottesdienst gepflegt werden? Das evangelische Gottesdienst-Verständnis hatte sich mit der Reformation vor allem von der katholischen Messe abgesetzt. In die Mitte des protestantischen Gottesdienstes rückte die Verkündigung des Wortes Gottes in Lesung und Predigt. Während sich die lutherische Entwicklung stärker an der überlieferten Messordnung anschloss, sind die Reformierten eher vom Modell des spätmittelalterlichen Predigtgottesdienstes ausgegangen, dem sie von Zeit zu Zeit auch eine Abendmahlsfeier angliedern konnten. Dennoch ist der …

---

12 A. a. O. 610.
13 A. a. O., 610.

> Evangelische Predigtgottesdienst (ist) keine Schrumpf- oder Verfallsform, sondern der genuine Beitrag der Reformation zur Gottesdienstkultur der Christenheit.[14]

Die starke Betonung des Wortgeschehens ist bekanntlich seine Stärke, zugleich aber, wie sich heute zunehmend zeigt, auch seine Begrenzung.

Gottesdienste, das ist uns heute stärker bewusst geworden, sind mehr als eine verbale Kommunikation. Sie sind auch Begegnung, Feier, Ritual, Stille und gemeinschaftliches Tun. In den letzten Jahren ist der Sinn dafür in den Gemeinden wie auch unter Pfarrern gewachsen, sodass sich, vor allem im urbanen Bereich, eine größere Vielfalt an Gottesdiensten etablieren konnte. Ob all die unterschiedlichen Formen sich als Gottesdienste verstehen, in denen der gemeinsame Glaube begangen und miteinander gefeiert wird, bleibt allerdings nicht immer erkennbar.

Auf der anthropologischen Ebene lässt sich der Gottesdienst als *Symbol und Ritual* interpretieren.

> Es kann nicht mehr die Frage sein, ob auch der christliche Gottesdienst als Ritual betrachtet werden darf, sondern vielmehr welche Symbole und Rituale zur Kommunikation des Evangeliums angemessen sind, wie sie überzeugend gestaltet werden und wie Menschen heute für sie aufgeschlossen werden können.[15]

Darum plädiert Martin Nicol für einen evangelischen Gottesdienst, …

> der mit Respekt, Lust und Liebe gefeiert, eine veränderte liturgische Spiritualität aus sich heraussetzen wird. Was hier vor allem meint: dass wir Evangelischen für die Gestaltseite von Liturgie sensibler werden. Irgendwann werden wir unsere traditionellen Vorbehalte gegenüber scheinbaren Äußerlichkeiten, wie sie nun einmal zur Gestalt der Liturgie gehören, überwinden. Dann

---

14 Martin Nicol, Weg im Geheimnis, 70.

15 Karl-Heinrich Bieritz, zitiert nach Wilhelm Gräb, Handbuch Praktische Theologie, 524.

> ist die Zeit gekommen, dass wir den Vergleich mit der liturgischen Spiritualität anderer Konfessionen nicht mehr scheuen müssen.[16]

Bisher ist jedoch noch nicht ausreichend geklärt, wie weit wir Evangelischen uns auf Liturgie als spezifische Weise, sich im Geheimnis Gottes zu bewegen, überhaupt einlassen wollen. Bisher ist noch immer eine tief sitzende Liturgieunfähigkeit des Protestantismus zu konstatieren.

Gewiss ist in den letzten Jahren manches in Bewegung geraten, doch ob unsere Liturgien tatsächlich stimmiger, schöner, angemessener werden, bleibt abzuwarten. Hinter die Grundeinsicht, dass der Gottesdienst ein Kunstwerk darstellt, welches nur im Wechselspiel von Inhalt und Form angemessen wahrgenommen wird, gibt es allerdings kein Zurück.

> Eine ästhetisch wache Liturgik hat uns die Feiergestalt des Gottesdienstes erschlossen, hat den Blick geöffnet für Symbol und Ritual, für das eigentümliche Zusammenspiel von Text, Klang und Raum, für die Bedeutung visueller Eindrücke, für die Dramaturgie der Teile und des Ganzen, für das Wechselspiel der Texte, für die Eigenart der liturgischen Sprachformen von Salutation bis Segen und für vieles mehr. Es geht bei Liturgie um eine unverwechselbar eigene, von anderen kirchlichen Vollzügen unterschiedene Weise, das Gottesgeheimnis zu begehen.[17]

Die Frage, wie sich Frömmigkeit als anschauliches Gottvertrauen in der Liturgie ausdrücken kann, ist nicht nur eine Gestaltungsaufgabe, sondern hat in erster Linie mit der inneren Haltung des Pfarrers und seiner persönlichen Frömmigkeit zu tun. In den vergangenen Jahren gab es unterschiedliche Bemühungen, den Gottesdienst schöner und sinnlicher, spiritueller und erfahrungsbezogener zu gestalten.

Vieles davon blieb allerdings akademischer Natur und hat sich in der Praxis nicht durchgesetzt. Anderes fand in eher be-

---

16 Martin Nicol, Weg im Geheimnis, 13.

17 A.a.O., 13.

denklichen Formen Zugang in unsere Gottesdienste. Gegenwärtig ist nun viel vom „Auftritt“ des Pfarrers, von seiner „Aufführungspraxis“ und „liturgischen Präsenz“ die Rede. Alles schön und gut, aber das sind Technika.

Solange sich nicht die innere Haltung des Liturgen oder der Liturgin wandelt, wird es bei den unbeholfenen Versuchen bleiben, Event und Stille, Anbetung und Aktion, Gemeinschaft und Individualismus, Small Talk und pastoralen Oberton wild miteinander zu kreuzen. Liturgische Stilsicherheit ist weniger eine Frage der Technik als vielmehr der geistlichen Haltung der Pfarrer.

Es ist nun mal ein gravierender Unterschied, ob ich den Gottesdienst für die Gemeinde „halte“ oder mit ihr feiere, ob ich im Straßenanzug mit manchmal passender Krawatte auftrete oder meine Person durch den Talar zurücknehmen und mir als Liturg eine geistliche Ausrichtung geben will. Es ist zweierlei, ob ich Gebete spreche, die durch mich hindurchgegangen sind, sodass die Gemeinde innerlich mitbeten kann, oder ob ich irgendwelche Vorlagen ablese. Es spielt eine Rolle, wie vollmundig, salbungsvoll, verklemmt oder eben doch „geistlich“ ich bete. All das spürt die Gemeinde und geht den Weg in die Nähe Gottes mit, oder aber klemmt innerlich ab und verweigert sich.

Nun könnte man mir hier katholisierende Ambitionen vorhalten. Mag sein. Doch schon der Umgang mit den biblischen Texten, der das eigentliche Proprium unseres evangelischen Gottesdienstes ausmacht, geschieht oft nachlässig. Selten ist eine Haltung zu spüren, die den biblischen Schriften als heiligen Texten begegnet.

Da macht es schon einen Unterschied, ob diese Texte aus einem Computer-Ausdruck oder der sichtbaren Kanzelbibel gelesen werden. Im Umgang mit den biblischen Schriften zeigt nämlich eine Pfarrerin, ein Pfarrer der Gemeinde seine persönliche Haltung, wie kaum sonst. Es ist durchaus ein Kriterium, ob der Pfarrer oder die Pfarrerin, nachdem sie durch ihre wissenschaftlichen Studien der Text- und Traditionskritik hindurchgegangen ist, wieder einen geistlichen Umgang mit der Bibel gefunden hat oder nicht.

Kann und will der Pfarrer, die Pfarrerin die Schriften in einer Weise in Gebrauch nehmen, durch die sie die Gemeinde näher in die Wirklichkeit Gottes – oder wie Manfred Josuttis sagt, „in die verborgene und verbotene Zone des Heiligen" – führen? Der Schlüssel hierfür liegt in der inneren Haltung, das heißt auch in der geistlichen Ausrichtung des Pfarrers bzw. der Pfarrerin, in der Art und Wiese also, wie er oder sie die biblischen Schriften befragt und nicht als etwas Gegebenes hinnimmt.

> Heilige Schrift und Heiliger Geist gehören zusammen. In abgeleiteter Weise gilt das auch für die schriftdurchwirkten Texte der Liturgie. Ein alter Auslegungsgrundsatz besagt, dass die Heilige Schrift in dem Geist zu lesen sei, in dem sie verfasst ist. Dieser Geist ist der Heilige Geist, Spiritus Sanctus, und ein derartiger Umgang mit der Bibel ist geistlich oder spirituell. Es geht also um eine geistliche Schriftlektüre. Martin Luther hat der geistlichen Schriftlektüre mit seiner Trias *Oratio, Meditatio, Tentatio* (Gebet, Meditation, Anfechtung) von 1539 ein berühmtes Denkmal gesetzt. Demnach beginnt die Lektüre oder Meditation der Heiligen Schrift mit Gebet. Das Gebet ist das Vorzeichen, das die Lektüre durchgängig bestimmt. Trotzdem hebt die Meditation nicht ab, sondern bleibt hart an den Buchstaben des Textes.[18]

Auf diesem Hintergrund ließe sich fragen, wie die teils erfreuliche, teils bedenkliche Vielfalt unserer Gottesdienstkultur zu bewerten ist. *Wolfgang Ratzmann* hat sechs Konzeptionen von evangelischen Gottesdiensten unterschieden: den *kerygmatischen,* den *anthropologischen,* einen *kultisch-anamnetischen,* einen *funktionalen, ästhetischen und spirituellen* Typ.[19]

Solche Typisierung mag ihr gutes Recht haben, doch in der gottesdienstlichen Praxis verwischen sich diese Grenzen bekanntlich und damit auch die Erkennbarkeit des jeweiligen Gottesdienstes. Andererseits muss anerkannt werden, dass sich im Kontext unserer pluralistischen Gesellschaft die Divergenz zwischen den gottesdienstlichen Angeboten und den Erwartungen der Menschen vergrößert hat. Neuere milieutheoreti-

---

18 Martin Nicol, Weg im Geheimnis, 290.

19 Zitiert nach Wilhelm Gräb, Handbuch Praktische Theologie, 524.

sche Untersuchungen zeigen recht genau auf, wie das, was im Gottesdienst als „schön" und angemessen empfunden wird, stark von den jeweiligen milieugeprägten ästhetischen Bedürfnissen abhängt.

Eberhard Hauschildt hat dafür die Vorlieben und Abneigungen einzelner Milieus gegenüber dem Gottesdienst ausdifferenziert.[20] So freuen sich etwa die „Hochkulturellen" an einer komplexen Ästhetik, nichtsubjektiven Elementen und Perfektion in der Gestaltung. Geschätzt werden Elemente mit Lerninhalt und eine hochwertige Sprache sowie klassische Kirchenmusik.

Ganz anders dagegen die „Bodenständigen": einfache Ästhetik, Alltagsbezug, Traditionsmusik, emotionale Ansprache, Zuspruch, familiäre Stimmung, Bezug zu Ort und Familie, Kirchenkaffee.

Wieder anders die Erwartungen der „Mobilen" oder der „Kritischen". Sie mögen Gospel und experimentelle Musik, originelle Statements, Spontanes, Bilder, Filme, kurze Predigt, meditative Elemente usw.

Immerhin gibt es auch milieuübergreifende Erwartungen, die sich recht einhellig auf eine lebensrelevante Predigt, auf einladende Musik und eine überzeugende spirituelle Atmosphäre richten. Das sollte Pfarrer veranlassen, sich stärker als bisher auf gestiegene ästhetisch-spirituelle Qualitätserwartungen einzustellen.

Nun ist in den letzten Jahrzehnten schon vieles für einen Gestaltwandel der gottesdienstlichen Frömmigkeit getan worden. So wird in allen deutschen Landeskirchen, auch in den Kantonalkirchen der Schweiz, empfohlen und zunehmend praktiziert, das *Abendmahl* häufiger, selbstverständlicher und inhaltlich gefüllter in die jeweilige Gottesdienstkultur zu integrieren.

Auch die *Stundengebete* wurden wieder entdeckt, ebenso das gemeinsam gesprochene *Psalmgebet*, Lesungen durch einen

20 Siehe in Claudia Schulz u. a., Milieus praktisch, 282 f.

Lektor usw. Die Kirchen der deutschsprachigen Schweiz bemühen sich nach 150-jähriger Bekenntnisfreiheit wieder um ein verbindendes Credo.

Stille, Meditation und moderne Kunst haben vermehrt Eingang gefunden in die Gottesdienste. Auch die Gesangbücher mit ihrem breiteren Spektrum sowie eine Belebung durch zeitgenössische Musik bringen Menschen zum Gottesdienst, die sonst nicht kämen. Überhaupt werden fast überall Experimente im gottesdienstlichen Feiern gefördert. Die Zürcher Kantonalkirche hat es gar zu einem ihrer Legislaturziele erklärt, dass sich jede Kirchgemeinde ein Gottesdienst-Konzept erarbeitet, in dem eine neue Vielfalt des gottesdienstlichen Feierns erkennbar werden soll.

Ob sich solch eine Differenzierung an Milieutheorien, den artikulierten Bedürfnissen der Gemeinde oder den Begabungen der jeweiligen Pfarrer ausrichtet, wird lokal sehr unterschiedlich sein. In den meisten Fällen wird das Experimentieren auf eine zunehmende Funktionalisierung des Gottesdienstes hinauslaufen. Bewusst oder ungewollt setzt eine Dynamik ein, in der die Gestaltungselemente der Liturgie verzweckt werden. Damit wird es dann zur Frage, ob eine …

> den Gottesdienst in seiner Absichtslosigkeit beschädigende Instrumentalisierung einsetzt, durch die die sinnlichen Symbole zerstört; … die geschichtlich gewordenen Bilder aufgegeben werden zugunsten der Durchrationalisierung des menschlichen Denkens und Fühlens … (und) verbalisierter Lebensanweisungen.[21]

Andererseits gibt es das Bemühen um eine neue Verzauberung der Liturgie, die dem religiösen Kitsch die Tore öffnet. Hierzu zähle ich auch manche jener Texte, die im Gottesdienst als Gebet ausgegeben werden. Oft handelt es sich dabei um mehr oder weniger gelungene poetische Selbstbetrachtungen, denen aber nicht nur die Anrede, sondern auch der Bezug auf Gott fehlen. Vielleicht kann man solche Texte noch als Besinnung oder Meditation durchgehen lassen, doch sie als Gebet auszu-

---

21 Fulbert Steffensky, zitiert nach Handbuch der Liturgik, 619.

geben, bedeutet die Gemeinde auszuschließen, weil sie nicht mitbeten kann.

Eine weitere Problemanzeige zielt in diesem Zusammenhang auf eine ausgeglichene Balance von Emotion und Nüchternheit, die sich gegenwärtig vor allem am Verhältnis von Wort und Bild zeigt.

> Heute wird fast nichts mehr nüchtern präsentiert. Die modernen Medien fördern diese Entwicklung. Der Umstand, dass sie sich zunehmend vom Wort auf das Bild verlagern, vom Beschriebenen auf das Gezeigte drängt das nüchterne Denken zurück. An die Stelle des schriftlichen Symbols, auf das man mit nüchterner Analyse eingehen kann, tritt immer öfter das visuelle Bild, das sofort eine emotionale Antwort provoziert und einem gar keine Zeit zu nüchterner Auseinandersetzung lässt … Diese Verlagerung wirkt sich auch auf das Gebiet der Spiritualität aus: Denken wird immer öfter als kalte, seelenlose Rationalität abgewertet, Erfahrungen und Gefühle stehen im Vordergrund. Das Kriterium, ob eine bestimmte Tradition oder Methode richtig sei, ist, ob man ein gutes Gefühl dabei hat und ob sie einem wohl tut.[22]

Natürlich kann man solche Stimmungen und Bewusstseinszustände genießen, doch man sollte sie nicht vorschnell als spirituelle Erfahrungen deklarieren. In unserer religiösen Tradition haben wir begreifen müssen, wie subtil und raffiniert sich der Mensch immer wieder selbst manipulieren kann, auch mit seinen religiösen Ansichten und schönen Gefühlen. Bei allem Verständnis für den Wunsch nach einer Erfahrbarkeit des Glaubens darf darüber nicht die Nüchternheit vernachlässigt werden.

Im Sog der Erlebnisgesellschaft ist es nicht immer leicht, dafür das rechte Augenmaß zu bewahren, denn natürlich …

> haben sich die Kriterien der Erlebnisgesellschaft auch in die Diskussion um den Gottesdienst eingeschlichen. Alles muss Spaß machen! Alles muss schnell gehen! Alles muss up to date sein!

---

22 Bernhardin Schellenberger, in Gabriele Hartlieb u. a., Spirituell leben, 297.

> Alles muss emotional integrierbar sein! … Pfarrer und Pfarrerin, die gern mit dem Gottesdienst experimentieren, um seine Erlebnismomente zu steigern, sollten die folgende Feststellung des Soziologen (G. Schulze) nicht übersehen: „Man kann den Erlebnismarkt nicht steuern, sondern höchstens verlassen." Wer sich dem Diktat der Erlebnisgesellschaft unterwirft, hat schon verloren. In diesem Bereich gibt es keine Kompromisse. Man kann mit dem entsprechenden Köder, sofern es die jeweilige Mode will, für einige Zeit Kunden gewinnen. Aber solche Bindungen werden immer nur kurzfristig tragen, weil der Erlebnishunger abwechslungswütig ist. Und der Unterhaltungswert im Machtbereich des Heiligen ist nun einmal begrenzt. Der Gottesdienst kann sich solchen Wünschen verweigern.[23]

Bei aller Freude am Experimentieren ist es offenbar nötig, dass auch die Grenzen einer gottesdienstlichen Gestaltungsfreiheit benannt werden.

> Solange darunter verstehbare Sprache, nachvollziehbare Formen, neue Konkretionen, Eingehen auf die Herausforderungen unserer Zeit gemeint ist, ist dem … zuzustimmen. Wenn Erneuerung des Gottesdienstes aber den zentralen Inhalt des Gottesdienstes zur Disposition stellt, wenn sie ihn gefügiger, eingängiger, unanstößiger oder gar unverbindlicher machen will, wird das „Heute" der Gottesbegegnung falsch verstanden und entleert … Gottesdienstliche Erneuerung kann also nicht darin bestehen, dass sich die Kirche in ihrem Gottesdienst der Welt gleich macht (Röm 12,2), so dass sie in ihrem Reden und Handeln der Welt zum Verwechseln ähnlich wird. Welthaftigkeit bedeutet nicht Weltförmigkeit. Gerade weil sich die Kirche in die Welt gesandt weiß, darf sie sich nicht scheuen, sich im Gegenüber zu ‚ihrer' Welt zu wissen … Sie hat der Welt zu sagen und zu geben, was die Welt sich selbst nicht sagen und geben kann. Es ist nicht selten zu beobachten, dass gerade der Kirche Entfremdete von ihr erwarten, dass sie bei ihrer Sache bleibt, … das der Gottesdienst bleiben soll, was er ist, nämlich das Geschehen, in dem sich die Begegnung Gottes mit den Menschen vollzieht.[24]

---

23 Manfred Josuttis, Die Einführung in das Leben, 89.
24 Walter Lührs, in Handbuch der Liturgik, 941.

Walter Lührs hat recht, wenn er darauf beharrt, dass unsere Gottesdienste in der modernen Gesellschaft eine gewisse Fremdheit behalten werden und sich dieses auch bewahren müssen. Das spricht nicht gegen Experimente und eine neue Vielfalt.

Dennoch soll erkennbar bleiben, dass Christen im Gottesdienst ihren Glauben begehen und Gott feiern. Auf den gegenwärtigen Stand der Dinge bezogen, ließe sich sagen, dass unsere Gottesdienste geistlicher, mit größerer liturgischer Sorgfalt und mehr Hingabe gestaltet werden könnten.

3 Die eigene Rolle

Um die eigene Rolle zu finden, müssen sich die Pfarrerin und der Pfarrer zunächst mit jenen Rollen konfrontieren lassen, welche der Beruf im Laufe der Zeit herausgebildet hat und immer noch bereit hält. Diese Auseinandersetzung kann irritierend sein und zu mancherlei Turbulenzen führen. Es kann ein längerer Weg werden, bis man zu jener Authentizität gelangt, welche die Gemeinde erwartet und in der man selbst sich wohlfühlt.

3.1 Nichts ist klar

Als Vikar und in meinen ersten Amtsjahren hatte ich es genossen, Menschen mit meinem Beruf zu verblüffen. Es hat mir geschmeichelt, wenn ich nicht ihrem Pfarrerbild entsprach. Wenn man mir sagte, ich wirke doch eher wie ein Sportlehrer, Architekt oder Ingenieur, dann hat mir das gefallen. Als Pfarrer wollte ich weder der abgehobene Intellektuelle noch der Allesversteher und schon gar nicht der fromme Weltverachter sein. Andere sollten in mir jemanden sehen, der vom Leben und seinen Geheimnissen mehr versteht, und auch um das Sterben weiß.

Ich gab zu verstehen, dass ich in meinem Beruf etwas zu sagen und weiterzugeben habe, was man sonst nirgends zu hören bekommt. Zugleich wollte ich ein moderner, aufgeschlossener Zeitgenosse sein, also einer von ihnen.

Mit der Zeit habe ich dieses läppische Spiel aufgegeben. Ich musste, teils verwundert, teils vergnügt, bisweilen auch schmerzhaft erfahren, dass der Pfarrer tatsächlich anders ist. Vor allem musste ich realisieren, dass man als Pfarrer auch in der Moderne nach wie vor eine „Anschauungsfigur" ist, ein Repräsentant von Religion. Persönliche Erfahrungen mit ihm oder ihr werden, sowohl in positiver wie in negativer Hinsicht, als Erfahrungen mit der Kirche gewertet.

Dass ein Pfarrer seine Rolle finden muss, klingt selbstverständlich und harmlos. Auch in anderen Berufen muss man seine Rolle finden und ausfüllen. Beim Pfarrberuf jedoch ist es komplizierter. Während in anderen Berufen die jeweilige Rolle meist vorgegeben ist, mit einem angemessenen individuellen Spielraum, ist beim Pfarrer eigentlich nichts klar. Ich kenne keinen anderen Beruf, der solch ein weites und widersprüchliches Spektrum von Rollenerwartungen und Identitätszuweisungen enthält wie dem des evangelischen Pfarrers. Dagegen ist Präsident oder Papst sein ein Kinderspiel.

Da sind zunächst die klassischen Rollen, die sich seit Altes her mit dem Pfarramt verbinden: Priester, Lehrer, Prophet und Seelenhirte. Hinzu treten die modernen Projektionen wie Animateur, Manager, Therapeut, Mediator, spiritueller Meister, guter Nachbar oder Lebensberater. Die Rolle des „der Pfarrer ist ja auch nur ein Mensch" steht hart neben der Erwartung, er müsse doch der einzig noch verbliebene Vorbildchrist sein.

Man erwartet von ihm, dass er bei guter Gelegenheit ein bedeutsames Wort zu Leben und Tod sagt, aber bitte so, dass es anrührt und anregt, aber auf keinen Fall moralisierend. Er soll auch immer wieder einmal an die soziale Gerechtigkeit erinnern, die christlichen Werte ins Spiel bringen und die Geschlechter gerechte Sprache praktizieren. Der Pfarr*herr* wird heute abgelehnt, der *Herr* Pfarrer hingegen scheint wieder gefragt. Natürlich soll er ein modernes Profil aufweisen, aber doch für die alten Werte einstehen. Er soll spirituell kompetent sein, aber nicht zu fromm, denn das erschreckt. Und so weiter.

Hinzu kommen die ganz realen Anforderungen der Gemeinde. Ein Pfarrer, eine Pfarrerin, die mit etwa 30 ins Amt kommt, kann sich vieles nicht aussuchen. Er oder sie hat auch alte Menschen zu begleiten, ebenso wie ein Pfarrer mit 60 sich mit pubertierenden Konfirmanden auseinandersetzen muss. Ein gibt ein fast uferloses Angebot von Rollen für den Pfarrberuf.

Wem da eine gesunde Spiritualität und ein robustes Naturell fehlen, der ist schnell einmal überfordert oder muss sich wechselnde Identitäten zulegen. Daran aber würde er irgendwann einmal zerbrechen, und einige sind daran tatsächlich zerbrochen. Oder sie verschanzen sich hinter einem allzeit smarten Lächeln, jener aufgesetzten Freundlichkeit, die man in Amerika das „protestantische Lächeln“ nennt, oder noch anschaulicher: ein „shit-eating smile“.

Ja, es gehört zu den häufigen Erfahrungen eines Pfarrers, dass seine Mitmenschen unterschiedlichste Vorstellungen in seinen berufliche Rolle hineinprojizieren und ihm mit entsprechenden Erwartungen begegnen. Um mit solchen Erwartungen, die gegensätzlicher kaum sein können, verantwortungsvoll umzugehen, ist es wichtig, sich eine theologisch reflektierte Bestimmung der eigenen Rolle zu erarbeiten.

> Die Irritationen rund ums Pfarramt sind aber nicht allein als Ursache einer theologischen Indifferenz zu sehen; sie rühren auch daher, dass sich die Gewichte zwischen Kirche und Gesellschaft seit der Reformation wesentlich verschoben haben. Welche Rolle spielt der Pfarrer oder die Pfarrerin, wenn das Priestertum aller Gläubigen nicht spielt? Welche Form und welches Gewicht hat die öffentliche Verkündigung, wenn die kirchliche Öffentlichkeit eine von vielen Öffentlichkeiten geworden ist? Wie die Situation der Kirche in der Gegenwartskultur wahrgenommen und verstanden wird, beeinflusst die Wahrnehmung und das Verständnis der Pfarrerrolle.[1]

3.2 Der Pfarrer ist anders

1982 hatte *Manfred Josuttis* mit seinem Buch „Der Pfarrer ist anders“ die Rollenkonfusionen offensiv thematisiert und für viel Diskussionsstoff gesorgt. Damit hatte er damals viele Pfarrer überrascht, sensibilisiert und neu für die Besonderheiten ihres Amtes interessiert. Seither ist das Anderssein des Pfarrers beinahe zum Allgemeinplatz geworden. Man weiß es nun und macht kein Aufhebens mehr darum.

---

1 Ralph Kunz, in Jan Bauke/Matthias Krieg, Die Kirche und ihre Ordnung, 86.

Aber vielleicht weiß man es nach fast dreißig Jahren eben nur noch pauschal und nicht mehr genau genug. Darum kann es lohnend sein, diesem Anderssein noch einmal auf den Grund zu gehen und sich darüber zu verständigen, was es konkret bedeutet. Bereits im Vorwort umreißt Josuttis den Stand der Dinge:

> Der protestantische Pfarrer ist eine merkwürdige Zwitterfigur. Der Ausbildung und der Amtstracht nach tritt er auf als Gelehrter. Durch die Art seiner Dienstleistungen gehört er in die Reihe der Priester. In seinem theologischen Selbstverständnis möchte er am liebsten als Prophet agieren. Aber die meiste Zeit verbringt er wahrscheinlich damit, die Rollen des kirchlichen Verwaltungsbeamten und des gemeindlichen Freizeitanimateurs zu spielen."[2]

Die Rollendiffusion des Pfarrers wurde also als sein Dilemma erkannt, und die Andersartigkeit zu seinem charakteristischen Merkmal erhoben. Tatsächlich klaffen Zuschreibungen von außen und eigenes Selbstverständnis, Berufsbild und tatsächliche Berufsausübung im Pfarrerberuf häufig weit auseinander. Josuttis hatte programmatisch an den Konfliktzonen angesetzt und diese reflektiert. Seine Liste all der Polaritäten, zwischen denen der Pfarrer sich „spannungsvoll und spannend zugleich" bewegt, war lang.

Josuttis wollte aber auch klären, was am Anderssein „nur" die Folge einer verunsicherten Identität oder religiöser und soziologischer Zuschreibungen ist, und was andererseits gewollt zur Pfarrerexistenz hinzugehört. Was ist Entfremdung, was Auftrag? Der Satz „Der Pfarrer ist anders" lässt sich ja mehrdeutig verstehen: als Absichtserklärung, als Forderung oder Vorwurf.

> Als Feststellung beschreibt der Satz einen Sachverhalt, der sich vor allem durch kirchensoziologische Erhebungen untermauern lässt. Der Pfarrer lebt in einem besonderen, sozial begrenzten und definierbaren Raum, der sich von der gesellschaftlichen

---

2 Manfred Josuttis, Der Pfarrer ist anders, 3.

> Realität sehr vieler Gemeindeglieder unterscheidet. Er ist Akademiker, er ist Beamter, er ist ein Kopfarbeiter im tertiären Bereich. Religion und Profession fallen bei ihm zusammen, damit weitgehend auch Arbeit und Freizeit, und auch die Trennung von Beruf und Familie ist, wie sich in der prekären Rolle seiner Ehefrau zeigt, noch nicht vollständig vollzogen.[3]

Ebenso kann der Satz vom Anderssein auch eine Absichtserklärung einschließen.

> Der Pfarrer will anders sein, jedenfalls in manchen Bereichen. Diese Entscheidung hat er mit seiner Berufswahl getroffen ... In seinem Leben soll es nicht um Geld gehen, sondern um Gott, nicht um Macht, sondern um Liebe, nicht um Durchsetzung, sondern um Dienst ... Dass er anders sein will und andere ändern möchte, ist für den Pfarrer in zweifacher Hinsicht beschwerlich. Er selber bleibt hinter den eigenen Ansprüchen zurück und muss auf der anderen Seite immer auch die Erfahrung machen, dass die Gemeinde sich seinen Besserungs- und Bekehrungswünschen entzieht. Das löst bei ihm Enttäuschung, Ärger, auch Aggressionen gegen sich selbst und die Gemeinde aus, weil er sich gleichzeitig mit einer permanenten Forderung konfrontiert sieht.[4]

Schließlich lässt sich der Satz auch so interpretieren:

> Der Pfarrer soll anders sein. Das erwarten Gemeindelieder, Kirchenbehörden, auch Außenstehende von ihm. Er sieht sein Leben unter andauernder Außenkontrolle. Er erfährt sich als Projektionswand für Idealisierungswünsche verschiedener Art.[5]

Pfarrer zu sein bedeutet, sein Verhältnis zu Gott, zu sich selbst, zur eigenen Familie, zur Gemeinde und Gesellschaft immer neu ausbalancieren zu müssen. Unter dieser Vorgabe beschreibt Josuttis das Anderssein des Pfarrers als Kern seiner berufsmäßigen und privaten Existenz.

---

3 A. a. O., 12.
4 A. a. O., 13.
5 A. a. O., 13.

3.3 Als Grenzgänger unterwegs

Pfarrer bewegen sich häufig in verschiedenen Milieus, Rollen und Wertsystemen. Das hat natürlich seinen eigenen Reiz, wenn und solange sie sich eine tragfähige Rollensicherheit angeeignet haben, kann aber auch zu Belastung werden, wenn diese fehlt. *Eberhard Mechels* hat darum eine interessante Teilung der Pfarrerrolle angeregt:[6] Es mache wenig Sinn, den Pfarrer, bzw. die Pfarrerin auf eine Totalrolle festlegen zu wollen. Vielmehr schlägt er eine Unterscheidung vor, die die Rolle jeweils aus gesellschaftlicher und kirchlicher Optik beschreibt. Damit differenziere sich zugleich das Amtsverständnis. Innerkirchlich sei der Pfarrer dann ein normales Gemeindeglied, gesellschaftlich hingegen ein Repräsentant der Kirche.

Ausgangspunkt für solche Überlegungen war die Beobachtung, dass sich das Selbstbild der Pfarrer häufig von dem Bild unterscheidet, das sich Gemeindeglieder von einem guten Pfarrer, einer guten Pfarrerin machen.

Für jene ist das Pfarramt kein Beruf wie jeder andere, sondern Berufung, eine Totalrolle, welche berufliches und privates Leben umfasst. Pfarrer hingegen wollen möglichst einen „normalen" Beruf ausüben, auch mit Rückzugsmöglichkeiten ins Private. Mechels bezweifelt nun die Alternative von Totalrolle und normalem Beruf. Seine These lautet:

> PfarrerIn ist – innerkirchlich/gemeindlich – *normales* Gemeindeglied mit besonderen Gaben, Kompetenzen und besonderem Auftrag. PfarrerIn ist – gesellschaftlich – amtliche/r RepräsentantIn des Heiligen, des Christentums und der *fremden Heimat Kirche*. Kirchenintern sollte die Rolle von PfarrerIn im Kontext der Charismen-Lehre konzipiert werden, kirchenextern im Kontext der Lehre vom Amt."[7]

Mechels lässt sich von dem Gedanken leiten, dass mit der Erosion bzw. Auflösung der christlichen Gesellschaft das Christsein

---

6 Eberhard Mechels/Kornelia Schauf, Der Pfarrer/die Pfarrerin von morgen, 1999.

7 A.a.O., 3.

einen grundsätzlich anderen Stellenwert bekomme. Es werde zu etwas Exklusivem und damit die Zugehörigkeit zur Kirche zu einem Akt der bewussten Wahl. Damit aber bekomme auch die Gemeinde einen besonderen Status, stelle den Pfarrer vor neue Anforderungen und gebe seiner Rolle ein anderes Profil. Die Pfarrerin wird dann noch stärker zum Grenzgänger zwischen Welten, Milieus und verschiedenen Rollen.

Den Gedanken vom Grenzgängertum hatte auch *Manfred Josuttis* in seinem zweiten pastoraltheologischen Entwurf (Die Einführung in das Leben, 1996) aufgegriffen und entfaltet. Dort schreibt er:

> Pfarrer und Pfarrerin überschreiten in ihrer Tätigkeit andauernd soziale Grenzen. Sie führen nicht nur in das Leben hinein und aus dem Leben hinaus, sie vermitteln permanent auch zwischen unterschiedlichen Lebenswelten. An die jüngere Generation geben sie Werte und Normen der Tradition weiter; bei den Älteren werben sie um Verständnis für jugendliche Aufbruchs- und Ausbruchsversuche … Solche Rollen sind dadurch charakterisiert, dass ihnen im jeweiligen System eine funktionale Autorität eignet.[8]

Und weiter heißt es:

> Der Grenzgänger unterscheidet sich von den bisherigen Rollen in einem markanten Punkt. Pförtner, Meinungsführer und Mediatoren haben ihr kommunikatives Fundament im eigenen sozialen System … Grenzgänger dagegen bezieht sich auf jene Personen, die in zwei oder mehreren Systemen placiert sind, deren soziokulturelle Standards voneinander abweichen … Durch ihre Ausbildung und in ihrem Lebensstil befinden sich viele Pfarrer in einem Grenzbereich, zwischen unterschiedlichen Weltbildern, zwischen divergierenden Wert- und Normensystemen, zwischen Milieus, die ansonsten weit voneinander entfernt sind. Das alles kann zur Erweiterung und Vertiefung ihrer beruflichen Tätigkeit beitragen, kann aber auch eine andauernde Verunsicherung bewirken. Denn der Grenzgänger muss in jedem Augenblick überlegen, welche Seite seiner Doppelrolle er jetzt aktivieren soll. Am

8 Manfred Josuttis, Die Einführung in das Leben, 36.

> Sterbebett ist nicht die Rolle des historisch-kritischen Theologen gefragt. Und in der ethischen Diskussion wird der Dogmatiker, der alles schon weiß oder biblizistisch begründen kann, scheitern. Zum Repertoire dieser Rolle gehört also eine Vielzahl von kommunikativen und argumentativen Strategien … Pfarrer und Pfarrerinnen bewegen sich zwischen Menschen mit unterschiedlichen Meinungen, Weltbildern, Normen und Lebensstilen. Sich in dieser Vielfalt einigermaßen zurechtzufinden, ist schwer."[9]

Ich vermute, dass die nötige Rollensicherheit für einen Pfarrer unter vierzig kaum zu haben ist. Häufig fällt ja die Übernahme des Amtes biografisch mit der Gründung und dem Aufbau seiner Familie zusammen. Der Pfarrer muss in dieser Zeit den eigenen Platz in Gemeinde und Familie, im privaten und öffentlichen Leben, im früheren und neuen Freundeskreis gleichzeitig finden. Das absorbiert viel Kraft.

Letztlich liegt aber der Anspruch wohl höher, als sich in einer Rollenvielfalt zu arrangieren. Selbst wenn der Pfarrer oder die Pfarrerin all die Erwartungen und Rollen in eine ausreichende Balance bringt, stellt sich ihnen immer noch die Frage „Wer bin ich eigentlich?" Das ist dann die Frage nach einer Identität, die mehr sein will als die Summe oder Integration all ihrer Rollen. Dafür müssten nämlich auch ihre Potenzen und noch ungelebten Möglichkeiten in den Blick kommen, also all das, was sie oder er noch nicht ist, aber sein könnte. Ein solch komplexes Anliegen spitzt sich letztlich in der Frage zu: Wer bin ich vor Gott in der Welt?

3.4 Das Identitätsproblem

Der Umstand, sich vor Gott verantworten zu müssen, ist eine Frage, die sich natürlich jedem glaubenden Menschen stellt. Es darf jedoch angenommen werden, dass sie sich im Pfarrberuf mit größerer Dringlichkeit stellt.

---

9 A. a. O., 38.

> Das Identitätsproblem des Pfarrers stellt sich im Vergleich zu Menschen in einer anderen sozialen Position schärfer. Der Pfarrer muss nicht bloß jene Bilder, die sich die anderen von ihm machen und die sie auf ihn zurückprojizieren, in das eigene Bild integrieren, sondern darüber hinaus gleichzeitig jene Vorstellung verarbeiten, die Gott angeblich von ihm als Mensch und als Pfarrer hat. Für den gläubigen Menschen spielt sich das Entscheidende vor Gott ab. Gelingt es ihm nicht, sich von Gott her umfassend zu begreifen, dann verliert er sich selbst als Glaubender. Ein riskantes Nebeneinander also: Ich als Mensch, Glaubender und Pfarrer für die anderen, ich als Mensch, Glaubender und Pfarrer vor Gott. Da kann es Widersprüche geben, etwa den Pfarrer, der in der Gemeinde hingebungsvoll und freundlich, zu Hause aber unausstehlich ist. Aber auch das umgekehrte Schema ist möglich: Der Pfarrer, der im Bewusstsein seiner Schwächen und Fehler um seine Identität vor Gott dermaßen fürchtet, dass er sich davor in den mit seinem Amt verbundenen gesellschaftlichen Spielen zu schützen sucht.[10]

In der pastoraltheologischen Diskussion wird zwar ausführlich über Herkunft, Profil und Funktion des Pfarramtes reflektiert, mitunter stark idealisierend, doch die Realität vom ganz realen Frust, von Resignation oder Aggression im Pfarrberuf bleibt, bis auf wenige Ausnahmen, unerwähnt. Eine dieser Ausnahmen ist *Pierre-Luigi Dubied,* der 1995 mit seinem Buch „Le pasteur – un interprète“ Tabus hinterfragt hat, wobei der Titel der ins Deutsche übersetzten Ausgabe den Inhalt treffender wiedergibt: „Die Krise des Pfarramts als Chance der Kirche“.

Dubied setzt nicht bei Theorien über das Pfarramt an, sondern in der Praxis. Ausgangspunkt ist für ihn die Realität des Pfarrers, die er als Krise wahrnimmt und als tief greifende Identitätskrise deutet. Allein die soziale Stellung des Pfarrers sei schon zwiespältig und unbehaglich. Seine Präsenz werde zwar als Faktum akzeptiert, aber er kann nicht mehr das sein, was eine Jahrhunderte alte Tradition vorgegeben hat. Es bestehe nämlich ein Gefälle zwischen dem gängigen Pfarrerbild in der

10 Pierre Dubied, Die Krise des Pfarramts als Chance der Kirche, 29.

Gesellschaft und dem Bewusstsein, das dieser von sich selbst haben will oder kann. Dieses Auseinanderklaffen werde als schmerzlich erfahren und führt bei Pfarrern abwechselungsweise zu Schuldgefühlen und aggressiven Reaktionen. Und so beschreibt Dubied eine traurige Realität:

> Wer sich mit den wichtigsten Merkmalen der Identitätskrise des Pfarrers beschäftigt, den erstaunt das Ausmaß dieser Krise. Alle konstitutiven Elemente seiner Identität sind in Fluss geraten. Auf personaler, sozialer, beruflicher, institutioneller und theologischer Ebene ist die durch das frühere Modell gegebene Identität in Frage gestellt. Das besagt, dass keine gemeinsame stabile Basis mehr vorhanden ist, die als Ausgangspunkt für den Aufbau eines Pfarrer-Ich dienen könnte."[11] Darum, so Dubied, seien einige Formen dezidierter und ungebrochener Selbstdarstellung nichts als bloße Fassaden. Die Krise des Pfarramts, so seine Grundthese, sei eine Identitätskrise der Pfarrers. Doch: „Das schlimmste Unglück ist nicht die Krise, wie unangenehm sie auch sein mag, sondern der Versuch, sie entweder zu negieren oder sich in ihr dauerhaft zu installieren.[12]

Darum sei es an der Zeit, dem Pfarramt wieder eine neue Würde zu verleihen.

Was bisher so pauschal klingt, kann Dubied recht gut belegen, indem er an einer Reihe von Themen das jeweilige Identitätsproblem darstellt. Manche seiner Deutungen wurden zwar mit dem damaligen Zeitgeist weggespült oder relativiert, andere blieben aktuell und sind für uns durchaus von Interesse. Einige wenige davon sollen beispielhaft benannt werden:

Selbstbezogenheit

Dubied sieht, dass der Pfarrer, der in seinen Außenbeziehungen kaum eine dauerhafte Kohärenz herstellen kann, zur Selbstbezogenheit oder zur Flucht vor sich selbst neigt.

---

11 A.a.O., 163f.
12 A.a.O., 172.

Die zwanghafte Selbstbezogenheit kann sich in zwei Formen, aktiv und passiv, äußern. In der aktiven Form wird sich der Pfarrer ständig genötigt sehen, die eigene Tätigkeit zu bewerten. Bei der Aufzeichnung seiner Arbeitsstunden – Besuche, Unterrichtsstunden, Sitzungen, Trauergottesdienste, Trauungen, Gottesdienste usw. – wird er sich ständig fragen, ob er wohl genug getan habe. In der passiven Form aber wird er sich vom Bewusstsein der Unmöglichkeit seiner Aufgabe erdrücken und die Tage untätig an sich vorüberziehen lassen, er wird den Dingen den Lauf lassen ... Diese beiden Abwege sind nicht nur Pfarrern vorbehalten, alle Menschen kennen sie. Die Besonderheit der Identitätssuche des Pfarrers hat damit zu tun, dass der Pfarrer seine Identität als glaubender Mensch im Rahmen einer mit dem Glauben exemplarisch verbundenen beruflichen Tätigkeit entwickelt. Vor Gott erhöht dieser Zusammenhang die innere Spannung und folglich die Gefahr des Scheiterns. Er wird sich folglich bald einmal schuldig fühlen, nicht der zu sein, der er vor den Menschen, mehr aber noch vor Gott, eigentlich sein sollte. Dann wird er sein Problem dadurch lösen wollen, dass er die zwanghafte Selbstbezogenheit oder die Flucht vor sich selbst intensiviert, wobei er für jeden dieser beiden Abwege theologische Rechtfertigungen findet.[13]

Einsamkeit

Die Besonderheit der Situation des Pfarrers – sie macht das Befremdliche an ihm aus und lässt ihn herausgenommen sein – besteht gerade darin, dass sich in ihr mehr als in jeder anderen beruflichen Identität, personale Identität und gläubige Identität verdichten, dass sich diese Identitäten jedoch nicht automatisch überschneiden, dass er aber alles daran setzen muss, sie übereinstimmen zu lassen, um nicht selbst auseinanderzufallen.[14]

Wo und wie also können Pfarrer die Anerkennung ihrer selbst, als Mensch und Pfarrer, finden?

13 A.a.O., 169f.
14 A.a.O., 70.

Selbst die Freundschaften des Pfarrers sind nicht unproblematisch. Können die Freunde aus der Zeit vor dem Theologiestudium und dem Eintritt ins Pfarramt dem Pfarrer gegenüber ihre Natürlichkeit bewahren? Und der Pfarrer selbst: Kann er seine Pfarrerrolle beiseitelassen, wenn er seinen jetzigen Freunde trifft, ohne sich dabei als Pfarrer zu verleugnen? Wann und wo kann er sich selbst sein, ein Mensch wie alle anderen und doch ein Pfarrer? Zum Beispiel auf einem Fest ist der Pfarrer zwischen zwei Identitäten hin- und hergerissen. Gibt er sich feierlich, wird man ihm vorwerfen, übertrieben steif zu sein und die allgemeine Freude zu dämpfen; gibt er sich hingegen der lockeren Stimmung hin, wird der Vorwurf laut, es an der nötigen Strenge fehlen zu lassen.[15]

Muss er sich also im menschlichen Umgang so viel Zurückhaltung auferlegen, dass diese ihn faktisch, zumindest partiell, in die Einsamkeit zwingt?

Aggression

Kein Beruf bleibt frei von Frustrationen und den sich daraus ergebenden Aggressionen. Im Pfarrhaus kulminiert beides zu einem Problem besonderer Art. Aggressivität der Gemeinde gegenüber widerspricht den Normenvorstellungen des Pfarrhauses und der pastoralen Existenz. So werden Pfarrersehen von hier aus besondern gefährdet, weil die Familie dann zum Abreaktionsfaktor werden muss. Die Aggressivität spielt in der Geschichte des Christentums darum eine so große Rolle, weil wir kaum Möglichkeiten gefunden haben, in einer guten Weise sie zu sublimieren oder aber sie in einer angemessenen Form auszuagieren. Aus diesem Grunde kommt es in der pastoralen Existenz zu jenem häufig beobachteten masochistischen Lebensgefühl, das sich gelegentlich in einem geradezu querulanten Selbstmitleid äußert.[16]

Wie aber soll der Pfarrer anders als depressiv reagieren, wenn ihm die Statistik das Nachlassen des Predigtbesuchs belegt oder

15 A. a. O., 61.
16 Hans-Joachim Thilo, in Richard Riess, Haus in der Zeit, 161 f.

wenn er die Konfirmanden, in die er viel investiert hat, kaum jemals wieder sieht?

Geld

Pfarrer sein, Pfarrerin sein, sei zunächst ein „spiritueller Beruf“, weiß man. Pfarrer werden das bereitwillig bestätigen. Aber die nächsten Angehörigen und die Erfordernisse des täglichen Lebens zwingen den evangelischen Geistlichen, anders als den katholischen Amtsbruder, dazu, sich auch mit materiellen Fragen zu beschäftigen. Das Thema berührt ihn eher peinlich.
Auch eine Diskussion über die angemessene Pfarrerbesoldung findet nicht statt, jedenfalls nicht öffentlich. Es scheint Einigkeit darüber zu bestehen, dass die Tatsache und die Höhe der Besoldung nicht begründungsbedürftig sind.

> Der Pfarrer braucht für die Erhöhung seiner Bezüge nicht zu kämpfen … Dadurch bleibt ihm aber eine elementare Erfahrung in der von den Gesetzen des Markts beherrschten Wirtschaftswelt erspart. Was sich andere in zähen Verhandlungen und kostspieligen Streikaktionen erstreiten müssen, fällt ihm von selbst in den Schoss. Kein Wunder, wenn er für diejenigen, die sich für ihre ökonomischen Interessen einsetzen müssen, trotz guten Willens nur teilweise Verständnis aufbringt. Er versteht sich selber ja kaum in seinem eigenen Verhältnis zum Geld.[17]

Josuttis geht dem gespaltenen Verhältnis des Pfarrers zum Geld weiter auf den Grund:

> Das Thema Geld ist für den Theologen deswegen unangenehm, weil es ihn an die Gespaltenheit seiner theologischen Existenz erinnert … Den Auftrag, im Namen Gottes zu reden, lässt er sich von der Gemeinde bezahlen. Die theologische Interpretation dieses Berufs, die auf Unabhängigkeit gegenüber der Institution abstellt, und die ökonomische Ausstattung des Berufs, die

17 Manfred Josuttis, Der Pfarrer ist anders, 167 f.

> ein Abhängigkeitsverhältnis zur Institution impliziert, stehen im Widerspruch zueinander.[18]

Josuttis weist noch auf ein weiteres Defizit hin, dass nämlich der protestantische Pfarrer und die protestantische Pfarrerin in ihrer Lebenspraxis kaum die Askese kennen, den freiwilligen Verzicht um anderer willen.

> Die Einwände gegen asketische Lebensformen liegen für den protestantischen Theologen dermaßen auf der Hand, dass sie sich in jedes individuelle Abwehrarsenal ohne Schwierigkeiten einfügen lassen. Askese ist religiös wie politisch unnütz, weil sie weder das Heil des eigenen Lebens noch die Befreiung der Armen sicherzustellen vermag. Das stimmt. Aber auf der anderen Seite gilt: Ohne asketische Lebensformen auch finanzieller Art ist der sozialethische Bruch der pastoralen Existenz nicht zu beheben.[19]

Karriere

Eine weitere Besonderheit des Pfarrberufs betrifft die fehlende Aussicht auf Karriere. Das Amt des Pfarrers wird von der Öffentlichkeit ambivalent eingeschätzt. Schon wer sich zum Theologiestudium entschließt, ruft oft Erstaunen und Verlegenheit hervor. Mit seinen Fähigkeiten, wird es heißen, und mit seinem langen Studium hätte er doch ein anderes Ziel anvisieren und einen anderen, klarer definierten und stärker leistungsorientierten Beruf ausüben können. Wird er als jemand eingeschätzt, der den Aufstieg verpasst hat? Überdies kennt der Pfarrberuf kaum Beförderungen.

> Von einer Land- in eine Stadtgemeinde zu wechseln bedeutet heute längst keinen Karrieresprung mehr. Für den Generalisten scheint allein ein Spezialpfarramt neue, einer Beförderung ähnliche Perspektiven zu eröffnen. Aber derartige Möglichkei-

18 A.a.O., 152.
19 A.a.O., 154.

ten sind beschränkt und mit Blick auf die Identität nicht immer förderlich. Neben den fehlenden Aufstiegsmöglichkeiten gibt es für den Pfarrer und die Pfarrerin auch praktisch keine Gelegenheit, Arbeit und Fähigkeiten zu evaluieren. Die Arbeit des Pfarrers, bzw. der Pfarrerin kennt, was eine große Ausnahme bedeutet, keine rasche und klare Sanktion … Alles zusammen führt zu Gleichgültigkeit oder schlimmer, zu Entmutigung, falls der Einzelne nicht die nötige Selbstdisziplin aufbringt. Beförderung und Evaluation sind also primär theologischer und existenzieller Natur: ständige Vertiefung und Aufarbeitung. Das erfordert eine luzide Lebensgestaltung; ein Pfarrer muss wissen, wann es Zeit ist, sich von einer Gemeinde zu trennen, um weder sich selbst noch die Gemeinde zu erschöpfen. Auch hier kann die Entscheidung nicht ohne Rücksichtnahme auf die Bindung an die mit ihm zusammenlebenden Angehörigen fallen. Was tun, wenn ein Ortswechsel die berufliche Tätigkeit des Ehepartners gefährdet?[20]

Generalist versus Spezialist

Auch diese Konstellation birgt Konfliktstoff bei der Herausbildung einer Berufsidentität. Der Gemeindepfarrer unterscheidet sich nämlich erheblich von seinem Kollegen in einem Spezialpfarramt. Zum einen ist der Generalist in der Gemeinde der Pfarrer aller, während sich sein Kollege im Spezialdienst auf einen besonderen Personenkreis konzentrieren kann.

Zum anderen widmet sich der Pfarrer im Spezialpfarramt einer besonderen Aufgabe, während der Generalist sich für alles und zugleich für alle offen halten muss. Unter dem Blickwinkel der beruflichen Identität macht das einen beträchtlichen Unterschied. Während Angebote des Generalisten, zum Beispiel seine Seelsorge, weithin ignoriert werden, erfreut sich sein Kollege, der Spezialist, eines regen Zulaufs. So stellt auch die zunehmende Zahl an Spezialpfarrämtern die Identität des Generalisten in Frage.

20 Pierre Dubied, Die Krise des Pfarramts als Chance der Kirche, 68.

> Zwar eröffnet das Gemeindepfarramt eine breite Erfahrungspalette (Vielfalt der Kontakte, Personen und Situationen), birgt aber gleichzeitig die Gefahr der Verzettelung, der Fragmentierung und der diffusen Inkompetenz in sich. Verstärkend kommt hinzu, dass der Pfarrer für alle und unter den Augen aller tätig ist, was ihm große Zurückhaltung in allen Bereichen auferlegt. Er kann also der Öffentlichkeit nie ein klares Profil anbieten, ohne nicht sogleich Gefahr zu laufen, für seine Aufgabe, die Einheit der Gemeinde zu bewahren, kontraproduktiv zu wirken. Der Spezialist ist freier, seiner Tätigkeit wie seiner Persönlichkeit deutliche Konturen zu verleihen.[21]

Schließlich nagt es am Selbstvertrauen der Pfarrerin, dass sie kaum messbare und sichtbare Resultate ihrer Arbeit vorweisen kann. Woher soll sie, auf der menschlichen Ebene, die berufliche Identität nehmen? Ihre Akzeptanz ist merkwürdig gespalten. Sie muss Dinge tun, die heute für viele unverständlich sind, oder sie muss rein formale Handlungen ausführen, deren Inhalt ihrer Hörerschaft wenig zu bedeuten scheint.

Wer bin ich?

Wer bin ich vor Gott in der Welt? Diese Frage bleibt, jenseits aller Integration von Teilidentitäten und trotz aller Arrangements im Pfarramt, eine weithin offene Frage. Vermutlich ist sie nicht einmal menschlich, sondern nur geistlich zu beantworten. Die Aufgabe, sich selbst und andere zu verstehen, ist im religiösen Sinne eingebettet in eine Zusage, die all unserem Suchen und Fragen zuvorkommt.

Dietrich Bonhoeffer hat dieser Erfahrung mit seinem berühmt gewordenen Gedicht aus der Gefängniszelle ein geistliches Vermächtnis gesetzt: „Wer bin ich?“, heißt es und es reflektiert die Kluft zwischen seiner Selbstwahrnehmung und der ihm von seinen Mitgefangenen zugeschriebenen Fremderwartungen. Beides geht ihm so weit auseinander, dass er die Frage

21 A. a. O., 84.

meint nicht beantworten zu können. In dieser letzten Dunkelheit bezieht er sich auf Gott und beschließt seine Zweifel: „Wer ich auch bin, Du kennst mich, Dein bin ich, o Gott!“

Was hier von der Reflexion zur Gebetsanrede wird, ist nichts anderes als ein Gottvertrauen jenseits aller widersprüchlichen Erfahrungen mit sich selbst. Wer so beten kann, ahnt, dass seine Identität weder aus den eigenen noch aus den von anderen zugeschriebenen Deutungen besteht. Den, der ich in Wahrheit bin, kann ich mir nur von Gott enthüllen lassen.

4 Amt und Ordination

4.1 Die Erwartungen und der Auftrag

Pfarrer haben keinen Job, sondern ein Amt, ein geistliches Amt. Von der Kirche werden sie ordiniert und von der Gemeinde beauftragt, doch sie stehen in einer Verpflichtung, die sie primär vor Gott eingegangen sind. Sie sind nichts Besonderes, aber sie sagen etwas Besonderes, nämlich das Evangelium. Sie stehen in der Gemeinde, aber zugleich ihr gegenüber.

Sind Pfarrer nun Hirten einer Herde oder Trainer einer Mannschaft? Zwischen diesen beiden Positionen werden in der Amtsfrage verschiedene funktionale Bestimmungen betont und, je nach Zeitgeist, auch wieder fallen gelassen. Eine grundsätzliche Spannung zwischen den genannten Extremen bleibt und muss offenbar von jeder Generation neu durchbuchstabiert werden.

Pfarrerinnen und Pfarrer sollten sich diese Mühe machen, damit sie ihren Dienst mit einem möglichst klaren Profil ausüben können. Wer sich zu viele Optionen offen lässt oder in allzu häufig wechselnden Rollen agiert, weckt gegensätzliche Erwartungen und schafft in der Gemeinde Verwirrung. Die Menschen wollen wissen, woran sie mit ihrem Pfarrer sind.

Über den Auftrag des Pfarrers herrscht in den Kirchen der Reformation Einigkeit. Er besteht darin, das Evangelium zu verkünden und die Sakramente zu verwalten. Dabei kann er sich auf die Ordination und die Beauftragung durch die Gemeinde berufen. Pfarrer stehen mit ihrem Amt also im Dienst eines Auftrages.

Was aber, wenn dieser Auftrag mit den Bedürfnissen und Wünschen der Gemeindemitglieder kollidiert? Dann soll der Pfarrer und die Pfarrerin, so der Anspruch, gegen jegliche Nivellierungs- und Vereinnahmungstendenzen das Evangelium vertreten. Diese Spannung zwischen oft gegensätzlichen Erwartungen und dem Auftrag, die sich in unterschiedlichen Situationen seines Dienstes zeigt, ist eine der großen Herausforderungen im Pfarrberuf.

> Immer geht es in der Lehre vom Amt um eine Verhältnisbestimmung zwischen dem Pfarrer und der Gemeinde, die die Beziehung zwischen beiden in der Spannung von Distanz und Nähe, Autorität und Solidarität, Auftrag und Erwartung zu erfassen sucht.[1]

Besonders augenfällig wird dies in der Kasualpraxis. Dort stellt sich die Frage für den Pfarrer mitunter hart: Verkündet er das Evangelium oder macht er den Zeremonienmeister? Wie weit kann er redlicherweise auf die Wünsche seiner Gemeindeglieder eingehen? Bisweilen wird es nötig sein, Erwartungen abzuwehren. Dass dies zu einer heiklen Mission werden kann, hat jeder Pfarrer und jede Pfarrerin schon erfahren. Was aber ist Sinn, Inhalt und Funktion ihres Amtes, jene Basis also, auf die sie sich berufen können?

4.2 Das evangelische Pfarramt

Gern würden wir das evangelische Pfarramt möglichst aus der Bibel, oder doch zumindest aus klaren theologischen Grundsätzen der Reformatoren herleiten. Redlicherweise sind uns diese Möglichkeiten jedoch verwehrt. Die im Neuen Testament zu Wort kommenden Autoren hatten weder die Vorstellung von einer Kirche, die Jahrtausende überdauern wird, noch von einem professionellen Kirchenamt, wie wir es kennen. Jesus beruft Jünger in seine Nachfolge, stiftet aber kein Amt. Auch Paulus spricht nicht vom Amt, sondern von Diensten und Gnadengaben, durch die der Heilige Geist die Gemeinde als den Leib Christi erbaut. Da Paulus die Wiederkunft Christi noch zu seinen Lebezeiten erwartet hatte, konnte er überhaupt kein In-

1 Manfred Josuttis, Der Pfarrer ist anders, 28.

teresse daran haben, dauerhafte Verhältnisse in den Gemeinden zu schaffen und zu hinterlassen.

Erst in den Pastoralbriefen begegnen dann die drei Ämter der Episkopen, Presbyter und Diakone. Dabei ist der *Episkopos* jedoch lediglich als *primus inter pares* zu verstehen. Die unterschiedlichen Funktionen bezeichnen zudem kein dauerhaftes und personengebundenes Amt, sondern zeitweise, kollegial ausgeübte Tätigkeiten. Zutreffend spricht man daher noch nicht von Ämtern, sondern von Diensten, die noch bis zur dritten Generation institutionell kaum etabliert waren.

Vor allem kennt das Neue Testament keine hierarchischen Strukturen. Die Dienste lagen alle auf derselben Ebene und waren nur durch die bezeichneten Funktionen voneinander unterschieden. Im Hebräer- und 1. Petrusbrief findet sich dann eine kultisch-priesterliche Terminologie, die sich allerdings auf alle Getauften bezieht – als „Priester", die sich Gott nähern und ihm das Opfer des Lobes und der Anbetung darbringen.

In nachneutestamentlicher Zeit hat sich dann der Amtsgedanke verfestigt und führte in der älteren Kirche zwischen dem 2. und 4. Jh. zur dauerhaften Etablierung des kirchlichen Amtes mit klaren Kompetenzen. Die unterschiedlichen Funktionen und Charismen wurden nun in den christlichen Gemeinden in die Form fest umrissener Ämter gebracht.

Diese Verfestigung und Normierung der Ämter kann als wirkungsvolle Strategie verstanden werden, um einen drohenden Identitätsverlust der Kirche zu verhindern. Auch der Zugang zu den Ämtern wurde geregelt. In der römischen Kirche führte das zur Abstufung von Bischof, Priester und Diakon. Zu ihrem Wesen gehört es, dass sich alle kirchlichen Ämter auf den Ruf Jesu zur Nachfolge sowie auf die Forderung des Dienens beziehen.

Mit der Reformation hat dann eine grundlegende Neubesinnung auf das Amt begonnen. Alle Fragen zu Inhalt, Funktion und Person eines evangelischen Amtes wurden dabei in kritischer Auseinandersetzung mit der römisch-katholischen Auffassung des Priestertums entfaltet.

Die katholische Lehre unterscheidet zwischen dem allgemeinen Priestertum aller Gläubigen und dem mit besonderen

Qualitäten und Vollmachten ausgestatteten Amtspriestertum. Dieser Unterschied zwischen Klerus und Laien ist nach katholischer Lehre ein wesensmäßiger und nicht nur funktionaler. In der Weihe zum Priester wird dem Kleriker durch die Handauflegung des Bischofs ein unauflösliches geistliches Merkmal verliehen.

Die Reformatoren lehnten diese Auffassung ab. Gegen die mittelalterliche These von der Überordnung der geistlichen über die weltliche Gewalt argumentierte Luther mit dem Gedanken vom allgemeinen Priestertum aller Gläubigen, das mit der Taufe gegeben ist.

Luther hat das Amt jedoch nicht aufgehoben oder in die Gemeinde als Ganze hinein aufgelöst. Vielmehr ist es die Gemeinde, die aus ihrer Mitte Einzelne beruft und diesen das Amt überträgt. Im Auftrag der Gemeinde und stellvertretend für diese hat der Berufene die Aufgabe zu predigen und zu lehren. Für Vocatio und Ordination, Berufung und Einsetzung in das besondere Amt, behält die Gemeinde die Verantwortung und damit die Pflicht, die Evangeliums-gemässheit von Predigt und Lehre zu überprüfen.

Wieweit Berufung und Einsetzung ins Amt lediglich einer Funktionsübertragung gleichkommen oder doch ein wesensmäßig von Gott gestiftetes Amt bestätigen, bleibt unscharf und merkwürdig in der Schwebe. Es lassen sich nämlich zwei widerstreitende Verstehensmuster ausmachen. In seinen frühen reformatorischen Schriften hatte Luther den dienenden, funktionalen Charakter des Amtes betont. Das Amt sei nötig, weil die Gemeinschaft des Glaubens sonst nicht funktionieren könne. Seine Aussagen dazu sind pragmatisch und anschaulich:

> So jedermann wollte predigen, wer wollte noch zuhören? Wenn sie zugleich predigten, so würde es ein Geplärre, wie jetzt die Frösche tun: ‚Kar, ker, ker'. Sondern es soll so zugehen, dass die Gemeinde einen, der tüchtig dazu ist, dazu (ein)setze, der da predigt, Sakrament reicht etc.[2]

---

2 Martin Luther, WA 10/3,97, zitiert nach Paul Bernhard Rothen, Das Pfarramt. Ein gefährdeter Pfeiler der europäischen Kultur, 142.

Im Verlaufe der reformatorischen Kämpfe betonte Luther dann zunehmend – ohne jedoch die früheren Aussagen zurückzunehmen –, dass das Amt von Gott eingesetzt und gestiftet sei. Luther hatte sein Amtsverständnis also zunächst aus dem Gedanken vom allgemeinen Priestertum entwickelt und damit jeden Unterschied zwischen Priester und Laien aufgehoben. Jeder Christ könne das geistliche Amt innehaben. Gleichzeitig machte Luther klar: Gerade weil es jeder sein könnte, darf es nur der sein, der von allen berufen wird und in ihrem Auftrag das Amt führt.

> Der Grundsatz vom allgemeinen Priestertum besagt also gerade nicht, dass jeder Christ als Pfarrer tätig sein soll. Deshalb gewinnt die vocatio hier besonderes Gewicht … Die Vokation tritt an die Stelle der Priesterweihe: nicht zur Vermittlung neuer persönlicher Qualitäten, sondern als Einsetzung in Rechte und Pflichten des Amtes.[3]

Dieses Amt aber gehört zu den Wesensmerkmalen der Kirche und ist von Gott gestiftet.

Bei *Zwingli* geht das Predigtamt nicht, wie bisweilen angenommen, aus dem allgemeinen Priestertum hervor, sondern erscheint als eine besondere Setzung Gottes. Allerdings ist bei Zwingli die Abgrenzung gegen das katholische Weihepriestertum deutlicher formuliert als eine positive Beschreibung des Pfarramtes. *Calvin* wiederum hatte zunächst ein funktionales Verständnis des Verkündigungsamtes. Doch in der letzten Fassung seiner „Institutio" rückt die Person des „Dieners" und damit sein Amt dann deutlicher ins Blickfeld.

Für die reformierte Kirche wurde Calvins Auffassung maßgeblich. Dieser lehnte, ebenso wie die deutschen Reformatoren, die hierarchischen Strukturen ab. Indem er von der Königsherrschaft Christi ausgeht, kommt er zu einer stärkeren Betonung des Amtsgedankens.

> Calvins Amtsverständnis ist von der Überzeugung geleitet, dass die christliche Gemeinde von ihrem Herrn selbst regiert wird

3 Dietrich Rössler, Grundriss der Praktischen Theologie, 320.

> und zwar so, dass er sich dabei der Menschen wie seiner ‚Stellvertreter' bedient (Institutio IV,3,1). Das zentrale Amt ist auch für Calvin das Predigtamt.[4]

Darüber hinaus findet er unter Berufung auf das Neue Testament weitere einander zugeordnete Ämter: Lehrer, Älteste, und Diakone. Das Hirtenamt mit Verkündigung, Sakramentsverwaltung, Leitung der Gemeinde und Wahrnehmung der Kirchenzucht ist das grundlegende Amt. Lehrer und Älteste sind für die Erziehung und Disziplin in der Gemeinde zuständig, Diakone für die Armenpflege. Offenbar hatte Calvin gerade diese Ämter herausgehoben, um die von der Prädestinationslehre geforderte christliche Lebensgestaltung der Gemeinde sichtbar durchzusetzen.

Aufs Ganze gesehen blieb im evangelischen Verständnis vom Pfarramt eine gewisse Unschärfe, denn es war den Reformatoren nicht gelungen, ihre Aussagen klar zu bündeln. Was mit dem Amt, über das Funktionale hinaus, grundsätzlich gemeint war, konnte nicht anschaulich werden.

So ist es bis heute in der reformierten Kirche nie zur Entwicklung einer ausgearbeiteten Amtstheologie gekommen. Der Pfarrer ist *Verbi divini minister*. Punkt. Auch *Karl Barth* hatte keine eigentliche Lehre vom Pfarramt entwickelt. Für ihn bestand der Auftrag in der Verkündigung des Wortes Gottes. Im Gefolge der dialektischen Theologie wurde die Bestimmung von Verkündigung dann fast ausschließlich auf die Predigt bezogen.

Um diese Engführung zu sprengen, führte *Ernst Lange* den Begriff „Kommunikation des Evangeliums" ein, *Manfred Josuttis* hingegen sprach von „Praxis des Evangeliums". Dennoch konzentrierten sich die Reflexionen zur Amtsfrage weithin auf den „Dienst am Wort". Insgesamt trifft daher zu, was Dietrich Rössler schreibt:

> Die Kirchen der Reformation haben zu allen Zeiten ein leicht irritierbares und nicht selten ein etwas unsicheres Verhältnis zu ihrem eigenen Amtsverständnis gehabt.[5]

---

4 A. a. O., 322.

5 Dietrich Rössler, Grundriss der Praktischen Theologie, 318.

Ein wesentlicher Faktor für das Selbstverständnis des evangelischen Pfarrers ist seine theologische Ausbildung an höheren Schulen.

> Bei allen sozialgeschichtlichen Veränderungen durch die folgenden Jahrhunderte sind es das hohe Bildungsniveau, die Teilhabe an der Autorität der städtischen bzw. staatlichen Behörden und ein respektables Sozialprestige, welche dem Pfarrerstand in der Kirche entscheidendes Gewicht geben. Im 18. und 19. Jh. bildet sich die für die bürgerliche Familie exemplarische Pfarrfamilienkultur heraus, zu der auch die moralisch-pädagogische Vorbildfunktion gehört. Solche Zusammenhänge führten dazu, dass die protestantischen Kirchen zu ausgesprochenen *Pfarrerkirchen* wurden, in denen der Pfarrer die Schlüsselrolle innehat. Die gesellschaftlichen Entwicklungen des 20. Jh. hatten zur Folge, dass der Pfarrberuf von einer immer größeren Zahl von Berufen umgeben ist, welche ebenfalls akademische Bildung verlangen, zu hoher Professionalisierung führen und bedeutendes Sozialprestige genießen. Damit werden frühere Vorzüge und Vorrechte des Pfarrberufes eingeebnet, was seine Identität undeutlich werden lässt.[6]

Auffällig ist, dass in der deutschsprachigen evangelischen Theologie seit Jahren ein fast ausschließlich funktionales Amtsverständnis das Feld beherrscht.

> Voraussetzung dafür, dass das Pfarramt in zahllosen Konzeptpapieren in immer neue Spezialaufgaben unterteilt und zu immer noch wieder anderen Teams zusammengefügt werden konnte, war die Annahme, das dieses Amt seinen Grund in einer Beauftragung habe, die *horizontal* gegeben ist, und die sich deshalb auch je nach Zeit, Bedürfnis und Ziel umformulieren und neu aufteilen lasse.[7]

Wieweit der Gedanke einer Berufung durch Gott selbst unter Pfarrern zu kursieren scheint, zeigt eine Episode aus der Schweiz. 2008 hatte die „Reformierte Presse“ (Wochenzeit-

---

6 Werner Kramer, Berufsbild Pfarrer/Pfarrerin, 26f.

7 Paul Bernhard Rothen, Das Pfarramt. Ein gefährdeter Pfeiler der europäischen Kultur, 146.

schrift für Pfarrer und kirchliche Mitarbeiter) einen jungen Pfarrer porträtiert. Dieser hatte sich im Überschwang des Interviews dazu hinreisen lassen, den Pfarrberuf als „geilsten Job" zu bezeichnen. Es hagelte Leserbriefe, die sich allesamt über das Wort „geil" empörten. Wo aber blieb die Empörung über das viel gravierendere Wort „Job"?

> Der Pfarrer ist ein von oben beauftragter Repräsentant Gottes – oder es ist ein von der Gemeinde gewählter Diener an dem allen gemeinsamen Glaubensgut. Diese Doppelseitigkeit im Amtsverständnis entspricht einer Erfahrung, die ein Pfarrer in seiner Tätigkeit machen kann: von vielen, wohl den meisten Kirchengliedern wird er keineswegs als ihr Delegierter erlebt, sondern eher als ein Amtsträger, der ihnen gegenüber einen fremden, göttlichen Anspruch vertritt. Der Pfarrer wird gesehen als ein Mensch, der im Namen Gottes auftritt und entsprechende Forderungen erhebt.[8]

4.3 Allgemeines Priestertum

Bereits im Bisherigen war vom „Priestertum aller Gläubigen" die Rede. Da dieser Begriff im evangelischen Umfeld offenbar besonders anfällig für Missverständnisse ist, soll er noch einmal präzisiert werden.

In der Zeit der Reformation galt der Bezug auf ein allgemeines Priestertum primär als Abgrenzung zur römischen Kirche mit ihrem exklusiven Priestertum. Zugleich wurde der Laienstand aufgewertet und zum „Priestertum" geadelt. Dass alle durch die Taufe zu Priestern werden, mag damals als hohes Glaubensgut angesehen worden sein. Was dies, außer einer Abgrenzung zum katholischen Priestertum, konkret bedeutet, blieb weithin unklar. Auch theologisch hatte diese Aussage wohl schon damals gehinkt.

Heute dürfte sich die Attraktivität des Priestertums als ein für alle anzustrebendes Gut längst verbraucht haben und ist

---

8 A. a. O., 146.

zu einer fremden Vorstellung geworden. Wer will schon Priester sein? Gemeindeglieder würden bei solchem Ansinnen eher erschrecken. Im Übrigen haben die evangelischen Kirchen mit ihrer Polemik gegen das katholische Priestertum lange genug viel dafür getan, dass gerade „Priester“ kein Leitbild für ihre Mitglieder werden konnte. Wie aber kommt es, dass dieses Bild seit einigen Jahren in den protestantischen Kirchen wieder auftaucht und Aktualität beansprucht? Das ist zumindest erklärungsbedürftig.

Es sieht so aus, dass ein allgemeines Priestertum vor allem mit dem Engagement der sogenannten Laien identifiziert und in einen Gegensatz zur Pfarrerkirche gebracht wird. Das allgemeine Priestertum soll für eine „Gemeindekirche“ im Gegensatz zur „Betreuungskirche“ der Pfarrer stehen.

In diesem Sinn kann dieses Leitbild herhalten, wenn es darum geht, Gemeindeglieder an ihre Verantwortung für die Kirche zu erinnern, oder wenn Pfarrer Aufgaben an Gemeindeglieder oder den Kirchenvorstand delegieren wollen. Andererseits können Laien damit die theologische Kompetenz ihrer Pfarrer relativieren.

Es scheint ja: Jeder kann bei allem mitreden und ist für alle Entscheidungen der Gemeindeentwicklung kompetent. In der Praxis zeigt sich freilich, dass eine ungeklärte Alternative zwischen Amt und allgemeinem Priestertum mehr Verwirrung stiftet, als dass sie eine mündige Grundhaltung evangelischer Christen fördern würde. Dafür wäre das paulinische Bild vom „Leib Christi“ (Röm 12,4 ff.) wesentlich geeigneter.

Eine Interpretation des allgemeinen Priestertums, das sich in der Regel auf das Verhältnis von Pfarrer und Gemeinde bezieht, verträgt keine Einseitigkeit. Wenn alle Getauften zu gleichberechtigten Priestern erklärt würden, stünden sie damit auch in der Pflicht, so zu werden und zu leben, wie es der theologischen Lehre entspricht. Ohne diesen Anspruch ist eine Berufung auf das allgemeine Priestertum nicht zu haben.

Die Theologen wiederum sollten das allgemeine Priestertum nicht zum Vorwand nehmen, um die Gemeinde dann doch nach dem eigenen Bild formen zu wollen.

Es sei noch einmal an Luther erinnert, der zwischen dem

allgemeinen Priestertum und dem ordinierten Amt keinerlei Widerspruch, ja nicht einmal eine Spannung sah. Beide sind notwendig aufeinander bezogen und ohne einander gar nicht denkbar. Die reformatorische Wiederentdeckung des Priestertums aller Gläubigen hat eben gerade nicht ein allgemeines Pfarrertum hervorgebracht. Luther brachte den Sachverhalt knapp und bündig auf den Punkt: „Alle Christen sind Priester, aber nicht alle Pfarrer.“[9]

Die Reformatoren sahen es als notwendig an, jemanden zu wählen und zu berufen, der stellvertretend, geregelt und erwartbar das Amt in der Gemeinde versieht.

> Die berufene Person und Amtsträgerin ist damit zugleich verpflichtet, die Vielstimmigkeit und Pluralität der Priester und Priesterinnen, die sie repräsentiert, zu Gehör zu bringen. Es ist ihr Beruf, für die vielen da zu sein und den gemeinsamen Glauben der Gemeinde und nicht etwa nur ihre individuelle Meinung oder Frömmigkeit zum Ausdruck zu bringen.[10]

Die Gemeinde ist und bleibt damit ein wesentliches Korrektiv für die Ausübung des Pfarramtes. Andererseits kann auch die reformierte Kirche nicht umhin, dem *Minister verbi divini* einen Vorrang vor Diakonen und Katecheten zuzuerkennen. Dieser Umstand ist vor allem in der gegenwärtig diskutierten Ordinationspraxis von Bedeutung.

4.4 Die Ordination

Die Ordination hat zunächst die Bedeutung einer Amtsübertragung. Damit verbinden sich in den christlichen Kirchen allerdings zwei unterschiedliche Konzepte. In der katholischen Kirche ist dieser Akt mit einer Weihe verbunden und setzt eine sakramentale Handlung voraus, mit der jemand aus dem profanen Raum herausgeholt wird. Das hat zur Folge, dass das katholi-

---

9 Martin Luther, Der 82. Psalm ausgelegt, WA 31/1, 211.
10 Isolde Karle, Der Pfarrberuf als Profession, 152 f.

sche Amtsverständnis nicht nur funktional ist, sondern darüber hinaus das Sein des Beauftragten betrifft; die totale Beanspruchung eines Menschen durch Gott, welche alle Lebensbereiche durchdringt und nicht mehr rückgängig zu machen ist.

In den Kirchen der Reformation hat die Funktionsübertragung der Ordination hingegen keinerlei Sakralisierung zur Folge. Die Ordination geschieht auf ein Amt hin, das jedoch ebenfalls als ein geistliches Amt verstanden wird. Wie weit der geistliche oder „nur" funktionale Aspekt dabei gewichtet wird, ist in den regionalen Kirchen unterschiedlich.

Dementsprechend wird auch die Praxis der Ordination unterschiedlich gehandhabt. In einigen deutschen Landeskirchen werden nur Pfarrer und Pfarrerinnen ordiniert, in anderen auch theologisch fortgebildete Prädikanten und nicht theologische Mitarbeiter (Kirche im Rheinland). In anderen können theologisch geschulte Laien (Kirchenprovinz Sachsen) und Prädikanten sowie Gemeindediakone (Kirche der Pfalz) ordiniert werden.

In der reformierten Schweiz wird die Praxis der Ordination ebenfalls unterschiedlich gestaltet. Auch hier steht die Frage im Vordergrund, ob Diakone und Katecheten ebenfalls ordiniert werden können, was in einigen Kantonalkirchen bereits geschieht.

Durch die starke Betonung der Funktionalität von Ordination und Pfarramt geht leicht verloren, dass der Pfarrer ein evangelischer Geistlicher, die Pfarrerin eine evangelische Geistliche ist. Ordination bedeutet mehr als die Verleihung einer Auszeichnung für erworbene Fähigkeiten. Die Pfarrer werden durch ein Gelübde für einen Dienst verpflichtet, der keine zeitlich begrenzte Funktion ist, sondern in seiner Intention die Person für ihr ganzes weitere Leben in Anspruch nimmt. Pfarrer versprechen, das Wort Gottes zu verkünden und einen dementsprechenden Lebenswandel zu führen. Mit der Ordination werden Pfarrer für eine Gemeinde wählbar und in einen bestimmten „ordo", einen „Stand" eingegliedert. Sie bilden „die Pfarrerschaft". Die Ordination grenzt mithin einen bestimmten Personenkreis aus, der für ein bestimmtes Amt gewählt und in ihm „installiert" werden kann.

> Die Kirchgemeinden sind in ihren Pfarrwahlen also alles andere als autonom. Das Pfarramt mit seinem Katalog an Pflichten und Rechten ist im Wesentlichen definiert, ohne dass die Gemeinde es in der einen oder anderen Weise gestalten kann. Und der Kreis der Menschen, aus denen sie einen Amtsträger wählen darf, ist ebenso vorgegeben. Vor allem ist durch die Ordination die Bindung an das Bibelwort gegeben. Was ein Wählbarer zu vertreten hat, ist der demokratischen Disposition entzogen. Die aktive Mitwirkung der Gemeinde ist nur bei der Wahl der Person gefragt.[11]

Die Wahl und Installation eines Pfarrers bzw. einer Pfarrerin durch die Gemeinde ist ein wesentlicher Teil der Legitimität des Pfarramts.

> Diese Vorgaben gilt es kirchenpolitisch zu schützen und stark zu machen. Insbesondere gilt es zwei Tendenzen entgegenzutreten, zum einen der Neigung, die Bedeutung der Ordination zu relativieren (indem sie auf andere Berufsgruppen ausgeweitet und ihr präziser Gehalt aufgeweicht wird). Das schwächt nachhaltig die inhaltliche Bindung der gesamten Kirche und lässt sie sozial profil- und konturenlos werden. Zum andern führt die Aushöhlung des gemeindlichen Pfarrwahlrechts (durch die Zunahme der gesamtkirchlichen Dienste, die in vormoderner Weise nominiert werden) zu einer elementaren Entwurzelung der Kirche im neuzeitlichen Sozialgefüge.[12]

Bei der Ordination hat der Pfarrer oder die Pfarrerin das Gelübde abgelegt, in seinem, bzw. ihrem Amt dem Wort Gottes zu dienen.

> Mit diesem Gelübde wird eine Realität konstituiert, die der Pfarrberuf im Ansatz mit anderen Professionen gemeinsam hat, die aber doch in keinem anderen Beruf derart elementar und umfassend ist: der Anspruch auf die ganze Person, die Erwartung, dass ein Mensch ungeteilt, in allen seinen Lebensvollzügen, uneingeschränkt und dauerhaft für die gestellte Aufgabe zur Verfügung

---

11 Paul Bernhard Rothen, Das Pfarramt. Ein gefährdeter Pfeiler der europäischen Kultur, 216f.

12 A.a.O., 218.

> steht. Dieser Anspruch lässt sich begründen durch die besondere Art der Kenntnisse, die in einem solchen Beruf erlernt und gepflegt werden müssen: sie sind zum einen derart komplex, dass nicht nur ein hohes Maß an Zeit und Kraft erforderlich ist, um sie zu erwerben, sondern ebenso eine beständige Hingabe … Und sie lassen sich zudem in keinem einheitlichen Begriff festhalten, auf keine funktionale Erkenntnis reduzieren und nicht in der Form eines nur eben technischen Könnens bewahren.[13]

Durch sein Ordinationsgelübde ist der Pfarrer ein evangelischer Geistlicher.

---

13 A. a. O., 220.

5 Funktion und Person

5.1 Amt und Funktion

In der öffentlichen Wahrnehmung des Pfarramtes stehen sowohl die Person als auch die Funktion auf dem Prüfstand. Wenn wir darum nach der funktionalen Bestimmung fragen, soll vorausgesetzt werden, dass das Pfarramt nicht in der Summe seiner Einzeltätigkeiten aufgehen kann, sondern diese in eine gemeinsame Zielperspektive gerückt werden müssen. Nur dann nämlich lassen sich all die verschiedenen Dienste als sinnvolle Einheit verstehen, was wiederum den Pfarrer und die Pfarrerin davor bewahrt, dass sich ihr beruflicher Alltag in der Verzettelung oder Diffusität auflöst. Die Frage nach der Funktion des Pfarramtes ist allerdings nicht ein für alle Mal zu beantworten, sondern auf Dauer gestellt, schon allein deshalb, weil theologische Vorstellungen vom Amtsverständnis es nötig haben, immer wieder neu auf die jeweilige gesellschaftliche und kirchliche Wirklichkeit bezogen zu werden.

Zur theologischen und kirchlichen Realität gehört es naturgemäß, dass auch das Amtsverständnis von jeweils unterschiedlichen Auffassungen und Deutungen bestimmt wird.

Walter Neidhart hatte vier typische Formen für das evangelische Pfarramt unterschieden: ein von der Formel „Verkündigung des Wortes Gottes" geleitetes, ein priesterlich-liturgisch geprägtes sowie ein diakonisch-sozialethisches Verständnis und schließlich eine Orientierung auf den Pfarrer als theologischem Fachmann.

In der Pfarrerbefragung der Hannoverschen Landeskirche von 2005 hatten sich ebenfalls vier Pfarrerbilder herauskristallisiert: der kerygmatische Typ (Verkündiger), der kybernetische Typ (Kommunikator, Gemeindeaufbauer, Teamworker, Reformer), der repräsentative Typ (Repräsentant der Kirche, Liturg,

Gemeindeleiter) und der diakonische Typ (Seelsorger, Anwalt der Schwachen).

Auch andere Typisierungen rücken meist theologische Ansichten oder Aspekte des kirchlichen Selbstverständnisses in den Mittelpunkt der jeweiligen Amtsfunktionen. Häufig werden die konkreten Erfahrungen und Bedürfnisse der Kirchgemeinden dabei wenig berücksichtigt. Es sieht so aus, als werden die Funktionen des Pfarramts vorwiegend aus theologischen Prinzipien abgeleitet, anstatt den zeitgemäßen Erfordernissen der Gemeindepraxis Rechnung zu tragen. Geschieht die Orientierung dann doch an den konkreten Gemeinden, wird sie nicht selten von der Klage über die dort anzutreffenden Defizite begleitet.

> Oft kommen die verschiedenen Tätigkeitsfelder im Pfarramt nur noch in einer Defizitperspektive in den Blick: Die Pfarrerin unterrichtet, ohne Pädagoge zu sein; der Pfarrer ist Seelsorger, ohne Psychologe zu sein. Im Pfarramt werden Leitungsaufgaben wahrgenommen, ohne dass man Manager ist. In dieser Perspektive können Pfarrer nur als Dilettanten erscheinen. Warum aber sollte man zwölf Semester Theologie studieren und zwei Jahre Vikariat absolvieren, wenn diesem Beruf nicht auch eine spezifische Kompetenz abverlangt wird?[1]

Der Beruf des evangelischen Pfarrers zählt zu den akademischen Berufen und hat sich, was seine Kerntätigkeiten betrifft, eine erstaunliche Kontinuität bewahrt. Und doch hat er sich stets auch in Beziehung setzen müssen zu den jeweils zeitgenössischen Konstellationen von Kirche, Religion und Gesellschaft. Das Pfarramt ist kein statisches, sondern abhängig von jeweiligen Anforderungsprofilen, vom beruflichen Selbstverständnis und von den an das Amt herangetragenen Erwartungen.

Zugleich muss es sich immer wieder auf die theologische Begründbarkeit und inhaltliche Bestimmung zurückführen lassen. Ein schwieriges Unterfangen, zumal große Unterschiede in

---

1 Das Amt des Pfarrers und der Pfarrerin in der modernen Gesellschaft, 12.

der konkreten beruflichen Situation bestehen, die ein übergreifendes, integrierendes Verständnis vom Pfarramt erschweren. Dazu gehören etwa die regionalen Unterschiede zwischen Stadt und Land, Besonderheiten in der lokalen Kirchenmitgliedschaft (Diasporasituation oder Minderheit gegenüber Konfessionslosen), unterschiedliche Frömmigkeitsprägungen der Gemeinden sowie Ungleichheiten zwischen Gemeinde- und Funktionspfarramt, zwischen Voll- und Teilzeitstelle.

Hinzu kommt eine bereits vollzogene Reduktion der pfarramtlichen Zuständigkeiten. Diese Reduktion wird augenfällig darin, dass der Pfarrer, die Pfarrerin nur noch innerhalb des kirchlichen Handelns in Anspruch genommen wird. Im öffentlichen Leben und in den sonstigen sozialen Einrichtungen spielt er oder sie nur noch eine marginale Rolle, und auch nur dann, wenn sie oder er die Rolle selbst erworben hat.

Pfarrerin und Pfarrer sind heute nur noch für das kirchliche Leben zuständig. Dort allerdings mit erweiterten Aufgaben.

> Im Zusammenhang dieser Entwicklung ist die Kirchengemeinde als eigener Lebensraum immer deutlicher hervorgetreten. Die Aufgabe, diesen Lebensraum auszubauen, zu gestalten und die Teilnehmerschaft zu vergrößern, ist dabei zur vordringlichen Aufgabe des Gemeindepfarramtes geworden … Die Begrenzung der Funktionen für den Pfarrberuf und die Einschränkung auf den Vollzug ausdrücklich kirchlicher Tätigkeiten hat also bedeutende Folgen für die berufliche Lage und für das Selbstverständnis des Pfarrers.[2]

Die Evangelische Kirche Kurhessen-Waldeck hat in diesem Zusammenhang die lange Zeit unterschätzten Besonderheiten von Teildiensten und befristeten Pfarrstellen thematisiert. In ihrer Studie erinnert sie an das ganze, ungeteilte Amt:

> In der Wahrnehmung durch Kirchenvorstände, durch die Kirchenleitung, durch die Gemeindemitglieder und wohl auch im

2 Dietrich Rössler, Grundriss der Praktischen Theologie, 506 f.

> Selbstverständnis des einzelnen Pfarrers ist der ausgeführte Dienst immer ungeteilt, ein ganzer. Ordiniert wird immer in ein Amt, das ein Ganzes ist. Dabei steht das Amt in seinem Auftrag gegen den gesellschaftlichen Trend einer zunehmenden Spezialisierung, wenn Zuständigkeiten angefragt sind.[3]

Mittlerweile ist es auch fraglich geworden, ob reduzierte Pfarrstellen tatsächlich geeignet sind, um Einsparungspotenziale zu erschließen.

> Jede Art von Einschränkung, Teildienst oder Befristung hat ihre eigenen Konfliktpotenziale: Stellenteilende Ehepaare sehen sich oftmals nicht nur als Kollege und Kollegin einander an die Seite gestellt, sondern auch als Konkurrenten einander gegenübergestellt, bzw. fühlen sich sogar manchmal gegeneinander ausgespielt. Die jeweils *halbe* Stelle wird von je einer *ganzen* Person ausgefüllt, an die sich Fremd- und Eigenerwartungen knüpfen …
>
> Ganz besonders schwierig stellt sich die Situation für Pfarrer dar, die auf einer Dreiviertel-Stelle arbeiten. Sie haben gravierende finanzielle Nachteile in Kauf zu nehmen, sehen sich aber in der Regel ähnlich wie derjenige in einer Stelle mit Zusatzauftrag den Ansprüchen an ein ganzes Pfarramt gegenüber, oft sind diese sogar noch stärker ausgeprägt. Dies bereitet vor allem dann Schwierigkeiten, wenn diese Stelle vorher als volle Gemeindestelle besetzt und dotiert war. Allein der Rückgang an Gemeindegliederzahlen und der gesamtkirchliche Zwang zu Einsparungen machen für die Gemeinde und die Amtsinhaber noch nicht eine spürbare Verringerung der gemeindlichen Arbeit vor Ort aus … Kommt hinzu, dass die Stelleninhaber sich in eine solche Konstruktion gedrängt sehen, so kann das eingeschränkte Dienstverhältnis wie auch eine Befristung als Beschränkung, Druck und als Kränkung erlebt werden. Daraus ergibt sich, dass Teildienst und Befristung nur in dem Masse sinnvoll sind, wie sie freiwillig angenommen werden.[4]

---

3 Das Amt des Pfarrers und der Pfarrerin in der modernen Gesellschaft, 55.

4 A.a.O., 56f.

Zusammenfassend lässt sich die Funktionalität des Pfarramts mit dem Dienst am Evangelium bestimmen. Dies ist seine bleibende Funktion, auch wenn einzelne Aspekte je nach gesellschaftlicher Situation und Zeitgeist immer wieder neu definiert werden müssen. Die Formel der dialektischen Theologie „Verkündigung des Wortes Gottes“ greift dafür nach heutigem Verständnis zu kurz, weil sie zu sehr auf Lehre und Predigt fixiert war.

Eine angemessene Kurzform für Auftrag und Funktion des Pfarramtes scheint gegenwärtig in der Beschreibung „Kommunikation des Evangeliums“ zu liegen. Diese Beschreibung schließt sowohl den Vollzug der Sakramente wie auch anderer Elemente einer spirituellen Praxis mit ein. In diesem erweiterten Sinne ist es die Funktion des Amtes, das Evangelium so zu kommunizieren, dass Glauben geweckt und gestärkt werden kann.

Dafür braucht es offensichtlich auch wieder ein positiv besetztes Missionsverständnis, das darauf zielt, Menschen zu erreichen, die sich von der Kirche entfremdet oder völlig abgewandt haben. So würde eine zeitgemäße Funktion des Pfarramtes auch die Aufgabe einschließen, Zugang zu jenen gesellschaftlichen Milieus zu suchen, die noch nie mit dem Evangelium in Kontakt kamen und in der herkömmlichen pastoralen Praxis oft gar nicht im Blick sind.

Der Dienst der Pfarrerin ist demnach daran gebunden, das Evangelium zu kommunizieren und in vielfältiger Weise so zu inszenieren, dass Glauben geweckt und gestärkt wird.

Sie selbst, wie auch die Verantwortlichen in der Gemeinde haben darum immer wieder zu prüfen, ob die jeweiligen Angebote, Projekte und Aktivitäten dem entsprechen.

5.2 Amt und Person

Wer eigentlich ist der evangelische Pfarrer bzw. die evangelische Pfarrerin, die ein kirchliches Amt ausfüllen soll? Diese Frage ist nicht so harmlos, wie sie auf den ersten Blick erscheinen mag. Während der katholische Priester seine bleibende Rolle vor allem durch den Vollzug des Opferrituals definiert, ist das Wirken des evangelischen Pfarrers in starkem Masse von seiner Persönlichkeit abhängig. Die Person des katholischen Geistlichen kann in Gelassenheit hinter sein Amt zurücktreten. Der evangelischen Pfarrerin ist dies weithin versagt. Sie hat mit ihrer Person für ihr Amt einzustehen.

Nachdem im vorigen Kapitel nach der Funktion des Pfarramtes gefragt wurde, soll nun die Persönlichkeit des Pfarrers in den Blick genommen werden, um die Bedeutung seiner Person für das Amt klären zu können.

Zu allen Zeiten hat man sich für den Lebenswandel der Pfarrer interessiert. Diese sollen, wie es sprichwörtlich heißt, nicht etwa Wasser predigen und Wein trinken. Im Zuge einer Säkularisierung der Gesellschaft, die auch zu einem Strukturwandel des Pfarramtes geführt hat, ist der Person des Pfarrers geradezu eine Schlüsselrolle für die Wahrnehmung und Bewertung der evangelischen Form des Christseins zugewachsen. Je weniger selbstverständlich eine christliche Lebenspraxis ist, desto mehr wurde der Pfarrer zu einer „Anschauungsfigur“ (Michael Meyer-Blank) für gelebtes Christentum.

> Denken und Handeln, Lehre und Leben sollten die Pfarrer in sich integral verkörpern und nach außen hin repräsentativ veranschaulichen … Die Lebensführung des Pfarrers wurde entprivatisiert. Das Pfarrhaus wurde zum symbolischen Ort der beispielhaft gelebten Religion im bürgerlichen Zeitalter … Bemerkenswert ist die Steigerung der Anforderungen durch die vermuteten Erwartungen der Menschen.[5]

Diese „angesonnene Vorbildlichkeit“, wie Volker Drehsen sie nannte, wird von Pfarrern häufig und immer noch selbstver-

---

5 Birgit Weyel, in Gräb, Handbuch Praktische Theologie, 641 f.

ständlich in das eigene Selbstbild integriert. Manfred Josuttis hatte mit seinem Slogan „Der Pfarrer ist anders“ zwar manche Erstarrung aufgebrochen und zu lebhaften Diskursen inspiriert, doch aufs Ganze gesehen hat sich das Unbehagen vieler Pfarrer an den auf sie projizierten Rollen erhalten.

Hinzu kommt, und auch dies kann Unbehagen auslösen, dass der Pfarrberuf ein „Weltanschauungsberuf“ (Dietrich Rössler) ist, der ohne diese Bestimmung nicht auszuüben ist. Rössler versteht Weltanschauungsberuf …

> in dem ganz allgemeinen Sinne, dass in der Öffentlichkeit der Beruf selbst mit der Tatsache einer bestimmten Weltanschauung identifiziert wird. Technische Berufe beispielsweise unterliegen einer derartigen Prägung durch eine Weltanschauung nicht: Für den Techniker wäre Weltanschauung Privatsache, die er pflegen könnte oder nicht. Die Ausübung des Pfarrerberufs ist so nicht denkbar. In der Logik dieses Berufs ist vorgegeben, dass der Pfarrer für seine Person übernommen hat und zur Geltung bringt, was er in seiner Berufstätigkeit als Inhalt und Programm vertritt.[6]

Der persönliche Standpunkt soll also mit dem übereinstimmen, was beruflich zu vertreten ist. Würde sich der Pfarrer in seinen beruflichen Äußerungen davon distanzieren, ginge seine Glaubwürdigkeit verloren.

Sowohl Rössler als auch Isolde Karle ordnen den Pfarrberuf in die Gruppe der sogenannten Freien Berufe, wie Anwälte, Ärzte und Künstler ein. Vor allem mit den künstlerischen und wissenschaftlichen Berufen teilt der Pfarrerberuf Strukturen, in denen zwischen Berufspraxis und Lebenspraxis nicht oder zumindest nicht prinzipiell unterschieden werden kann: Der Pfarrer ist immer Pfarrer und kann immer darauf angesprochen werden.

> Es ist für diese Gruppe von Berufen charakteristisch, dass sie entweder bestimmte Fähigkeiten, und zwar in besonderem Masse, voraussetzen (wie die künstlerisch freien Berufe) oder aber eine

6 Dietrich Rössler, Grundriss der Praktischen Theologie, 118 f.

> Einstellung, die den hohen Grad der Inanspruchnahme deshalb akzeptiert, weil sie an einer Aufgabe oder einer Zielsetzung orientiert ist. Deshalb wird der Pfarrberuf in der Regel aus einer hohen Motivation heraus gewählt. Deshalb ist er freilich auch … in höherem Maß krisenanfällig.[7]

Wenn es nun darum geht, das Verhältnis von Amt und Person zu bestimmen, bieten sich nicht viele Alternativen. Eine Variante geht von einer starken Identifikation von Amt und Person aus, wobei es wiederum zwei Spielarten gibt: Einmal wird die Identifikation ganz von der individuellen Persönlichkeit des Pfarrers her bestimmt oder aber das geistliche Amt tritt so stark in den Vordergrund, dass das Individuum von ihm an den Rand gedrängt wird. Eine andere Variante legt nahe, Person und Amt strikt voneinander zu trennen, wie das in anderen Berufen der Fall ist. Alle drei Varianten können der pastoralen Realität jedoch nicht gerecht werden, ohne dass auf der einen oder anderen Seite ein bedrückender Rest bleibt.

Es ist nun einmal so: Wenn die Persönlichkeit im Vordergrund steht, hängt alles von der Glaubwürdigkeit dieser Person ab. Außerdem kann die soziale Bedingtheit der Pfarrpersönlichkeit kaum noch wahrgenommen werden.

> Die Person eines Pfarrers oder einer Pfarrerin wird immer im Kontext ganz bestimmter, religiös geprägter Erwartungen wahrgenommen. Personalität ist mithin nicht einfach individuelle Gegebenheit, sondern eine Funktion sozialer Beziehungen. So können Pfarrerinnen und Pfarrer erst auf dem Hintergrund der an sie herangetragenen sozialen Erwartungen eine pastorale Identität entwickeln und sich in den vielfältigen Begegnungssituationen des pastoralen Berufsalltags orientieren.[8]

Mit anderen Worten: Es ist die konkrete pastorale Situation, die weitgehend den Rahmen für das individuelle Verhalten des Pfarrers vorgibt.

---

7 A. a. O., 121.

8 Isolde Karle, Der Pfarrberuf als Profession, 313 f.

Dennoch hat sich in der Vergangenheit die Mehrheit eher an der jeweiligen Person, die das Amt innehat, orientiert:

> Als allgemeiner Konsens galt dabei, dass nun nicht mehr das Amt die Person trage, sondern umgekehrt die Person das Amt tragen müsse. Alle Last des Amtes wird damit auf den Schultern individueller Identität abgeladen … Seine Tätigkeit besteht dann in der Expression seiner selbst. Was er tut, ist ein Ensemble von Symptomen, in denen sich nichts anderes zum Ausdruck bringt als seine Persönlichkeit. Glaubwürdigkeit wird entsprechend nicht mehr über das Amt selbst gewährleistet, sondern nur noch über die individuelle Persönlichkeit, die das Amt innehat und nun individuell gestalten soll.[9]

Das war für viele eine Überforderung, denn sie mussten alles, was sie in ihrem Beruf tun, auch individuell vertreten können.

> Sie können sich nicht mehr an allgemein verbindlichen Regeln, an reflektierten Einsichten, sozialen Formen, überindividuellen Inhalten orientieren, sondern werden in eine ständig und äußerst aufwändige Selbstreflexion gedrängt. Sie werden dazu gezwungen, die Ressourcen für ihren Beruf primär in sich selbst zu suchen, statt auf theoretisch reflektierte … Kunstregeln für den pastoralen Berufsalltag zurückgreifen zu können. Die pastoralpsychologische Ausrichtung vieler Pfarr- und Predigerseminare hat diese problematische Entwicklung in den letzten Jahrzehnten noch verstärkt. Sie konzentrierte die Aufmerksamkeit vieler Vikarinnen und Vikare auf ihre individuelle Befindlichkeit und psychische Verfasstheit und ermutigte sie, ihre eigenen Bedürfnisse und Ansprüche ungehemmt zu kommunizieren. Die Enttäuschungslasten, die ein so stark individualistisch geprägtes Amtsverständnis mit sich bringt, sind selbstredend groß. Es erstaunt deshalb nicht, dass viele Pfarrerinnen und Pfarrer schon nach wenigen Jahren über Identitätskrisen und Symptome des *Burnout* klagen.
>
> Doch nicht nur die Pfarrerschaft, auch die Gemeinden leiden darunter, dass Pfarrerinnen und Pfarrer dazu ermutigt werden, ihre beruflichen Tätigkeiten engstens mit ihrer jeweiligen religiösen oder politischen Gesinnung, mit ihrer zufälligen Befindlichkeit oder individuellen Lebenslage zu koppeln … Auf dem Hin-

9 A. a. O., 12.

tergrund der subjektiven und zum Teil willkürlich anmutenden Selbstauslegung pastoraler Pflichten weiß so manche Gemeinde nicht mehr, was sie von ihrem Pfarrer oder ihrer Pfarrerin verlässlich erwarten kann und was nicht. In der Konsequenz fühlen sich nicht wenige Gemeinden der Subjektivität und damit nicht selten den Launen ihres Pfarrers oder dem individuellen Frömmigkeitsstil und der politischen Überzeugung ihrer Pfarrerin mehr oder weniger ausgeliefert. Die unreflektierte Betonung von Authentizität und Individualität droht mithin einer Pfarrherrlichkeit modernen Stils Vorschub zu leisten.[10]

Fehlentwicklungen kann es aber auch geben, wenn andererseits das Amt im Vordergrund steht und den Pfarrer, um den Preis einer realistischen Einschätzung seiner beruflichen Möglichkeiten und Grenzen, in eine Sonderstellung hineinmanövriert, der er nicht gewachsen ist.

Gegenwärtig gibt es wohl nur noch wenige, meist ältere Pfarrer, die ihre Person ganz dem Amt unterordnen. Ich habe sie noch in größerer Zahl gekannt, jene Kollegen, die ihre persönlichen Bedürfnisse bis zur Unkenntlichkeit zurücknahmen, um so den vermeintlichen Ansprüchen des Amtes gerecht zu werden. Wie viel Unfreiheit und Druck diese Amtsauffassung erzeugte, lässt sich statistisch nicht belegen. Und wie viel in den Pfarrhäusern gelitten wurde, indem das ganze Leben des Pfarrers, wie das seiner Familie (!), dem Amt geopfert wurde, lässt sich nur erahnen. Allerdings muss auch das andere gesagt werden, dass nämlich diese „Brüder im Amt“ mit ihrem Engagement und ihrer Hingabe für das Pfarramt so starke Eindrücke hinterlassen haben, wie man sie heute lange suchen muss.
Angemessen und geboten dürfte heute eine gut begründete Trennung von Amt und Person sein.

Ein Pfarrer ist eben nicht nur Pfarrer, sondern zugleich auch Vater, Ehemann, Konsument, Kunstliebhaber, Wissenschaftler usw. und in jedem dieser sozialen Kontexte in gewisser Hinsicht eine *andere* Person. Es ist deshalb für einen Pfarrer elementar, sein berufliches Selbst von anderen Aspekten seiner sozialen Identi-

10 A. a. O., 13 f.

> tät unterscheiden zu können, um sich, von der Last permanenter Selbst- oder Heiligkeitsdarstellung befreit, gerade so seinem Beruf und seinen spezifischen Aufgaben und sachlichen Erfordernissen widmen zu können.[11]

In diesem Zusammenhang dürfte es hilfreich sein, sich auch auf die reformatorische Unterscheidung von Person und Werk zu besinnen. Eine Unterscheidung von persönlicher und beruflicher Lebenspraxis kann den Pfarrer und die Pfarrerin vor mancher Fehleinschätzung ihrer Möglichkeiten und Grenzen bewahren, ihnen andererseits aber die Freiheit gewähren, ihr geistliches Amt sowohl mit Hingabe als auch in Gelassenheit auszuüben. Doch damit nicht genug, denn selbst wenn es Pfarrern gelingt, ihre Person vom Amt sinnvoll zu trennen, bleibt die für ihr Selbstverständnis relevante Frage, ob letztlich das Amt die Person oder die Person das Amt trägt.

Seit Jahrzehnten scheint es in dieser Frage weithin Konsens zu sein, dass in modernen Gesellschaften nicht mehr das Amt die Person, sondern die Person das Amt tragen müsse. Von einer aus dieser Auffassung resultierenden Überforderung vieler Pfarrer war bereits die Rede. Diese Sichtweise hat allerdings auch eine andere, bisher kaum kommentierte Seite. *Paul Rothen* bemerkt dazu:

> Für die Pfarrer war diese Sicht in einem hohen Masse entlastend: Schwierigkeiten und Misserfolge konnten sie den Entwicklungen der Zeit zuschreiben, der zunehmenden Entkirchlichung und Glaubensferne, ja dem Verlust an sozialer Trag- und Gestaltungskraft überhaupt. Das Wohlwollen, die Dankbarkeit und Anerkennung, die sie im Alltag zu spüren bekamen, und die trotz allem erstaunlich großen Erfolge dagegen ließen sich verstehen als das Produkt der persönlichen Leistung. Es erstaunt deshalb nicht, dass diese für die Pfarrer so wohltuende Meinung noch immer kolportiert wurde, als die empirischen Untersuchungen längst deutlich gemacht hatten, dass die Sachlage viel komplexer ist.[12]

---

11 A. a. O., 320.

12 Paul Bernhard Rothen, Das Pfarramt. Ein gefährdeter Pfeiler der europäischen Kultur, 139.

Mit empirischen Untersuchungen meint Rothen vor allem die Mitgliederbefragungen, wie sie seit den 70er Jahren regelmäßig durchgeführt werden. Diese Befragungen zeigen übereinstimmend, dass Pfarrer ungebrochen eine hohe Anerkennung genießen. Nach der Allensbacher Berufsprestige-Skala von 2008 belegt „Pfarrer/Geistlicher" nach „Arzt" den zweiten Platz, vor Hochschulprofessor und Unternehmer. Gemäß einer Zufriedenheitsstudie äußerten sich 1972 in Deutschland 85 % der Befragten, dass sie einen sehr guten oder guten Eindruck bei ihrer letzten Begegnung mit einem Pfarrer hatten. Zwanzig Jahre später lagen die Werte noch höher. Wie erklärt sich diese seit Jahren stabile Hochschätzung der Pfarrer?

> Überspitzt kann man sagen, dass die Pfarrer fast dazu verdammt sind, ein Wohlwollen zu produzieren. Im Rückblick billigt man ihnen zu, dass sie das Bestmögliche getan haben, und dies offensichtlich ganz unabhängig von dem, was sie inhaltlich vertreten. Das mag die Pfarrer beruhigen, muss sie im Grunde aber erschrecken. Was in ihrem Studium den größten Raum einnimmt und sie innerlich erregen und umtreiben soll, nämlich die Frage, was denn die Wahrheit des Evangeliums ist, … spielt für ihre soziale Akzeptanz scheinbar keine Rolle. Ob sie progressiv denken oder konservativ, eine evangelikale oder eine feministische Theologie vertreten – ganz abgesehen von ihren unterschiedlichen Überzeugungen, ist man mit ihnen zufrieden. Dem entspricht die Tatsache, dass es in den schweizerischen Kantonen, in denen die Pfarrer durch eine periodisch wiederholte Volkswahl bestellt werden, kaum je zu Abwahlen kommt. Eine solche allgemeine Akzeptanz lässt sich nicht mit den persönlichen Leistungen der Pfarrer erklären.[13]

Offensichtlich muss die breite Akzeptanz ihre Ursache in Gegebenheiten haben, die weniger mit der jeweiligen Person zu tun haben, als vielmehr „überpersönlicher" Art sind. Unabhängig von dem, was die einzelnen Pfarrer leisten, ist ihnen mit ihrem Amt etwas vorgegeben, das ihr Wirken für eine Mehrheit ihrer Zeitgenossen akzeptabel und respektabel macht. Dann aber wäre es doch das Amt, das die Person trägt.

---

13 A.a.O., 140.

Allerdings impliziert dieser Befund auch eine Forderung in die andere Richtung. Pfarrerinnen und Pfarrer können von diesem Bonus nämlich nicht endlos zehren. Sie müssen sich um ein Profil bemühen, das erkennbar dem Amt entspricht und wiederum das Profil des Amtes verstärkt.

> Sie müssen sich um ein Berufsprofil bemühen, das sie authentisch vertreten können. Sie müssen in einer Welt ihren Platz finden, die immer vielfältigere Sinnangebote bereitstellt, und sie erleben sich in einem Feld medialer Kommunikation, das sich immer mehr ausweitet. Unter diesen Bedingungen ein klares Berufsprofil auszuprägen, kann den Einzelnen überfordern. Das Ausweichen in subjektive Beliebigkeiten ist darum naheliegend. Deshalb gehört es zur Aufgabe der Kirche als Ganzer, die Einzelnen bei der Bestimmung des Berufsprofils nicht allein zu lassen, sondern in einem Prozess der Konsensbildung ein Einvernehmen über die Grundstruktur des Pfarramtes neu zu finden.[14]

Vermutlich gehört es zu den schwierigsten Anforderungen des Pfarrberufs, das jeweils richtige Maß von individueller und vorgegebener Ausgestaltung des anvertrauten Amtes zu finden. Nach meiner Wahrnehmung braucht es dafür Jahre, vielleicht fünf, vielleicht zehn Jahre, um in der Spannung von Amt und Person einigermaßen Stilsicherheit zu entwickeln. Die evangelische Kirche von Kurhessen-Waldeck bietet dafür ein schönes Bild an, nämlich die Vorstellung vom Amt als einem bereits möblierten Raum mit einladend geöffneter Tür:

> Ein Raum, der schon eingerichtet ist und seinen Bezieher instand setzt, sich weiter selber darin einzurichten. Das Amt bietet Raum, der schon bereithält, was sein Inhaber grundlegend zu seinem Dienst benötigt, und der doch Platz übrig hat dafür, dass sein Inhaber ihn ausstattet, mit dem, was ihm ein persönliches „Gesicht" gibt.[15]

Für unseren Zusammenhang lohnt sich ein zusätzlicher Blick auf kircheninterne Studien, welche die Zeichen der Zeit aus ih-

---

14 Das Amt des Pfarrers und der Pfarrerin in der modernen Gesellschaft, 15.

15 A. a. O., S. 26 f.

rer jeweiligen kirchlichen Praxis unterschiedlich reflektieren und deuten. Exemplarisch soll dies an Dokumenten der Zürcher Landeskirche und der Evangelischen Kirche Kurhessen-Waldeck aufgezeigt werden.

Innerhalb von 15 Jahren wurden vom Pfarrverein des Kantons Zürich zwei Studien zum Berufsbild des Pfarrers erstellt. Die 1991 von Werner Kramer verfasste Studie hatte zwar den gesellschaftlichen und kirchlichen Wandel beschrieben, ging aber im Blick auf den Pfarrberuf weiterhin von volkskirchlichen Gegebenheiten aus, wenn auch mit einigen Akzentverschiebungen. Einen breiten Raum nahm die damals fortschreitende Funktionalisierung der Pfarrstellen ein sowie der Trend zu neuen Stellen für Katecheten, Jugendleitern und kirchliche Sozialarbeit, deren Inhaber Funktionen übernahmen, die ehedem zum Aufgabenbereich des Pfarrers zählten.

Zudem wurde in Gemeinden mit mehreren Pfarrstellen eine Schwerpunktbildung angestrebt. Dies alles zusammengenommen führte zu einer flexibleren Zuweisung von einzelnen pfarramtlichen Funktionen. Demgemäß ging die Studie davon aus, dass die Person das Amt prägen solle. Der Pfarrer oder die Pfarrerin solle „aufgrund eigener Entscheide und eigener Sicht die eigene berufliche Identität (zu) konstruieren.“[16] Weiter hieß es:

> Nicht mehr das Amt trägt die Pfarrerperson und den Pfarrerberuf, sondern Person und konkrete Ausübung des Berufs geben dem Amt und dem Amtsträger das Profil.[17]

Dafür stand das Wort „Authentizität“ hoch im Kurs. Doch gerade diese und ähnliche Vorgaben führten auch zu den nicht enden wollenden Befindlichkeitsdebatten unter Pfarrern und haben eine Haltung gefördert, die zunehmend auf Abgrenzungstechniken setzt. Diese wiederum führten zu Spannungen mit den Mitarbeitern und dem Kirchenvorstand.

Darum wurde fünfzehn Jahre später (2006) der Schwerpunkt auf die Zusammenarbeit der Pfarrer mit den kirchlichen Behör-

---

16 Werner Kramer, Berufsbild Pfarrer/Pfarrerin, 1991, 31.
17 A. a. O., 32.

den gelegt. Diese zweite Studie wollte nun mit einer Darstellung von „Spannungsfeldern" für Zusammenhänge in der kirchlichen Praxis sensibilisieren und auftauchende Probleme versachlichen. Dazu wird zwar festgehalten, dass die Landeskirche dem Pfarramt die theologische Leitungskompetenz überträgt, für die Zusammenarbeit mit Behörden und anderen Berufsgruppen wird allerdings relativiert:

> Die Pfarrerschaft ist eine Berufsgruppe unter mehreren, die gemeinsam mit Behörden und freiwillig Mitarbeitenden ihre Arbeit im Sinne des kirchlichen Auftrags verrichtet … Trotz verschiedener Ausbildung, Verantwortung und Leitungskompetenzen sind in unserer Kirche alle Mitarbeitenden und Gemeindeglieder grundsätzlich gleich gewertet.[18]

Eine gewiss gut gemeinte, aber in einer ausgeprägten Pfarrerkirche unrealistische und wenig hilfreiche Aussage. Hinzu kommt, dass zu den jeweiligen Aussagen keine theologischen Begründungen gegeben werden. Die Argumente bleiben auf einer pragmatisch-organisatorischen Ebene und vermitteln gerade durch ihr Theologiedefizit ein irritierendes Bild. So heißt es etwa zum Thema „Beruf und Berufung":

> Das öffentliche Amt eröffnet große Gestaltungs- und Freiräume, in denen die PfarrerInnen kreativ und inspiriert tätig sind. Auf diese Weise nehmen sie ihre Berufung war.[19]

Kann das alles sein, was hier zu sagen ist: Durch kreative und inspirierte Tätigkeit seine Berufung wahrnehmen? Noch befremdlicher liest sich die Aufzählung jener Voraussetzungen, die für das Pfarramt nötig sind. Die Liste ist lang:

> Persönliche Spiritualität, kommunikative und repräsentative Begabung, soziale Sensibilität und Konfliktfähigkeit, Leitungs- und Organisationsfähigkeit, gesellschaftspolitisches Interesse, Fähigkeit zur Selbstreflexion und gesundes Selbstbewusstsein.[20]

---

18 Berufsbild Pfarrer/Pfarrerin, 2006, 2.
19 A. a. O., 5.
20 A. a. O., 5.

Nur von einem ist nicht die Rede, nämlich von einer theologischen Qualifikation. Zum Auftrag des Pfarrers heißt es dann lediglich, dass er als VDM (verbi divini minister) Wort und Sakrament „auszurichten" habe, dabei die Arbeitszeit von 48 Stunden nicht überschreiten und Sorge zum Schutz der eigenen Person tragen soll. Die vielen drängenden Fragen, die sich heute rund ums Pfarramt stellen, werden nicht einmal benannt, geschweige denn diskutiert.

Einen anderen Weg geht die Evangelische Kirche von Kurhessen-Waldeck in ihrer Studie (2004) zum Amt des Pfarrers in der modernen Gesellschaft. Dort soll das Profil des Pfarrberufs zukunftsfähig bestimmt und das Amt wieder aufgewertet werden. Darum wird hervorgehoben, dass das Pfarramt ein zentrales kirchliches Amt ist und das Tätigkeitsfeld des Pfarrers nicht zunehmend in spezialisierte Bereiche zerlegt werden dürfe. Unter Bezugnahme auf die Professionstheorie von Isolde Karle (s. unten, Kapitel 6.2) werden Wege gesucht, dieses Amt in seiner Würde neu zu entdecken und Freude an ihm zu wecken.

> Zusammen mit der Würdigung unterschiedlicher Ämter wird in der reformatorischen Tradition gleichwohl dem Pfarramt eine besondere Stellung eingeräumt. Sein spezifischer Auftrag ist es, im Lebenszusammenhang einer Gemeinde für den Rahmen Sorge zu tragen, in dem Entstehung und Stärkung des (rechtfertigenden) Glaubens oder das Ergriffenwerden von der Gegenwart des ewigen Heils – so Gott will – geschieht.[21]
>
> Wie ist nun die besondere Hervorhebung des Pfarramtes zu begründen? Zunächst einmal ist klar: Durch die Berufung ins Pfarramt wird niemand ein Mensch, dem Gott näher steht als anderen. Es geht dabei um nichts weniger und um nichts mehr als um die Übertragung einer bestimmten Aufgabe, die in der Gemeinschaft der Gläubigen unbedingt erfüllt werden muss. Diese Aufgabe besteht in der Bezeugung des Evangeliums … (und) braucht insbesondere die Versammlung der Gläubigen, den Gottesdienst, zu dem öffentlich eingeladen wird, in dem die Predigt und das Fei-

21 Das Amt des Pfarrers und der Pfarrerin in der modernen Gesellschaft, 24.

> ern der Sakramente verlässlich ihren Ort haben. Genau dafür, dass um Predigt und Sakrament die Gemeinde sich sammeln kann, um Stärkung, Vergewisserung, Wegweisung im Glauben zu erfahren – genau dafür haben Pfarrer und Pfarrerinnen Sorge zu tragen."[22]

Damit klingt eine neue oder zumindest noch ungewohnte Tonart an. Auch andere pastoraltheologische Publikationen (s. nächstes Kapitel) zeigen, dass es gegenwärtig zu Korrekturen in der Bewertung des Pfarrberufs kommt. Gemeinsam ist ihnen das Bestreben, dem Pfarramt in den Gemeinden ein klareres Profil und eine neue Würde zu geben. Zum anderen scheint sich die Einsicht durchzusetzen, dass es sehr wohl das Amt ist, welches die Person des Pfarrers bzw. der Pfarrerin in ihrem Dienst trägt.

---

22 A. a. O., 25 f.

6 Profile im Amtsverständnis der Moderne

Leitbilder für das, was ein Pfarrer sein soll, haben sich immer wieder verändert. *Volker Drehsen* hat mit feiner Ironie einen ganzen Reigen davon aufgeführt:

> Der gebildete Volkserzieher in der Aufklärung, der vollmächtige Seelsorger im Pietismus, der patriotische Prediger der Erweckungsbewegung, der intellektuell-rechtschaffene Gelehrte der liberalen Theologie, der sozialethische Gemeindepädagoge im Kulturprotestantismus, der theologische ‚Fachmann' und Wort-Gottes-Prediger in der Dialektischen Theologie, der völkische Kirchenführer der „Deutschen Christen", der restaurative Frömmigkeitsintegrator oder kirchlich innovative Akademie-Kämpfer der unmittelbaren Nachkriegszeit, der demokratische Teamleiter aus der sozialliberalen Ära der siebziger Jahre, der engagierte Sprecher ethisch orientierter Bürgerinitiativen und sozialer Bewegungen der achtziger Jahre und – wie man schließlich für die neunziger Jahre hinzufügen könnte: – der betroffenheitskultische Seelsorger und mystagogische Protagonist unterschiedlicher Spiritualitätsformen im Protestantismus.[1]

Wie soll man sich da zurechtfinden? Das Amtsverständnis des evangelischen Pfarrers oszilliert zwischen dem altkirchlichen, geistlichen Bild vom Hirten und einer modernen, funktionalen Bestimmung als Manager oder Teamleiter, wobei das Bild vom Hirten seiner Herde eher katholisierende Ansprüche transportiert, jenes vom Manager und Teamleiter eher Assoziationen an eine protestantische Hemdsärmlichkeit wachruft. Irgendwo dazwischen wird der evangelische Pfarrer sein Selbstverständnis verorten müssen. Wo und wie kann er sich mit einem zeitgemäßen Amtsverständnis heute festmachen?

---

1 Zitiert nach Christian Grethlein, Pfarrer – ein theologischer Beruf, 93.

Nachdem sich das Interesse der pastoraltheologischen Diskussion lange Zeit auf die innere Situation, das heißt auf die Identitäts- und Selbstfindungsproblematik der Pfarrer bezogen hatte, werden nun wieder mutige Entwürfe mit erkennbarem Profil formuliert.

6.1 Der geistliche Führer

In den 90er Jahren hatte sich die Diskussion um das Anderssein des Pfarrers, um dessen Krisen und Befindlichkeiten zusehends erschöpft. Man wusste es nun und neue Impulse waren gefragt. *Manfred Josuttis* lieferte 1996 mit seinem Buch „Die Einführung in das Leben. Pastoraltheologie zwischen Phänomenologie und Spiritualität" einen aufsehenerregenden Entwurf. Sein Buch gehört zu den viel diskutierten und umstrittenen Schriften für ein neues Selbstverständnis der Pfarrer und Pfarrerinnen: Sie haben wieder „Geistliche" und „Führer in die verborgene und verbotene Zone des Heiligen" zu werden.

Seither werden in der pastoraltheologischen Auseinandersetzung immer wieder die Schwachstellen und Einseitigkeiten in Josuttis' Ansatz moniert. Dennoch bleibt es sein Verdienst, aufgegriffen zu haben, was gesellschaftlich schon länger in der Luft lag, nämlich ein neues Interesse an Religion, am Heiligen und einer nicht näher fassbaren Spiritualität. Damit musste auch die Frage nach dem Pfarramt und seiner Funktion neu gewichtet werden. Josuttis hatte mit seinem „mystagogischen Konzept" die Frage nach pastoraler Identität positiv aufgenommen, indem er einen phänomenologischen Ansatz wählte:

> Pfarrer und Pfarrerinnen arbeiten im Machtfeld des Heiligen … Deshalb gehört zur Praxis in diesem Beruf unvermeidlich das Repertoire jener Handlungsformen, die man gegenwärtig unter dem Stichwort „Spiritualität" zusammenfasst.[2]

---

2 Manfred Josuttis, Die Einführung in das Leben, 9.

Josuttis hatte, vor Veröffentlichung des Buches, seine Theorie auf Pfarrkonventen und Pastoralkollegs diskutieren lassen und die Hinweise und Beiträge dann in sein Konzept einfließen lassen. Man kann also davon ausgehen, dass die vorgestellten Leitlinien durch Erfahrungen beziehungsweise bewusst gewordene Defizite von praktizierenden Pfarrern und Pfarrerinnen gedeckt sind.

Wenn Josuttis den Pfarrer, die Pfarrerin als Führer in die Zone des Heiligen beschreibt, macht er unmissverständlich klar, dass diese nicht selbst diejenigen sind, die den Menschen das Heil bringen, sondern lediglich jene, die ihnen den Zugang dazu zeigen. Diese Unterscheidung verdient festgehalten zu werden, auch gegen manchen Enthusiasmus, mit dem dieser Entwurf aufgenommen wurde, aber ebenso gegen die spirituelle Eitelkeit mancher Pfarrer.

Es geht ganz fundamental um die spirituelle Kompetenz des Pfarrers bzw. der Pfarrerin. Hier sollen sie sich auskennen und mit spirituellen Techniken zwischen den Wirklichkeitsbereichen vermitteln. Sie sollen Führer in den Bereich des Heiligen sein. Die Möglichkeit, dies tun zu können, sieht Josuttis mit der Heiligen Schrift gegeben. Sie stelle „Landkarten für die Wanderung in der anderen Welt bereit". Ein evangelischer Pfarrer kann also in das Heilige führen, weil ihm die Bibel gegeben ist. Pfarrer „leiten zu einem Leben an, das durch den Vollzug von Gebet, Opfer und Segen Gott ehrt und dem Nächsten dient."[3]

Damit gewinnt Josuttis eine Dimension des Pfarrberufs zurück, die in den Diskussionen um das Berufsbild lange vernachlässigt wurde. Er gibt der geistlichen Dimension wieder Raum, dem Anspruch also, dass der Pfarrer oder die Pfarrerin nicht nur predigt, lehrt und seelsorglich zuhört, sondern auch betet, segnet und sakramentale Handlungen vollzieht. In diesem Sinne sei er ein „Mystagoge".

> Der Führer als Mystagoge ist religionssoziologisch dadurch gekennzeichnet, dass er nicht, wie der Priester, stellvertretend für andere den Kult praktiziert und auch nicht, wie der Prophet,

---

3 A. a. O., 152.

engagiert eine Botschaft oder eine Lehre verbreitet. Der Führer als Mystagoge kennt vielmehr jene Techniken, mit denen man im Bereich des Heiligen arbeiten kann. Zu denken ist an Techniken der Versenkung in der Meditation, Techniken der Sakramente in der Transformation, Techniken der Bewusstseinserweiterung in Trance und Ekstase.[4]

Wiederholt spricht Josuttis in diesem Zusammenhang auch von einem „Flussgeschehen“, in dem die Grenzen verschwimmen. Daraus ergibt sich ein hoher Anspruch an die Pfarrer, denn wer Menschen mit dem Heiligen vertraut machen will, muss selbst schon Erfahrungen damit gemacht haben. Nur dann ist er in der Lage, „Techniken“ anwenden und vermitteln zu können, die eine Kontaktnahme mit dieser anderen Wirklichkeit möglich machen. Diese Ambition scheint aber im praktizierten Pfarramt merkwürdig an den Rand gerückt. Josuttis gibt zu bedenken:

Für viele ist diese Realität aber in, mit und unter der kirchlichen Betriebsamkeit so versteckt, dass sie ihre Existenz grundsätzlich bestreiten. Religiosität wird dann reduziert auf soziale Bezüge, und die Führungsaufgabe wird vereinfacht zum Problem der Gemeindeleitung.[5]

Den elementarsten Akt sprachlicher Grenzüberschreitung sieht Josuttis im Gebet. Darum gelte es, ein aktives Gebetsleben zu kultivieren.

Pfarrer und Pfarrerinnen, die an der Grenze des Lebens tätig werden, haben sich ihres Berufes wegen im Beten zu üben.[6]

Pfarrer sollen in die Zone des Heiligen führen.

Ihr Dienst an der Gemeinde besteht also nicht vorrangig in den Akten von Verwaltung, wie sie in der Organisation erforderlich sind. Er besteht auch nicht zu allererst in den Angeboten von Unterhaltung, wie sie im Gemeindemilieu so beliebt sind. Pfar-

---

4 A. a. O., 26 f.
5 A. a. O., 26.
6 A. a. O., 47 f.

> rer und Pfarrerin haben sich jenen Expeditionen und Exerzitien zu widmen, in denen, soweit das menschenmöglich ist, die Annäherung an den Machtbereich des Heiligen versucht wird. Pfarrer und Pfarrerin haben deshalb hauptsächlich mit religiösen Ritualen und Symbolen zu tun.[7]

Mit diesem Entwurf hat Josuttis den Pfarrberuf wieder als einen geistlichen Beruf profiliert. Er mahnt als zentrales Element des beruflichen Redens und Handelns die Aufgabe an, den Menschen eine spürbare Nähe zu Gott, dem Heiligen zu eröffnen.

> Josuttis integriert in sein Verständnis des Pfarrberufes einen weiten Begriff religiöser Praxis, die er nicht nur als eine intellektuelle Deutungspraxis des Wortes versteht, sondern deren körperbezogene, handwerkliche Seite er ebenso in den Blick nimmt. Das entspricht der in den letzten Jahren gewachsenen Aufmerksamkeit dafür, dass sich Religion wesentlich durch performative Vollzüge vermittelt, in denen Worte nicht für sich stehen, sondern ihre Bedeutung im Zusammenhang viel dimensionierter Zeichenprozesse erhalten, die körperliches, emotionales, geistiges und soziales Erleben gleichermaßen integrieren. … Pfarrer müssen also nicht nur theologisch denken und in den rechten Worten verkünden können, sondern sie sind auch Experten religiöser Rituale und andere Vollzüge religiöser Kommunikation, die ihre Präsenz mit Körper, Geist und Seele erfordern.[8]

An Josuttis' Entwurf ist manches moniert worden, vor allem ein Vorbehalt gegenüber einer Führerperson, die in der protestantischen Tradition und Kultur nichts zu suchen habe. Auch sein etwas unbestimmtes „Flussgeschehen" hat Kritik auf sich gezogen, „da der Pfarrer nicht Flusserfahrungen zum Thema seiner Tätigkeit zu machen, sondern das Evangelium zu verkünden und die Sakramente zu verwalten" habe.[9]

---

7 A. a. O., 85.

8 Ulrike Wagner-Rau, Auf der Schwelle, 18 f.

9 Paul Bernhard Rothen, Das Pfarramt. Ein gefährdeter Pfeiler der europäischen Kultur, 72.

Dennoch ist das Buch in der Pfarrerschaft auf große Resonanz gestoßen, vielleicht auch, weil es manchem verunsicherten Kollegen wieder eine klare Funktion zugeschrieben hat. Selbst in der reformierten Schweiz hat es Wirkung erzielt, indem die Universität Zürich mit der reformierten Pfarrerfortbildung der Schweiz zusammen das Angebot macht, sich im Rahmen eines Masterstudiums zum „Spiritual“ ausbilden zu lassen. Bisher sind die Kurse jeweils ausgebucht.

Seit Anfang des neuen Jahrhunderts wird nun die Diskussion um das Berufsbild des Pfarrers und der Pfarrerin in einer anderen Tonlage geführt. Zunächst hatte Isolde Karle den Pfarrer als einen beschrieben, der nicht anders, sondern gleich ist wie andere. Nicht mehr Besonderheiten, Befindlichkeiten und Krisen sind das Thema, sondern Sachwissen und Profession. Auch Christian Grethlein und Ulrike Wagner-Rau werden dieser Linie folgen, wie nun gezeigt werden soll.

6.2 Der Professionelle

Mit ihrem Buch „Der Pfarrberuf als Profession“ (2001) hat *Isolde Karle* eine neue Blickrichtung eröffnet. In der Systemtheorie von Niklas Luhmann und der auf ihr fußenden Professionstheorie von Rudolf Stichweh hat Karle ein Instrument gefunden, dass es ihr ermöglicht, den Pfarrberuf als professionelles Amt zu beschreiben. Für ihre Reflexionen zur Kommunikation greift sie zusätzlich auf die Interaktionstheorie von Erving Goffman zurück.

In Anschluss an die Soziologie Niklas Luhmanns entwickelt Karle ein berufssoziologisches Modell für das Pfarramt. Diese Systemtheorie geht von der grundsätzlichen Unterscheidung gesellschaftlicher Systeme aus und betont dabei das Besondere des religiösen Systems, für das die Pfarrer professionell zuständig sind. Karle will also in erster Linie nicht von der Person, sondern von deren gesellschaftlicher Funktion zu pastoraltheologischen Aussagen kommen. Der Pfarrberuf gehöre, soziologisch betrachtet, zur Gruppe der Professionen.

> Mit dem Begriff Profession sind in historischer Perspektive zunächst einmal bestimmte akademische Berufe gemeint, die mit der spätmittelalterlichen Gliederung der Universität identisch sind: Mediziner, Juristen und Theologen. Alle Professionen beziehen sich auf zentrale menschliche Fragen und Probleme wie Krankheit, Schuld und Seelenheil.[10]
>
> Ihnen gemeinsam ist, dass sie ein bestimmtes, für Außenstehende kaum zu überprüfendes Wissen und Können voraussetzen, und dass sich dabei akademische Kenntnisse mit dem wachsenden Erfahrungsschatz der Berufstätigkeit zu einer Kunstfertigkeit formen. Diese lässt sich begrifflich-abstrakt kaum fassen, sie wird in der Form von praktischem „Handwerkszeug" im persönlichen Kontakt einer mündlichen Tradition weitergegeben.[11]

Nach der Ausdifferenzierung in der Moderne könne von einer Profession nur dann die Rede sein,

> wenn Leistungsrollen in einem Funktionssystem verberuflicht werden und darüber hinaus eine bestimmte Berufsgruppe ein Monopol für die Übernahme der Leistungsrollen eines ganzen Funktionssystems erlangt.[12]

Der Arzt versucht dabei zur Gesundheit zu verhelfen, der Richter zum Recht und der Pfarrer zum Glauben. Pfarrer dürfen sich also bewusst sein, dass sie Aufgaben erfüllen, die niemand sonst zu leisten vermag, denn sie vermitteln Inhalte, die sich nur auf diese Weise vermitteln lassen. Dem Einwand, dass es heute zunehmend die Medien sind, welche Religion öffentlich thematisieren, reflektieren und beeinflussen, hält Karle entgegen, dass Pfarrer keine fiktive, sondern eine authentische Öffentlichkeit herstellen. Der Pfarrer stehe für eine vertrauensvolle Interaktion in der persönlichen Begegnung mit den Menschen.

Jede Profession ist von einer Sachthematik bestimmt. In der modernen Gesellschaft sei es die spezifische Funktion der

10 Isolde Karle, Der Pfarrberuf als Profession, 31.

11 Paul Bernhard Rothen, Das Pfarramt. Ein gefährdeter Pfeiler der europäischen Kultur, 114.

12 Isolde Karle, Der Pfarrberuf als Profession, 33.

Professionen, kulturell anspruchsvolle und identitätsrelevante Sachthemen zu vermitteln.

> Eine Profession ist nicht nur durch die persönliche Kommunikation in überschaubaren Interaktionssystemen charakterisiert, sondern vor allem und ganz zentral durch die Vermittlung einer kulturell relevanten Sachthematik bestimmt.[13]

Welche wäre das für den Pfarrer?

> Es ist für alle Professionen kennzeichnend, dass sie mit zentralen Aspekten und Problemen des menschlichen Lebens in der Gesellschaft zu tun haben. Sie reflektieren das Verhältnis des Menschen zu seinem Körper (Medizin), zu anderen Menschen (Recht) und zu Gott (Theologie) … Konkret bedeutet dies im evangelischen Kontext, dass das Wort Gottes im Mittelpunkt des pastoralen Dienstes steht. Im katholischen Kontext ist eher an die sakramentale Heilsvermittlung zu denken.[14]

Die Sachthematik für den Pfarrer und die Pfarrerin liegt somit in der Kommunikation des Evangeliums.

> Der Begriff Sachthematik ist bewusst abstrakt gehalten. Er bezieht sich auf die dogmatischen Inhalte und Programme evangelischer Theologie, die unterschiedlich akzentuiert und interpretiert werden können, die sich aber alle auf die Weckung und Erhaltung des Glaubens beziehen und damit auf Jesus Christus als das eine Wort Gottes.[15]

Dabei soll in der Haltung des Pfarrers auch zum Ausdruck kommen, dass er die Botschaft der Kirche vertritt. Es sei wichtig, dass sich der Pfarrer „nicht darauf beschränkt, als mehr oder weniger sympathischer Zeitgenosse mit subjektiven Präferenzen und Moralen oder lediglich als professioneller Nachbar zu agieren und zu kommunizieren."[16]

---

13 A. a. O., 41.
14 A. a. O. 169.
15 A. a. O., 170.
16 A. a. O., 173.

Dafür braucht es theologische Kompetenz. Karle wird nicht müde, von den Pfarrern immer wieder das „Eigentliche", nämlich die Sachthematik einzufordern. Und sie beklagt, dass Person und Amt in den letzten Jahrzehnten so diffuse Züge angenommen haben.

> Die Pfarrer selbst legten ihre schwarzen Anzüge ab und wurden ganz menschlich. Sie wollten nicht mehr Geistliche sein, sondern flohen ins soziale und politische Engagement, in metaphysische oder mystische Abstraktionslagen …[17]

> Die Verunsicherung vieler Pfarrerinnen und Pfarrer zeigt sich nicht selten in einer ‚vorauseilenden Selbstverundeutlichung' (Fulbert Steffensky) ihrer Verkündigung, im mangelnden Mut, über ihr eigentliches Thema, den Glauben in Geschichte und Gegenwart, zu reden und dem Geist der Resignation in und außerhalb der Kirche wirksam und entschlossen entgegenzutreten.[18]

Karle hat die Diskussion um den Pfarrberuf wieder an die Sachthematik rückgebunden und die Pfarrer in die Pflicht genommen, dieser Sachthematik nicht auszuweichen. Im Weiteren betont sie, wieder der Luhmannschen Systemtheorie folgend, die Bedeutung der Kommunikation, in welcher vor allem Vertrauen kultiviert werden müsse. Um auf der Basis wechselseitig stabilisierter Verhaltenserwartungen handeln zu können, sei es notwendig, dass der Pfarrer das Vertrauen der Gemeinde gewinnen und erhalten kann.

Die Sachthematik soll also mit theologischer Kompetenz und auf Vertrauensbasis kommuniziert werden. Kirchliche Interaktion muss daher der Erwartungshaltung vergleichbarer sozialer Systeme entsprechen. Wie der Arzt auf der Basis des Vertrauens zur Gesundheit verhilft und der Richter zum Recht, so habe der Pfarrer zum Glauben zu verhelfen.

Durch solche Vergleiche mit anderen Professionen entkleidet Karle den Pfarrberuf seiner vermeintlichen Sonderexistenz. Wie jede Profession will sie den Pfarrberuf durch die interaktive

---

17 A. a. O., 210.
18 A. a. O., 212.

Vermittlung einer kulturell relevanten Sachthematik konstituiert wissen. Mit anderen Worten: Der Pfarrer, die Pfarrerin ist generell für eine sachgerechte und sicher erwartbare Verkündigung und Vermittlung des Evangeliums zuständig. Das Pfarramt wird damit als

> funktional ausdifferenzierte Leistungsrolle innerhalb des organisierten Religionssystems verstanden. Der Pfarrberuf ist notwendig, um die Erwartbarkeit und Sachgerechtheit in der Ausführung des Predigtamtes sicherzustellen. Denn die Gemeinde darf im Hinblick auf die Verkündigung in einer komplexen Gesellschaft nicht von spontanen Äußerungen und individuellen Neigungen abhängig sein.[19]

Insgesamt zielen Karles Überlegungen zum Pfarrberuf auf größtmögliche Erwartungssicherheit, Kontinuität und Sachgerechtheit des Amtes.

6.3 Der Sakramentsverwalter

Einen eigenwilligen, originellen Beitrag zur pastoraltheologischen Diskussion um das Pfarramt hat *Paul Bernard Rothen* vorgelegt. In seinem Buch „Das Pfarramt. Ein gefährdeter Pfeiler der europäischen Kultur“ (2009) versucht Rothen, das Pfarramt als eine ordnungspolitische Macht zu fassen. Ihm geht es dabei in erster Linie nicht um den Pfarrer und dessen Berufsbild, sondern um „das Amt“, im Sinne einer kulturellen Ordnungsmacht. Sein Bemühen

> richtet sich deshalb darauf, das Phänomen dieses Amtes als solches zu durchdringen, so das die Kräfte, von denen es getragen und geformt wird, und die Mächte, die ihm seine Grenzen setzen, so weit als möglich sichtbar und verständlich werden.[20]

---

19 A. a. O., 162.

20 Paul Bernhard Rothen, Das Pfarramt. Ein gefährdeter Pfeiler der europäischen Kultur, 256.

Dabei setzt Rothen sehr steil an, zielt doch sein Interpretationsvorschlag auf nicht weniger als darauf, „das Pfarramt als eine die Schöpfung erhaltende Ordnungsmacht zu verstehen."[21] Dazu will er Erkenntnisse des französischen Philosophen und Soziologen Michel Foucault fruchtbar machen, der im christlichen Pastorat einen Typus von Macht sieht, der „absolut einzigartig in der Geschichte" sei und für den es „kein weiteres Beispiel in einer anderen Zivilisation" gebe. Gemeint ist damit die hebräische Vorgabe des „Hirtenamts".
Rothen will den Dingen genau genug auf den Grund gehen. Dieses „genau genug" zieht sich als Bemühen durch all seine Untersuchungen hindurch. An vielen Stellen wird auch tief gebohrt, doch was zutage gefördert wird, ist in seiner Relevanz nicht immer erkenn- oder nachvollziehbar.

Rothen spricht sich gegen eine funktionale Bestimmung des Pfarramtes oder seiner Teilbereiche aus, auch wenn er einige davon sehr ausführlich beschreibt (Schriftgelehrter, Verwalter der Sakramente, Religionsdiener). Das Pfarramt solle vielmehr als eine nicht funktional definierte Einheit verstanden werden. Jede funktionale Ausrichtung laufe Gefahr, dass sie die Wirklichkeit nur insoweit wahrnimmt und die Einsichten so manipuliert, wie es im Augenblick als nützlich erscheint. Rothen geht im Weiteren davon aus, dass nicht die Person das Amt, sondern das Amt die Person trägt. Es lohnt sich, dabei seiner Argumentation zu folgen:

Was macht Pfarrer zu Amtspersonen, an die man Erwartungen richtet, die jene in den meisten Fällen auch zufriedenstellend erfüllen? Rothen verweist hier überraschenderweise auf den sogenannten „Amtsnimbus" und greift damit eine Gegebenheit auf, die in der Diskussion um das Pfarramt meist schamhaft vermieden wird. Dieser Amtsnimbus scheint nach Rothen

> seine Substanz im Denken und Empfinden der Menschen zu haben: Die besonderen Möglichkeiten, die einem Pfarrer von Amtes wegen zufließen, haben ihren Ursprung in den Affekten, mit

21 A.a.O., 384.

> denen die Menschen bewusst oder unbewusst dem Pfarrer begegnen, und in den Erwartungen, die sie an ihn richten, lange bevor er bewiesen hat, dass er die Kompetenzen hat, diese Erwartungen zu erfüllen.[22]

Lange Zeit hielt man diesen Nimbus lediglich traditionell begründet und war der Meinung, dass er sich in modernen Verhältnissen auflösen werde. Die Entwicklung zeige jedoch, dass dies nicht der Fall ist.

> Dieser Amtsnimbus wird in irgendeiner Form von den Pfarrern selbst oder von ihrer Umwelt stets wieder erneuert.[23]

Dabei verweist Rothen auf Karl-Heinz Ratschow, der in ähnlicher Weise argumentiert und feststellt, dass sich im Amt eine soziale Realität niederschlägt, die seinem Träger eine eigentümlich „Gravitas" verleihe, eine Art „Ehrwürdigkeit". Dementsprechend sieht auch Rothen

> die menschliche Notwendigkeit einer solchen sozialen Vorgabe; die Ehrwürdigkeit des Amtes kann einem Menschen die Autorität und das Vertrauen vermitteln, ohne die er seine Amtsaufgaben nicht zu erfüllen vermag. Wenn der Amtsträger nur dann „etwas ist", wenn er „etwas nützt", legt sich auf ihn der Zwang, sein Daseinsrecht stets wieder zu beweisen, und damit die bald einmal lähmende Forderung, möglichst vielen zu zeigen, wie brauchbar man ist.[24]

Darum gelte es wieder zu erkennen, dass

> das Amt sein Recht und seine Würde nicht nur in seiner Funktion hat, dass also seine Legitimität und seine raum-zeitliche Präsenz nicht reduziert werden darf auf seinen Vollzug, und dass seine Ausgestaltung nicht in die Beliebigkeit menschlicher Überlegungen und Konstruktionen gestellt ist. Die Pfarrer sind nicht „Funktionäre der Gemeinde", sondern üben den Auftrag

---

22 A. a. O., 147.
23 A. a. O., 147.
24 A. a. O., 14.

> Christi aus, öffentlich zu predigen und die Gemeinde als „Hirten“ zu leiten.[25]

Nur so lasse sich auch das dem Pfarrer oder der Pfarrerin zuvorkommende Vertrauen erklären. Daher scheint in diesem Nimbus, bzw. der Gravitas

> die Substanz des Pfarramtes zu liegen, von der die Amtsinhaber getragen werden, von der sie zehren und die sie verbrauchen und neu aufbauen, von der ihr Wirken aber auch eingegrenzt und beschränkt wird.[26]

Auf die Frage, worauf diese „Ehrwürdigkeit“ sich eigentlich gründe, verweist Rothen auf das Privileg der Sakramentsverwaltung. Für ihn ist es

> vor allem anderen das besondere Recht der Sakramentsverwaltung (ist), das den Pfarrern ihre besondere Stellung verleiht, weil daraus der „Nimbus“ und die „Gravitas“ erwachsen, die ihr Amt zu einer Realität im Erleben und Empfinden vieler Menschen werden lässt.[27]

Damit widerspricht Rothen auch der gängigen Meinung, man könne das Besondere an der Stellung des Pfarrers bzw. der Pfarrerin an der Öffentlichkeit ihrer Verkündigungstätigkeit festmachen. Solche Festlegungen seien unscharf.

> Dagegen lassen sich die sakramentalen Handlungen ohne Weiteres als solche erkennen, und durch sie lässt sich eine raum-zeitlich scharfe Grenze ziehen: einigen Menschen kommt das Recht zu, diese Handlungen zu vollziehen, anderen nicht.[28]

Da stellt sich natürlich die Frage, ob mit der konstitutiven Herausstellung von Nimbus und Gravitas sowie dem Privileg der Sakramentsverwaltung nicht ein katholisierendes Amtsbewusstsein Einzug hält. Rothen relativiert diesen Verdacht mit

---

25 Karl-Heinz Ratschow, zitiert nach Rothen, A. a. O., 148.
26 A. a. O., 150.
27 A. a. O., 151.
28 A. a. O., 151 f.

dem Hinweis, dass in der Wahrnehmung der Öffentlichkeit das Recht der Sakramentsverwaltung von einem „Kranz von anderen Amtshandlungen“ umgeben sei. Das exklusive Recht der Sakramentsverwaltung führe dazu, dass sich an das Pfarramt vertrauensvolle Erwartungen auch anderer religiöser Handlungen heften, wie Konfirmation, Trauung, Bestattung und Segenshandlungen.

> Aus dem Kranz dieser religiösen Handlungen, die das Pfarramt umgeben, baut sich ihr Nimbus auf, ihre Gravitas. Von dieser „Ehrwürdigkeit“ getragen können die Pfarrer Aufgaben erfüllen, die sie sonst nicht erfüllen könnten, und durch das, was sie damit leisten, erneuern sie wiederum diese Tragkraft ihres Amtes.[29]

Die Nähe zu Josuttis‘ geistlichem Führer, der in die Zonen des Heiligen führt, ist hier kaum zu übersehen. Rothen wirbt in diesem Zusammenhang dafür, dass Pfarrer sich, gemäß ihrer äußeren Zuschreibung, in Gelassenheit als „Religionsdiener“ verstehen können. Dies hatte die dialektische Theologie kritisiert und die Pfarrer dazu motiviert, sich nicht als Zeremonienmeister missbrauchen zu lassen.
Ein, zwei Generationen von Pfarrern haben deshalb versucht, möglichst „unreligiös“ aufzutreten und Freunden und Feinden klarzumachen, dass ihr Auftrag in seinem innersten Wesen nicht auf religiöse Vollzüge, sondern auf die Veränderung der sozialen Verhältnisse oder des Selbstverständnisses ziele.

> Sie haben den Talar ausgezogen und im Straßenanzug Unterschriften für politische Anliegen gesammelt, gruppendynamische Gespräche geführt oder therapeutische Angebote gemacht. Dieser Versuch, einem „religionslosen“ christlichen Glauben das Feld zu bereiten, muss als gescheitert angesehen werden. Die Verkündigung des Evangeliums kann nur im Kontext religiöser Wirklichkeit erfolgen.[30]

Indem die Verantwortung für die Sakramente bei den Pfarrern liegt, lässt sich ihr Dienst durchaus als Pflege eines kultisch

---

29 A. a. O., 173.
30 A. a. O., 168.

definierten Lebens beschreiben. Andererseits will Rothen das Amt in dieser Ausrichtung auch als religiös begrenzt verstanden wissen:

> Ein Pfarrer, der von seinen Predigthörern erwartet, dass sie in Zukunft den Kaffee im Drittweltladen kaufen und an einer Friedensdemonstration teilnehmen, aber auch der Pfarrer, der zu psychotherapeutischen Gesprächsgruppen einlädt oder einen Kurs für kreative Selbsterfahrung beim Seidenmalen anbietet, gerät unweigerlich in den Geruch, eine unzulässige Grenzüberschreitung zu begehen und alle Kategorien heillos zu verwirren. Er ist zuständig für den Kult und soll bei seinen Leisten bleiben und die Politik den Politikern und die Therapien den Therapeuten überlassen.[31]

Rothen bringt außer dem Religionsdiener, der die Sakramente verwaltet, noch ein zweites, unverzichtbares Element für den Pfarrberuf ins Spiel, indem er die Pfarrer daran erinnert, dass sie zuerst und zuletzt „Schriftgelehrte“ sind.

> Das Theologiestudium, das zum Pfarramt befähigt, besteht zu einem großen Teil aus dem Studium der biblischen Schriften … Zu Recht wird deshalb ganz elementar von einem Pfarrer erwartet, dass er die Bibel gelesen hat und ihre Schriften gut kennt … Seine Autorität beruht in hohem Maß auf der faktischen oder der unterstellten Bibelkenntnis. Dies nicht nur auf den Inhalt der biblischen Schriften bezogen, sondern durchaus auch auf die vielen geschichtlichen, kulturellen und textkritischen Fragen, die mit ihnen gegeben sind, und ebenso auf die Fragen, wie diese Texte in wechselnden Zeiten verstanden und gelebt worden sind.[32]

Pfarrer vertreten als Schriftgelehrte die aktualisierten Zusagen und Forderungen der Bibel und

> verdanken ihre Autorität einem Wissen, das im Wesentlichen darin besteht, dass sie auf eine differenzierte und lebenspraktische Weise zu sagen vermögen, „was geschrieben steht“.[33]

---

31 A. a. O., 170.
32 A. a. O., 232.
33 A. a. O., 239.

Für unseren Zusammenhang, in dem es darum geht, Konturen eines zeitgemäßen Pfarrerbildes zu finden, hat Paul Bernhard Rothen zwei wesentliche Zuschreibungen eingebracht: der Pfarrer und die Pfarrerin als Schriftgelehrte und als Verwalter der Sakramente. Vor allem Letzteres verschaffe dem Pfarramt jenen Nimbus, ohne den der Pfarrer seine Aufgabe nicht erfüllen kann.

6.4 Der Theologe

Wieder einen anderen Ansatz verfolgt *Christian Grethlein*, der mit seinem schmalen Bändchen „Pfarrer – ein theologischer Beruf" den Theologen ins Zentrum seiner Überlegungen stellt. Für ihn ist Pfarrer in erster Linie ein theologischer Beruf. Grethlein denkt stark von der Universität her, also von der Ausbildung zum Theologen. Das Studium müsse nicht zwingend zum Pfarramt führen, aber ein Pfarrer sollte ein guter Theologe sein. In dieser Weise will Grethlein das Profil des Pfarrberufs neu schärfen. Theologie soll als Berufswissenschaft für Pfarrer und Pfarrerinnen neu ernst genommen wird. Anders sei verantwortliche Glaubensvermittlung in reformatorischer Tradition nicht denkbar.

Dass dieser Anspruch eine Reaktion auf offensichtliche Defizite ist, daran lässt Grethlein keinen Zweifel. Schon Pierre Dubied hatte solche Defizite ausgemacht und benannt:

> Während langer Zeit konnten die Pfarrer eine allgemein anerkannte, also herrschende theologische Linie übernehmen und sich ein Leben lang daran halten. Heute, wo sich die theologisch allgemein verbindlichen Figuren – denen gegenüber sich jeder definierte – verblassen, herrscht ein Pluralismus, der im Bewusstsein vieler Pfarrer einer Relativierung gleichkommt. Ist letztlich nicht alles austauschbar, im abstrakten Gewäsch der professionellen intellektuellen Theologen? Die Situation sollte jeden dazu zwingen, die eigene Linie durch kritische und stringente Arbeit zu definieren. Diese häufig mühsame Arbeit, die weder spektakuläre Resultate noch unmittelbaren Profit bringt, wird allgemein abgelehnt. Der unter Zeitdruck stehende, vom Streben

> nach dem Konkreten besetzte Pfarrer kann eine verschwommene elementare Theologie, eine aus wenigen simplifizierten Prinzipien zusammengeschusterte theologische Ideologie vorziehen, die ihm die Mühen einer kritischen Auseinadersetzung erspart. Oder aber er kann sich wie ein chronischer Neophyt von Strömungen und Moden tragen lassen, die ihn von einer Position in die andere treiben, ohne dass er sich um die Kohärenz eines derartigen Weges sorgen würde.[34]

Angesichts des herrschenden Pluralismus sieht Grethlein im Zurücktreten von Theologie im Pfarrberuf eine gefährliche Entwicklung. Zugleich stellt er die kritische Anfrage auch in die andere Richtung, nämlich an die universitäre Wissenschaft.

> Welche Theologie benötigt heute ein Pfarrer, um unter den sich verändernden Bedingungen öffentlich die Kommunikation des Evangeliums zu fördern?[35]

Wenn Grethlein die Bedeutung von Theologie für den Pfarrberuf hervorhebt, scheint er auf den ersten Blick offene Türen einzurennen, denn kaum einer zweifelt daran, dass die Verbindung von Pfarramt und wissenschaftlichem Theologiestudium eine Unerlässliche ist. Dennoch muss die Frage gestellt werden, ob die praktizierenden Pfarrer im Amt heute noch ausreichend genug Theologen sind. Grethlein bezweifelt dies.

Ähnliche Zweifel meldet auch die Journalistin Heike Schmoll an. Anlässlich ihrer theologischen Ehrenpromotion hat sie polemisch auf die „Figur des vorsätzlich ungebildeten Pfarrers" aufmerksam gemacht, „der den Willen zur Unbildung für ein Qualifikationskriterium erfolgreicher Berufsausübung hält", und resümiert: „je stärker sich die öffentlichen Vollzüge des Lebens verwissenschaftlichen, desto merklicher entwissenschaftlicht sich der kirchliche Protestantismus."[36]

Dieser Stachel macht Grethlein zu schaffen. Er will es nicht hinnehmen, dass der Pfarrerschaft ein Mangel an theologischer Leidenschaft bescheinigt wird.

---

34 Pierre Dubied, Die Krise des Pfarramts als Chance der Kirche, 142 f.
35 Christian Grethlein, Pfarrer – ein theologischer Beruf, 6.
36 zitiert nach Grethlein, A. a. O., 23.

> Bei einem „guten Arzt“ scheint es selbstverständlich, dass er zugleich ein guter Mediziner ist … Ebenfalls wird bei einem „guten Richter“ erwartet, dass er mit der neuesten Rechts- und Gesetzesentwicklung vertraut, also ein „guter Jurist“ ist. Anders scheint dies bei Pfarrern zu sein. „Gute Pfarrer“ müssen nach der Auffassung vieler Gemeindeglieder nicht unbedingt „gute Theologen“ sein. Bei Pfarrer-Wahlen in Gemeinden zählen kommunikative oder organisatorische Fähigkeiten oft mehr als vertiefte theologische Bildung … Bei den Pfarrern selbst verrät die Wahl der Fortbildungsveranstaltungen ein geringes Interesse an theologischen Themen im herkömmlichen Sinn; Kurse zu Organisations- und Verwaltungsaufgaben finden dagegen großen Zuspruch.[37]

Darum plädiert Grethlein dafür, „dass wissenschaftliche Erkenntnis nicht länger in erster Linie als Zugangsvoraussetzung zur Pfarramtsausbildung erscheint, sondern als deren qualitative Grundlegung“ dienen müsse.[38] Differenziert geht er dann der Frage nach, was die theologischen Fakultäten und eine Studienreform dementsprechend zu leisten hätten.

Gegenüber dem Begriff der „theologischen Kompetenz“ (Eilert Herms) bleibt Grethlein allerdings kritisch, weil diese Formel ihr integrierendes Potenzial verloren habe. Mittlerweile wird die theologische Kompetenz in eine Vielzahl von Einzelkompetenzen aufgespalten, die zwar die Vielfalt pastoraler Anforderungen katalogisierend abbilde, aber kein Integral mehr vermitteln könne. In den 80er Jahren wurde „theologische Kompetenz“ noch durch folgende Inhalte bestimmt:

> Kenntnis und Verständnis der kirchlichen Lehre, Identifikation mit dieser Lehre, Fähigkeit zur kommunikativen Vermittlung, Vermögen zur öffentlichen Vertretung und Fähigkeit zur Fortentwicklung der eigenen Kompetenz.

Diese Bestimmungen waren noch von einem Kirchenbild als lehrender Organisation ausgegangen, konnten sich aber nicht durchsetzen. Auch die drei weiteren Kriterien blieben weithin auf der Strecke:

---

37 A. a. O., 23 f.
38 A. a. O., 25.

die Fähigkeit zur wissenschaftlichen Urteilsbildung, die Aneignung unverzichtbaren Berufswissens und die Herausbildung einer persönlichen Identität.[39]

Nach Grethlein bleibt auch die neuere Aufteilung in Teilkompetenzen, wie sie das vom Rat der EKD 2006 herausgegebene Impulspapier „Kirche der Freiheit“ vertritt, unzulänglich. Dort ist von „Leuchtfeuern“ die Rede, in denen auch der Pfarrberuf Erwähnung findet und als „Schlüsselberuf der evangelischen Kirche“ beschrieben wird. In der Aufzählung finden sich dann neben der „theologischen“ die „seelsorgerliche Amtshandlungskompetenz“, eine „gabenorientierte Motivations- und Qualifikationskompetenz“ sowie eine „qualifizierte Führungskompetenz“ und eine „geistlich-missionarische Kompetenz“ des Berufsstandes.[40]

All das genügt Grethlein nicht, weil mit solcher Aufteilung die Theologie zur „Fachwissenschaft“ reduziert wird und viel von ihrer humanistischen Weite einbüsst. Bedenklich sei weiterhin, dass die Theologie auch an den Hochschulen marginalisiert werde, was freilich einer schleichenden Marginalisierung der Kirche in der Gesellschaft entspricht. Pfarrer geraten dadurch in eine Spannung zwischen kirchenamtlichen Erwartungen und dem konkreten professionsspezifischen Handeln.

Die Skylla der dogmatischen Festigkeit, aber lebensweltlichen Irrelevanz steht dabei der Charybdis der freundschaftlichen, aber unspezifischen Begleitung gegenüber, für die kein theologisch ausgebildeter Pfarrer notwendig ist. Hier wird also von den Pfarrern in hohem Masse die Integration von theologischer und kommunikativer Kompetenz gefordert. Theologie ist dabei nicht als eine methodisch kontrollierte und kritisch distanzierte Reflexion vorfindlicher Traditionen gefragt. Vielmehr geht es um die kommunikative Vermittlung einer auf die konkrete Lebensgestaltung bezogenen christlichen Perspektive, die sich im Alltag unter den Bedingungen des Pluralismus bewähren lässt.[41]

39 zitiert nach Grethlein, A. a. O., 44.

40 zitiert nach Grethlein, A. a. O., 79.

41 A. a. O., 71.

Auch in der Praxis, so Grethlein, sei es zu einer Marginalisierung der theologischen Reflexion gekommen. Er sieht „ein Zurücktreten der theologisch inhaltlichen Bestimmung pastoraler Praxis hinter die pastoralpsychologisch bestimmte Beziehungsarbeit.“[42] Darum wiederholt er seine Sorge, dass die von den Reformatoren nachdrücklich betonte Bedeutung von Theologie für den Pfarrberuf, heute undeutlich zu werden droht. Letztlich laufe es auf die Grundfrage hinaus: Definiert sich Theologie über einen Beruf bzw. eine Funktion oder über einen Gegenstand? Seine Antwort gibt Grethlein mit einem Rückgriff auf Schleiermachers Bestimmung von Theologie: Sie ist

> der Inbegriff derjenigen wissenschaftlichen Kenntnisse und Kunstregeln, ohne deren Besitz und Gebrauch eine zusammenstimmende Leitung der christlichen Kirche, d. h. ein christliches Kirchenregiment, nicht möglich ist.[43]

Grethlein räumt allerdings ein, dass ein Theologiestudium zunächst einmal einen Eigenwert habe. Es müsse nicht zwangsläufig ins Amt führen. In der pfarramtlichen Praxis hingegen braucht es gute Theologen, denn es ist die Theologie, welche die Kompetenz vermittelt, mit Pluralität differenziert umzugehen. Die aufgezeigte Spannung zwischen Funktions- und Gegenstandsbezug von Theologie kann Grethlein jedoch nicht überzeugend auflösen. Es bleibt ein fließendes „Sowohl als auch“.

Seine Forderungen richten sich darum vor allem auf das Theologiestudium im Sinne einer profilierteren Pfarrerausbildung, damit „Theologie sich intellektuell und kulturell auf der Höhe der Zeit befindet.“[44] Nur so könne die Herausforderung der Kirche, die Kommunikation des Evangeliums zu fördern, bewältigt werden.

---

42 A. a. O., 90.
43 A. a. O., 106.
44 A. a. O., 131.

6.5 Der Portier

Noch einmal anders nähert sich die Marburger Praktologin *Ulrike Wagner-Rau* einem zeitgemäßen Amtsverständnis an. Ihr geht es um eine Standortbestimmung des Pfarrers und der Pfarrerin im Wandel von Gesellschaft und Kirche. Den Begriff „Portier" hat sie dabei nie gebraucht. In ihrem Buch „Auf der Schwelle. Das Pfarramt im Prozess kirchlichen Wandels" (2009) legt sie dieses Bild jedoch nahe.

Wagner-Rau denkt ganz von der Kirche her, die sie gegenwärtig in einem Transformationsprozess sieht, von dem naturgemäß auch das Pfarramt betroffen ist. Darum will sie die Konturen des Pfarrberufs und seine Aufgaben im kirchlichen Wandel schärfen.

> Im Kontext einer sich verändernden Kirche ist der pastorale Beruf unzureichend bestimmt, wenn man ihn als Konzentration auf seine ihm traditionell zugehörigen ‚Kernaufgaben' von Gottesdienst, Seelsorge und Unterricht beschreibt … denn damit ist wenig darüber ausgesagt, in welchen Strukturen, mit welchem inhaltlichen Ziel, im Blick auf welche Zielgruppen und in welchen Kommunikationsformen ein Pfarrer sich betätigen soll … Es ist Achtsamkeit angebracht im Blick darauf, ob die Konzentration auf den ‚Kern' nicht unter der Hand zu einem Rückzug auf eine Aufgabenbestimmung wird, die den Herausforderungen der Gegenwart ausweicht.[45]

Für die gegenwärtig stattfindenden Veränderungen führt Wagner-Rau das Bild von der Schwelle ein. Dort, auf der Schwelle, sei die Kirche heute verortet. Zugleich markiert dieser Ort die Situation des Pfarramtes, denn mit der Transformation der Kirche gerät auch der Pfarrberuf in eine Schwellensituation. Er ist ein Beruf im Übergang. Darum sei es

> notwendig, Türen zu öffnen und Schwellen zu überschreiten, damit die Kommunikation des Evangeliums als zentraler Auftrag der Kirche öffentliche Wirkung entfalten kann.[46]

45 Ulrike Wagner-Rau, Auf der Schwelle. Das Pfarramt im Prozess kirchlichen Wandels, 14.

46 A. a. O., 14.

Wagner Rau ist sich bewusst, dass die „Schwelle" bzw. die Zonen um diese Schwelle herum, nur als vorläufige Orte für den Pfarrer, die Pfarrerin verstanden werden können, dass sie also nicht für einen Daueraufenthalt geeignet sind. Es bestehe aber die Chance, dass genau von diesem Provisorium produktive Impulse für das Selbstverständnis der Pfarrer und deren Aufgabenbestimmung ausgehen.

Das Bild von der Schwelle, als Übergangszone zwischen Innen und Außen, will Wagner-Rau metaphorisch verstehen und zu den Realitäten des Pfarrberufs in ein Verhältnis setzen. Dabei lässt sie sich durch vielfältige Assoziationen leiten. Unter anderem:

> Über die Schwelle wechselt man hin und her beim Eintreten und Verlassen eines Raumes. Sie verbindet – und sie unterscheidet Innen und Außen. An der Schwelle berühren sich unterschiedliche Dimensionen der Wirklichkeit. Die Schwelle ist eine Grenze. Um die Schwelle herum beginnen Austauschprozesse: Was innen ist, wirkt nach außen, und vom Äußeren dringt etwas nach innen. Von der Schwelle her kann man den Innenraum aus einer gewissen Distanz wahrnehmen.[47]

Für den Pfarrer ist diese Schwellensituation deshalb von Bedeutung, weil hier wichtige Begegnungen und Bewegungen stattfinden.

> Nicht zuletzt ist die Schwelle ein Zwischenraum, in dem selbstverständliche Sicherheit eher rar ist, Beunruhigung unvermeidlich und das Neue allenfalls in Ausschnitten sichtbar.[48]

So gesehen dürfte die Funktion des Pfarrers bzw. der Pfarrerin als „Portier" vielleicht etwas salopp, aber doch angemessen bezeichnet sein.

Wagner-Rau beschreibt nun auf diesem Hintergrund Spannungen im Pfarrberuf und macht sie vor allem an zwei Problemfeldern fest. Zum einen „Hoher Druck – wenig Struktur", zum anderen „Faktische Diffusion – erwünschte Konzentra-

---

47 A.a.O., 119.
48 A.a.O., 7.

tion". Genau dies kennzeichne den Pfarrberuf im Übergang. Der hohe Druck sei zum Teil selbst gemacht.

> Es geht nicht nur darum, was der Pfarrer wirklich tun und welchen Anforderungen von außen die Pfarrerin genügen muss, sondern es sind ebenso eigene Ansprüche, die in die Gemeindeglieder oder die Vorgesetzten hineinprojiziert werden. Es gibt die Angst – und es scheint, dass sie gegenwärtig wächst –, nicht zu genügen.[49]

Die unterschiedlichen, teils widersprüchlichen Erwartungen und Tätigkeiten machen es dann schwer, sich in diesem unübersichtlichen Feld zurechtzufinden. Dem steht ein schwach strukturierter Rahmen gegenüber, der Pfarrern viel Freiheit einräumt, aber wenig verbindliche Aufgaben und Ziele vorgibt. Daher wird von der Pfarrerin und vom Pfarrer viel eigene Strukturierungsleistung verlangt.

Wagner-Raus Überlegungen zielen auf eine produktive Spannung, die entstehen kann, wenn klar beschriebene Aufgaben und Ziele mit jenem Freiraum konfrontiert werden, der als Bedingung für Spontaneität und Kreativität zu erhalten ist. Freiraum und Grenzen sollen einander fruchtbar beeinflussen. Dafür sind sowohl Zeiten konzentrierter Selbstreflexion wichtig, ebenso aber auch die Unterstützung durch ein externes Gegenüber.

> Jeder Pfarrer und jede Pfarrerin braucht kollegiale Beratung und Austausch, Supervision, differenzierte Rückmeldungen durch Gemeindeglieder und Vorgesetzte, die als eine Qualitätskontrolle im Sinne einer realistischen Einschätzung der eigenen Arbeit und ihrer Perspektiven fungieren.[50]

Zum anderen beschreibt Wagner-Rau eine faktische Diffusion bei erwünschter Konzentration. Schon die Situation der Kirche sei vieldeutig und könne daher, jeweils mit guten Gründen, auch unterschiedlich beurteilt werden. Es sei vor allem die Pluralität der kirchlichen Wirklichkeit, die den Pfarrern eine klare

49 A. a. O., 23.
50 A. a. O., 28.

Handlungsorientierung erschwere. Das Feld möglicher Aufgaben ist bekanntlich nahezu unbegrenzt. Zugleich wird deutlich, dass die Ressourcen weniger werden. Das verlange von Pfarrern und Gemeinden eine Konzentration auf Wesentliches.

> Die Frage, was sinnvoll zu tun sei, erfordert nicht nur eine differenzierte Wahrnehmung der Lage, sondern auch klare Entscheidungen für, aber ebenso gegen mögliche und sinnvolle, vielleicht sogar notwendige Aktivitäten.[51]

Konzentration bedeutet, bestimmte Ausschnitte der Wirklichkeit stärker zu fokussieren und andere zu vernachlässigen. Dafür braucht es zunächst einmal eine Auseinandersetzung über inhaltliche Kriterien, dann aber den Mut, auch Risiken einzugehen und Fehler zu machen.

Wagner-Rau will mit ihren Impulsen jedoch nicht einem Abbau das Wort reden. Sie legt Wert darauf, dass Pfarrer sich gleichzeitig auf die nötigen Reformprozesse der Kirche einlassen und den strukturellen Wandel aufmerksam mitgestalten. Dafür müsse in der Kirche stärker daran gearbeitet werden, wie klarer geleitet und deutlicher entschieden wird. Wagner-Rau möchte in diesem Zusammenhang auch die Lust, oder wenigstens die Bereitschaft wecken, sich darauf einzustellen, dass die Suche nach neuer Ordnung zunächst Unordnung erzeugt.

> Die Metaphorik der Wüstenwanderung, die Fortschritte und Rückschritte, Umwege und klare Orientierung, Konflikt, Widerstand und Gemeinsamkeit umschliesst, stellt eine Fülle von Bildern und Vorstellungen zur Verfügung, die zum Verstehen, zum Gestalten und zum Ertragen der komplexen Verwandlung der Kirche in der Gegenwart hilfreicher sein dürften als eine zu enge Bindung an die Zielorientierungen einer unternehmerischen Organisationskultur.[52]

Dennoch sollten Pfarrer viel dafür tun, um sehr genau zu wissen, wie sie ihr Tätigkeitsfeld konturieren wollen. Dabei gehe

51 A. a. O., 29.
52 A. a. O., 31.

es nicht nur darum, die lokalen Interessen ihrer jeweiligen Gemeinde wahrzunehmen, sondern ebenso um die Aufgabe, die Gemeinde für ihre Situation als Teil der Gesamtkirche zu sensibilisieren.

Wagner-Rau bezieht die erwähnten Spannungen und Herausforderungen im Folgenden auf die Situation des gegenwärtigen Übergangs, in der Pfarrer ihre besondere Funktion wahrnehmen sollen. Für Pfarrer und Pfarrerin, in ihrer Rolle als Portier, sieht Wagner-Rau folgende Schwerpunkte: Erstens sei es

> unumgänglich, sich auf die individualisierten Religionsformen der Gegenwart einzustellen und ihnen mit einer Haltung des Interesses und der Dialogbereitschaft zu begegnen … Sodann aber ist auch eine Auseinandersetzung über die theologisch grundlegenden Überzeugungen des christlichen Glaubens zu führen … Es geht nicht nur um die Frage angemessener Kommunikationsformen, sondern ebenso um eine Reformulierung und neue Erschließung der Inhalte … Schließlich ist es nötig, sich nicht nur mit einer neuen Klarheit, sondern auch mit einer – ebenso selbstbewussten wie grenzbewussten – Bescheidenheit in einem Feld zurechtzufinden, dessen inhaltliche und rituelle Kontur mittlerweile auch von anderen mitgestaltet- und bestimmt wird.[53]

Für diese Herausforderungen sieht Wagner-Rau den Pfarrberuf primär als ein vermittelndes Amt. Aufgrund ihrer Berufung haben Pfarrer und Pfarrerinnen ihren Platz auf der Schwelle. Sie gehören in die Gemeinde, halten aber zugleich die Tür geöffnet für jene Anliegen, die von außen kommen. Sie sind diejenigen, die darauf zu achten haben, dass die Tür nicht verschlossen ist. Nicht, dass sie alle und alles widerspruchslos ein- und ausgehen lassen sollten. Doch es gehöre zu ihrem Amt, sicherzustellen, dass die Begegnung mit anderem und anderen nicht aussperrt, sondern gesucht und ermöglicht wird.

Immer wieder betont Wagner-Rau, dass die Schwelle als Ort des Übergangs von den Pfarrern vor allem die Fähigkeit des vermittelnden und deutenden Handelns verlangt.

---

53 A. a. O., 48.

> Texte und Symbole der Tradition sind in Beziehung auf lebensgeschichtliche Themen der Menschen und ihre gesellschaftlichen Kontexte hin zu lesen, auszulegen und darzustellen … Sie (die Pfarrer) müssen dafür selbst hin- und hergehen über die Schwelle, hier wie dort intensiv wahrnehmen und reflektieren, damit sich in ihrer eigenen Sicht auf die Wirklichkeit Tradition und Phänomene der gelebten Wirklichkeit miteinander verbinden und wechselseitig erschließen.[54]

Diese vorgebrachten Anliegen klingen, zumindest in solch allgemeiner Fassung, derart richtig, dass man ihnen nur zustimmen kann. Für eine gegenwärtige Profilierung des Pfarrberufs reichen allgemeine Beschreibungen für vermittelnde Kommunikationsvorgänge jedoch nicht mehr aus. Um den Aufgaben des Pfarrers Konturen zu verleihen, wäre mehr inhaltliche Präzision nötig. Dennoch kann es für Pfarrerinnen und Pfarrer hilfreich sein, sich ihres Ortes auf der Schwelle bewusst zu werden und die besonderen Möglichkeiten für die Kirche im Übergang zu erkennen. Wagner-Rau jedenfalls sieht darin eine Chance.

> In den Räumen um die Schwelle herum halten sich besonders die Neugierigen, Suchenden, Fragenden und Unsicheren auf. Wer selten eintritt in den Raum und sich nicht oder wenig zugehörig fühlt zu denen, die darin sind, bleibt erst einmal in der Nähe der Tür stehen: So kann man immer noch den Rückzug antreten. Wer dazu gehört, aber unsicher wird, ob er bleiben soll, bewegt sich tendenziell in die Nähe der Schwelle, von der her der Blick nach draußen möglich wird. Manche gehen viele Male an der Tür vorbei, ehe sie sich zum Eintreten entschließen, andere wechseln mehr hin und her über die Schwelle. Viele warten nahe der Schwelle darauf, angesprochen, gefragt, vielleicht sogar abgeholt zu werden. Andere schrecken zurück, wenn sie zu einem expliziten Überschritt gedrängt werden. Aufmerksamkeit und Sensitivität für die Schwelle als Zonen individueller, oft punktueller Kontakte zur Kirche und religiöser Suchbewegungen sind in der Gegenwart eine wichtige Qualität pastoralen Handelns, denn in

54 A. a. O., 122.

> diesen Zonen entscheidet sich viel im Blick auf die Bereitschaft, in der Nähe christlich-religiöser Fragen und an einer kirchlichen Zugehörigkeit interessiert zu bleiben.[55]

Wagner-Rau, die in der Übergangssituation der Kirche vor allem auf Kommunikationsvorgänge setzt, mahnt zugleich, dass solche Kommunikation nur gelingen kann, wenn Pfarrer keine absoluten Ansprüche auf das Engagement der Menschen stellen und auf allzu klare Distinktionen zwischen Innen und Außen, Zugehörigkeit und Nichtzugehörigkeit verzichten. Klare Unterscheidungen im Blick auf eine Kirchenbindung lasse sich heute nämlich kaum verantworten, weil sie sich vieldeutig und wechselhaft zeige. Dafür habe die Pfarrerin und der Pfarrer auf der Schwelle offen zu sein.

Manfred Josuttis, Isolde Karle, Paul Bernhard Rothen, Christian Grethlein und Ulrike Wagner-Rau – jeder von ihnen hat aus je unterschiedlicher Perspektive eine Profilskizze für ein zeitgemäßes Pfarramt erarbeitet. Wollte man ihre Anliegen und Forderungen synoptisch aufreihen, ergäbe sich ein kaum lesbares Bild. Wie sich bei einem Architekturwettbewerb die eingereichten Skizzen nicht miteinander kombinieren lassen, so macht es auch hier keinen Sinn, Verschiedenes miteinander mischen zu wollen. Damit würden genau jene Konturen, die einem modernen Berufsbild Profil geben wollen, wieder eingeebnet und verwischt. Hingegen kann es hilfreich sein, die genannten Problemstellungen, Themen, notwendige Korrekturen und Leitlinien für das Berufsbild des Pfarrers festzuhalten.

In vorläufiger Sicht hat sich gezeigt, dass es in den pastoraltheologischen Entwürfen in erster Linie nicht mehr um die Person des Pfarrers und seine Befindlichkeiten geht, sondern stärker um dessen Auftrag und die Fähigkeit, das Pfarramt als Profession anzunehmen und auszufüllen. Dass es in der Übergangssituation der Kirche durch die Pfarrer eine bewusste Wachheit für jene Menschen braucht, die als Grenzgänger auf der Schwelle verstanden werden können, hat Ulrike Wagner-

55 A. a. O., 125 f.

Rau hervorgehoben. Sie fordert dafür eine sensible Kommunikation zwischen Innen und Außen.

In den anderen Entwürfen hat sich eine Art Rückbindung auf die pastoralen Kernaufgaben, oder, wenn man so will, eine Renaissance der klassischen pfarramtlichen Zuschreibungen abgezeichnet. Im Zentrum steht die Kunst, das Evangelium sachgerecht zu kommunizieren und die Sakramente zu vollziehen. Neu ist allerdings eine Aufwertung von Frömmigkeit und Spiritualität. Bemerkenswert sind weiterhin die neue Klarheit in den funktionalen Zuschreibungen sowie die Forderung nach mehr theologischer Kompetenz. Mit diesen Konturen ließe sich ein zeitgemäßes Bild für den Pfarrberuf etwa so malen:

Pfarrer verstehen sich als Schriftgelehrte und Verwalter der Sakramente, als Geistliche, die in den Bereich des Heiligen führen. Ihr Beruf ist Profession, die sich an der Sachthematik des Evangeliums ausrichtet. Der Pfarrer bzw. die Pfarrerin ist eine gute Theologin und für die Vermittlung von Glauben zuständig. Dafür hat er oder sie sich die nötigen Kompetenzen angeeignet. Sie führen ihr Amt im Bewusstsein, dass gerade dieses Amt (mit seinem Nimbus), sie als Person trägt.

7 Der öffentliche Auftritt

7.1 Kirche repräsentieren

Das Pfarramt ist ein öffentliches Amt und daher mit öffentlichen Auftritten verbunden. Solche Auftritte finden zum einen im öffentlich-gesellschaftlichen Rahmen statt, in welchem der Pfarrer Kirche repräsentiert, zum anderen geht es um die Art und Weise, wie er im Gottesdienst, bei Kasualien und anderen kirchlichen Anlässen in Erscheinung tritt. Für den Pfarrer kann ja selbst der Kirchenkaffee oder der Geburtstagsbesuch bei Gemeindegliedern zum öffentlichen Auftritt werden.

Im evangelischen Kontext wird dieser Seite des Pfarramts wenig Aufmerksamkeit zuteil. Natürlich soll und kann es nicht um einen Auftritt wie bei Thomas Gottschalk gehen. Nicht Show ist gefragt, wohl aber eine angemessene Präsenz. Und diese hängt sowohl mit der religiösen Identität als auch mit dem pastoralen Selbstverständnis zusammen. Es ist eben keine Nebensächlichkeit, sondern Teil ihrer Profession, dass Pfarrer und Pfarrerin innerhalb ihrer sozialen Rolle und kirchlichen Funktion standesgemäß auftreten, das heißt, in Raum und Zeit bewusst präsent sind. Man kann von ihnen einen Auftritt erwarten, der sich in der jeweiligen Situation der eigenen Absichten sehr wohl bewusst ist, bei gleichzeitiger Wachheit für die Erwartungen anderer.

Eine authentische Vermittlung von Institution und Person, von Tradition und Individualität, gehört zu den Berufsanforderungen. Wiederum hängt einiges davon ab, wieweit der Pfarrer, die Pfarrerin Klarheit über die eigene Rolle herstellen kann.

> Infolge des gesellschaftlichen Wandels ergibt sich für die Öffentlichkeit des Pfarrers (also) ein veränderter Bezugshorizont, der zu einer Auseinandersetzung mit der Frage nach der eigenen religiösen Identität nötigt, aber ebenso den Dialog, die Verständigung und die Arbeit an konstruktiven Möglichkeiten des Zu-

> sammenlebens erforderlich macht. Man muss besser Bescheid wissen über die Essentials und die Leistungsfähigkeit der eigenen religiösen Vorstellungen.[1]

Dies umso mehr, da der Pfarrer eben nicht nur binnenkirchlich, sondern auch nach außen in den unterschiedlichsten gesellschaftlichen Milieus kommunizieren und Kirche vertreten soll.

> Im öffentlichen Amt sind Pfarrer und Pfarrerinnen heute nicht nur für eine Förderung der religiösen Kommunikation in der Gemeinde verantwortlich. Sie werden auch und besonders dafür gebraucht, als theologisch Gebildete den Dialog mit den anderen anzuregen, damit der Beitrag des christlichen Selbst- und Weltverständnisses für die Gegenwart verständlich und öffentlich sichtbar werden kann.[2]

Somit ließe sich sagen, dass es heute, in einer Zeit der kirchlichen Entfremdungen, ein Erfordernis pfarramtlicher Kompetenz wurde, eine Innen- und eine Außenperspektive auf Theologie und Glauben zu unterscheiden. Pfarrer sollten in der Lage sein, jeweils zu unterscheiden, ob die konkrete Situation es eher erfordert, von Menschen verstanden zu werden, die die eigene Orientierung nicht oder nur in Ansätzen teilen, oder ob es stärker um die Bestätigung oder Klärung eines Binnendiskurses unter bewussten Christen geht. Während sich bei Letzterem durch die gemeinsame Basis vieles von selbst versteht, nötigt der Auftritt im ersten Fall dazu, sich selbst und die eigenen Überzeugungen von außen wahrzunehmen, um überhaupt eine gemeinsame Ebene der Kommunikation erreichen zu können.

> Dabei ist der Repräsentanzaspekt nicht nur als Last anzusprechen. Vielmehr liegen hier erhebliche Chancen und Handlungsmöglichkeiten; sie werden z.B. immer dann deutlich, wenn der Pfarrer mit Organisationen oder Institutionen zu verkehren hat. Nicht nur hier macht sich der Vertrauensvorschuss bemerkbar,

---

1 Ulrike Wagner-Rau, Auf der Schwelle, 121.
2 A.a.O., 122.

der von vielen Menschen dem Amt des Pfarrers ganz selbstverständlich eingeräumt wird; er ist ein hohes Gut, das viele Formen individueller Arbeit erst ermöglicht und trägt.[3]

Nun ist das Repräsentieren gewiss nicht jedermanns Sache und manche empfinden es tatsächlich nur als Zumutung oder Bürde. Anderen wiederum macht es Freude und sie können mit ihren Auftritten durchaus etwas bewirken, was über eine momentane Aufmerksamkeit hinausreicht. Wenn es zum Beispiel gelingt, Menschen durch einen öffentlichen Auftritt zu bewegen, der Kirche und ihren Anliegen mit größerem Interesse und Respekt zu begegnen, dann gehört das zu den Erfolgserlebnissen im Pfarreralltag. Kirche zu repräsentieren kann Freude machen und Wirkung erzielen.

Natürlich lauern auch in diesem Bereich einige Fallen, nicht zuletzt die der Eitelkeit oder Profilierungssucht. Außerdem sollt man es bei öffentlichen Auftritten vermeiden, eigene Kritik an der Kirche oder ihrer Leitung um einer vermeintlichen Zustimmung des Publikums willen öffentlich auszubreiten oder sich mit externer Kirchenkritik zu solidarisieren. Das führt in der Regel zur Verwirrung. Die Menschen erwarten, dass die Pfarrerin für die Kirche steht und dies auch begründen kann. Dabei geht es um mehr als um eine berufsmäßige Loyalität. Auch Kirchenferne wollen spüren, wofür des Pfarrers Herz schlägt, selbst wenn sie anderer Meinung sind.

Faire Auseinandersetzungen sind auch für Pfarrer und Pfarrerin reizvoll, weil sie zum einen dazu herausfordern, für die eigene Sache Rede und Antwort zu stehen, zum anderen den Blick über die kirchliche Binnenlandschaft hinaus erweitern. Schon allein darum ist den Pfarrern mehr Mut zum Repräsentieren zu wünschen, nicht als Pflichtübung oder zur Selbstdarstellung, wohl aber als Chance, Kirche nach außen zu vertreten und sich dabei vom Amt getragen zu wissen.

Es liegt auf der Hand, dass es auch dafür einige Rollensicherheit braucht, die Pfarrer und Pfarrerinnen sich aneignen sollten.

3 Evangelische Kirche von Kurhessen-Waldeck: Das Amt des Pfarrers und der Pfarrerin in der modernen Gesellschaft, 31.

Es hat durchaus Gewicht, wie Pfarrer in der Öffentlichkeit Kirche repräsentieren und wie sie dabei als Person wahrgenommen werden. Idealerweise ist es ein Auftritt, bei dem andere den wachen, sensiblen Zeitgenossen erkennen. Hemdsärmlichkeit ist dabei ebenso wenig am Platz wie die steife Pose einer Honoration. Welt verachtende Distanz verbietet sich ebenso wie ein Auftritt als leutseliger Allesversteher. Geschätzt und respektiert wird vielmehr die Pfarrerin, die erkennbar und ohne Arroganz als Geistliche auftritt, zuhört, eigene Meinungen vertritt, zum Dialog inspiriert und diesen klug führt.

> Nur durch den differenzierten und vielperspektivischen Bezug auf die Erwartungen anderer ist es im Pfarrberuf möglich, Verhaltenssicherheit zu entwickeln, taktvoll, umsichtig und sozial gewandt individuelle Perspektiven zu kommunizieren und dabei in professioneller Autonomie die Erwartungen anderer gelegentlich auch mutig zu enttäuschen.[4]

7.2 Gottesdienst und Öffentlichkeit

Dass unsere Gottesdienste eine Sache der Öffentlichkeit sind, galt bislang als selbstverständlich. Aus theologischen Gründen ist auch weiterhin daran festzuhalten, selbst wenn es in der Moderne berechtigte Einwände gegen diesen Anspruch gibt. Die öffentliche Bedeutung der Gottesdienste als repräsentative Darstellung im Kirchengebäude wird heute zunehmend in Frage gestellt. Dies hängt vor allem mit der Beteiligung am Gottesdienst zusammen, die im gesamten westeuropäischen Bereich stetig abnimmt. In den reformierten Kirchen erreicht der sonntägliche Gottesdienst nur gerade mal 3 bis 4 % der Kirchenmitglieder.

Eine sehr pauschale Umfrage von 2008 zum Gottesdienstbesuch in der Schweiz hat aufgezeigt, dass 20 % der Schweizerinnen und Schweizer die Kirche nie besuchen, 46 % nur zu spe-

4 Isolde Karle, Der Pfarrberuf als Profession, 316.

ziellen Gelegenheiten wie Taufe, Hochzeit oder Beerdigung in eine Kirche gehen, 13 % sie ein paar Mal im Jahr, 11 % einmal im Monat, 7 % wöchentlich besuchen. Diese Umfrage hatte nicht zwischen reformierten und katholischen Christen unterschieden. Für die reformierte Seite allein dürften die Zahlen um einiges tiefer liegen. Verallgemeinernd lässt sich weiter feststellen, dass Städter deutlich seltener in die Kirche gehen als Menschen, die auf dem Land leben.

Hinzu kommt ein zweiter Einwand gegen den Anspruch auf Öffentlichkeit der Gottesdienste: Die zur gottesdienstlichen Feier Versammelten spiegeln nicht die Gesamtheit der Kirchengemeinde wieder. Überrepräsentiert sind Frauen, insbesondere nicht berufstätige und ältere Menschen, die aus dem aktiven gesellschaftlichen Leben ausgeschieden sind. Also gerade diejenigen gesellschaftlichen Gruppen, die Öffentlichkeit in starkem Maße bestimmen, sind in den Gottesdiensten eine Minderheit.

Pfarrer, Mitarbeiter und den Kirchenvorstand muss dieses Wissen eigentlich in Verlegenheit bringen, dann nämlich, wenn zu entscheiden ist, ob bei der Gestaltung ihrer Gottesdienste all die potenziellen Besucher mit einbezogen werden sollen oder in erster Linie jene Gemeindeglieder anzusprechen sind, die zur sogenannten Kerngemeinde gehören. Sollen die Gottesdienste sich darauf konzentrieren den Glauben jener zu stärken, die kommen, oder jene Menschen ansprechen, die gelegentlich dabei sind, um diese für den Glauben zu gewinnen? Form, Sprache und inhaltliche Gestaltung müssten dann dementsprechend andere sein.

Damit stellt sich die Frage, ob selbst dann, wenn Gottesdienste einen Bezug zur Öffentlichkeit herstellen wollen, dies überhaupt gelingen kann. Vieles hängt dabei eben auch davon ab, was der jeweilige Pfarrer unter Öffentlichkeit verstehen will: eine kirchliche Binnenöffentlichkeit oder eine gesellschaftliche Öffentlichkeit? Doch auch für den Fall, dass man sich für eine die Kirchgemeinde übersteigende Allgemeinheit entscheidet, müsste weiter differenziert werden, weil es eine umfassende gesellschaftliche Öffentlichkeit nicht mehr gibt. Im Prozess der gesellschaftlichen Differenzierungen, insbesondere seit dem 19. Jahrhundert, veränderte sich auch das Verständnis von Öffentlichkeit.

Karl-Fritz Daiber konnte die Herausbildung verschiedener Öffentlichkeiten nachzeichnen, die sich auf unterschiedlichen Ebenen in lokale, nationale und internationale Öffentlichkeit differenziert hat.[5] Darüber hinaus haben Verbände und andere Organisationen eine ihren Interessen entsprechende interne Öffentlichkeit ausgebildet. Und schließlich hat sich eine breite Medienöffentlichkeit mit je eigenen Spielregeln etabliert (Presse, Rundfunk, Fernsehen, Internet) sowie eine Diskussionsöffentlichkeit von verschiedensten alternativen Gruppen.

Nach wie vor wird die Gesellschaft auch durch die Fortdauer einer Repräsentationsöffentlichkeit geprägt, zu der die Gottesdienste zählen, ebenso wie Formen künstlerischer, wissenschaftlicher und staatlicher Repräsentanz. Solche Entwicklungen lassen deutlich werden, dass die Gegenstände öffentlicher Meinungsbildung weder selbstverständlich gegeben sind noch dass ein Interesse daran immer schon vorausgesetzt werden kann. Dies gilt auch für die Kirche und in besonderem Maße für ihre Gottesdienste. Öffentlichkeit kann nicht vorausgesetzt, sondern muss hergestellt werden. Nur wenn dies gelingt, wird Kirche am Prozess öffentlicher Meinungsbildung überhaupt beteiligt sein.

Damit sind Pfarrer herausgefordert, die religiöse Botschaft in öffentlich verständliche Kommunikation zu transformieren, ohne dabei deren Inhalt zu verwässern. Die Schwierigkeit dieser Aufgabe liegt auf der Hand:

> Die Teilhabe am öffentlichen Diskurs der Verbände macht es in der Regel erforderlich, dass religiöse Themen in politische bzw. ethische transformiert werden. Es ist davon auszugehen, dass in der Gesellschaft ein latenter Ideologieverdacht dem Religiösen gegenüber besteht, ganz abgesehen von dem öffentlich kaum diskutierten, aber noch wirksamen Vorbehalt, dass in einer rationalitätsbestimmten Welt Religion allenfalls Spielwiese von Einzelnen ist.[6]

---

5 Siehe Handbuch der Liturgik, 577 ff.

6 A. a. O., 583.

Gottesdienste stellen nun aber keine Diskussions-, sondern eine Repräsentationsöffentlichkeit dar. Dort soll die Gemeinsamkeit des Glaubens dargestellt und gefeiert werden. An diesem Prozess ist übrigens auch die große Mehrheit jener beteiligt, die in der Gestaltung des Gottesdienstes keine aktive Rolle spielt, vorausgesetzt, sie hat die Fähigkeit erworben, in der Symbolsprache des Glaubens zu kommunizieren.

Weil und insofern Gottesdienste auf die zentralen Symbole des christlichen Glaubens zurückgreifen und damit eine historisch vermittelte Symbol- und Ritualsprache vermitteln, setzt die Kommunikation des Evangeliums eine Einübung in diese Symbolsprache voraus.

> Für die Öffentlichkeit des Gottesdienstes erwachsen von daher zumindest drei Probleme: einmal die Schwierigkeit, der sich repräsentative Öffentlichkeit überhaupt aussetzt, zum anderen die spezifische Problematik religiöser Kommunikation, die im christlichen Gottesdienst nicht durch ethischen oder politischen Diskurs ersetzbar ist, und schließlich die symbolisch-rituelle Kommunikation, die Einübung in die Tradition voraussetzt. Speziell die Kommunikationsstruktur des Gottesdienstes entwickelt deshalb heute – fast gegenläufig zur theologischen Norm, die seine Öffentlichkeit postuliert – Exklusivität. Dieser kann entgegengewirkt werden, sie ist aber nicht gänzlich zu vermeiden. Fremdheitserfahrungen können reduziert, aber nicht ausgeschlossen werden. So erreichen selbst Mediengottesdienste schwerpunktmäßig religiös Engagierte, weniger … distanzierte Kirchenmitglieder oder gar nichtreligiöse Menschen.[7]

Karl-Fritz Daiber macht in diesem Zusammenhang auf die Schwächen evangelischer Gottesdienste aufmerksam, die sich im Blick auf die Kommunikation grundlegender, allgemein verbindlicher öffentlicher Sachverhalte zeigen. Zunächst verweist er auf den Umstand, dass die „Objektivität" des Rituals häufig problematisiert werde. Des Weiteren stehe die dogmatische Verkündigungssprache der Predigt im Wege. Und schließlich sei die Suche nach Elementen subjektiver Betroffenheit und per-

7 A.a.O., 584.

sönlicher Gemeinschaft, eine Praxis also, die der Suche nach Intimität Ausdruck geben will, problematisch.

Andererseits gibt es (noch) gute, geradezu privilegierte kulturelle Rahmenbedingungen, der sich Pfarrer ebenso bewusst sein dürfen. Dazu gehören unsere religiös überformten Zeitstrukturen: der Wochenablauf mit dem Sonntag und das Jahr mit den großen christlichen Festen. Weiterhin sind die kirchlichen Gebäude, in denen Gottesdienste gefeiert werden, ein nicht zu unterschätzender Bonus für Öffentlichkeit. Die Kirchen bestimmen weithin unsere Ortsbilder.

> Als offene Orte der Stille haben sie in den großen Städten und touristischen Zentren vermutlich mehr Bedeutung als gemeinhin angenommen wird. Die in der Regel verschlossenen protestantischen Kirchen könnten möglicherweise zu Symbolen einer sich abschottenden christlichen Gemeinde werden.[8]

Zu nennen sind auch die Medien, vor allem die Lokalpresse, welche in der Regel ein publizistisches Interesse daran hat, auf kirchliche Anlässe und besondere Gottesdienste der Ortsgemeinden hinzuweisen. Zu den Öffentlichkeit stützenden Rahmenbedingungen gehören schließlich die biografischen Gottesdienste der Kasualien. Nicht nur für die unmittelbar Betroffenen, sondern auch für einen größeren Kreis ermöglichen sie Erfahrungen mit unserer Gottesdienstkultur.

Es reicht heute nicht, wenn Pfarrer meinen, ihre Gottesdienste seien doch „für alle offen", während sie doch tatsächlich in Sprache, Inhalt und Stil für eine „Kerngemeinde" oder binnenkirchliche Öffentlichkeit predigen, beten und feiern.

> Grundlegend für die öffentliche Gottesdienstgestaltung ist die innere Bejahung des Öffentlichkeitsbezugs, heute weniger eines missionarischen oder eines dogmatisch belehrenden Öffentlichkeitsbezugs, sondern eines Öffentlichkeitsbezugs, der sich in die öffentliche und d.h. pluralistische Diskussion einbringt … Auf öffentliche gottesdienstliche Kommunikation bezogen heißt dies: Der Gottesdienst muss immer schon die Absicht haben, den Kreis der im engeren Sinne ihn Bejahenden zu überschreiten.

---

8 A.a.O., 587.

> Oder anders gefasst: Die Gottesdienstgestaltung muss zulassen, dass außer der beteiligten Gemeinde ein interessiertes Publikum mit den Adressatenkreis der gottesdienstlichen Kommunikation bildet. Der Gottesdienst muss offen sein für den gelegentlichen ‚Besucher', der dazukommt, wieder weggeht oder bleibt, dann nämlich, wenn immer er in eine ihn betreffende Kommunikationsgemeinschaft hineingenommen wird.[9]

Offensichtlich sind heute, stärker als in früheren Zeiten, unterschiedliche Gottesdienstkonzepte nötig. Es braucht, zumindest in den größeren Gemeinden des urbanen Umfeldes, den Gottesdienst für eine volkskirchliche Öffentlichkeit ebenso wie Feiern für kleinere, intime Gruppen, für Familien oder liturgische Ästheten, die mit der Sprache und den Ritualen der Tradition vertraut sind. Immer mehr Kirchgemeinden experimentieren bereits mit Gottesdienstformen, die jeweils ein klares Profil ausweisen und sich an je andere Personengruppen richten. Der Aufwand dafür ist erheblich und in der Praxis begrenzt, doch jene Kirchgemeinden, die sich darauf einlassen, machen in der Regel gute Erfahrungen. Wie immer die Schwerpunkte dabei gesetzt werden, die Öffentlichkeit des Gottesdienstes bleibt eine wesentliche Gestaltungsaufgabe.

7.3 Gottesdienst inszenieren

Für Reformierte ist es eine noch neue und ungewohnte Herausforderung, den Gottesdienst zu „inszenieren". Viele Pfarrer und Pfarrerinnen sind darin ungeübt. Der öffentliche Auftritt im Gottesdienst gehört jedoch zum Kernauftrag der Pfarrer und verlangt daher ein professionelles Engagement. Nun ist das Inszenieren aber bei Weitem nicht eine Sache der Technik allein, sondern vor allem eine Sache der inneren Einstellung, und in diesem Sinn auch ein Spiegel der spirituellen Ausrichtung des Pfarrers, bzw. der Pfarrerin.

9 A. a. O., 588.

Mittlerweile wächst, vor allem bei jüngeren Pfarrern, ein neues Bewusstsein für die Gestaltungsaufgabe des Gottesdienstes. Seit Längerem gibt es Bemühungen, das Kirchenjahr bewusster zu begehen, das gemeinsame Psalmgebet der Gemeinde zu pflegen, Lektoren einzubeziehen und eine größere formelle Vielfalt für je unterschiedliche Personengruppen oder Frömmigkeitsstile anzubieten.

Zur liturgischen Herausforderung der Gottesdienstgestaltung gehört die Einsicht, dass der Gottesdienst ein Ritual ist. Traditionell und mit gutem Grund steht im reformierten Gottesdienst das biblische Wort im Zentrum. Die rituelle Entfaltung des Wortgeschehens hingegen wurde vernachlässigt. Doch bei Lichte besehen zeigt sich auch der evangelische und reformierte Gottesdienst als Ritual, und zwar als zu gestaltendes und zu inszenierendes Ritual. Unter Ritual wollen wir dabei zunächst nichts anderes verstehen, als die bewusste Wiederholung von etwas, das nicht neu erfunden, sondern erneut im Bewusstsein der Wiederholung begangen wird. Schon solch ein allgemeines Verständnis legt allerdings nahe, dass Rituale erlernt und eingeübt werden müssen.

Nun verlaufen die evangelischen Liturgien, trotz hilfreicher und mehr oder weniger verbindlicher Agenden, nicht nach einem festgelegten Schema. Die Kirchen der Reformation haben in der Gestaltung der Gottesdienste großen Freiraum gelassen. Dennoch sollen unsere Gottesdienste wiedererkennbar, nachvollziehbar und als gestaltetes Ritual erkennbar sein.

Andererseits können sie nicht völlig im Ritual aufgehen, denn das evangelische Schriftprinzip lässt immer wieder neu fragen, was Christus entspricht. Darum haftet dem evangelischen Gottesdienst wohl immer etwas Ritualkritisches an. Die vorbehaltlose Freude am Vollzug von Ritualen, wie sie im ökumenischen Kontext zu finden ist, bleibt dem Protestantismus weithin fremd.

In den evangelischen Kirchen Deutschlands liegt seit 1999 eine Agende vor, die in den meisten Landeskirchen verbindlich eingeführt wurde (Evangelisches Gottesdienstbuch). Dort werden bisher getrennte Gottesdiensttraditionen zusammengeführt und gleichzeitig eine Vielfalt an Gestaltungsmöglichkeiten aufgezeigt, aus der die Verantwortlichen bewusst auswählen können, was ihnen in ihrer Situation jeweils angemessen erscheint.

In den Landeskirchen der Schweiz lassen sich ähnliche Tendenzen zu größerer Verbindlichkeit ausmachen. Zunehmend ist auch ein Wissen darüber gefragt, wie Gottesdienste inszeniert werden können. Weiterbildungskurse zur „Liturgischen Präsenz" sind seit Jahren gefragt und ausgebucht. Offenbar sind wir dabei, alte Vorbehalte zu überwinden, und können, im Sinne einer ästhetischen Kategorie, heute auch von einer „Inszenierung" sprechen. Michael Meyer-Blanck merkt dazu an:

> Wenn wir inszenieren, dann lügen wir nicht. Wir spielen uns vielmehr in eine andere Wirklichkeit hinein. Gerade das Theater als Bezugspunkt des Rituals kann helfen, die Eigenart der liturgischen Gestaltung neu zu verstehen.[10]

Auch Gottesdienste für bestimmte Gruppen oder Milieus müssen professionell inszeniert werden. Dabei kann der kommunikative oder musikalische Stil durchaus als alternativ zur gottesdienstlichen Tradition gestaltet werden. Die zugrundeliegende Struktur aber sollte als Brücke zum überlieferten Gottesdienst erkennbar und als Korrektiv gegen eine kritiklose Anpassung an die Eventkultur genutzt werden.

Für die Vorbereitung und Inszenierung von Gottesdiensten ist, wie bereits erwähnt, die innere Haltung der Pfarrerin entscheidend. Es ist nicht sie, die „Gottesdienst hält", sondern die Gemeinde, welche die Gegenwart Gottes feiern will. Der Gottesdienst ist eine Tat der versammelten Gemeinde.

> Das hat Konsequenzen für den Umgang der für die Vorbereitung und Gestaltung des Gottesdienstes besonders Verantwortlichen mit der Gemeinde. Es reicht auf die Dauer nicht, dass einzelne Gemeindeglieder Lesungen übernehmen oder an Fürbittgebeten beteiligt werden. Vielmehr müssen die Gemeinde und ihre Gruppen insgesamt verantwortlich und konstruktiv an der Vorbe-

10 Michael Meyer-Blanck, Studien- und Arbeitsbuch Praktische Theologie, 137.

> reitung und Gestaltung des Gottesdienstes – auch an seiner Erneuerung – beteiligt werden. … Der Gottesdienst muss spürbar zur Sache der Gemeinde werden.[11]

Walter Lührs spricht von einer „liebevollen Gestaltung“ und gibt dazu einige Leitlinien vor:

Es sollen möglichst alle Teilnehmenden verstehen und nachvollziehen können, was in der Liturgie geschieht. Es müsse – bei aller Aktualität und Spontaneität der Gestaltung – die Tradition der Kirche beachtet werden. Es sei wichtig, dass die Gemeinde Freude an ihrem Gottesdienst empfindet.

Zudem weist Lührs darauf hin, dass die Gestaltung von Gottesdiensten viel mit dem liturgischen Verhalten des Pfarrers zu tun hat. Das Verhalten der Gemeinde orientiere sich eben weithin an ihren Pfarrern.

> Es ist in gewisser Weise Echo auf deren Art und Weise, Liturgie zu leiten. So hängt viel davon ab, wie sich die ‚Amtsträger‘ im Raum bewegen. Alles Gekünstelte und ebenso alles Legere stehen der Sache im Wege und sind nicht selten Zeichen dafür, dass die Betreffenden ein gespaltenes Verhältnis zur Liturgie haben oder nicht angemessen ausgebildet worden sind … Zur liturgischen Bildung gehören nicht nur Kenntnis und Fertigkeiten, sondern so etwas wie eine innere Einstellung … Liturgische Haltung meint auch Ehrfurcht, Demut, Respekt vor dem, was im Gottesdienst geschieht, und vor den Menschen, mit denen wir zusammen feiern.“[12]

In der Realität sieht es freilich so aus, dass Kirchen zunehmend zu groß werden. Anders gesagt: Es sind die halb leeren Kirchen, die immer häufiger Anlass zur Klage geben. In den letzten Jahren wurden zwar eine Fülle von Konzepten und Ideen entwickelt, um mehr Menschen zum Gottesdienstbesuch zu motivieren, doch meist mit bescheidenem Erfolg. Die Gründe für

---

11 Handbuch der Liturgik, 941 f.

12 A.a.O., 945.

diese Abstinenz mögen vielfältig sein, liegen aber offensichtlich auch in einer zu wenig erkennbaren Relevanz unserer Gottesdienste. Ein weiterer Grund dürfte darin zu suchen sein, dass der Sinn für die gottesdienstliche Liturgie insgesamt verloren gegangen ist. Wohl jeder Pfarrer und jede Pfarrerin hört die Klage, dass es doch immer das Gleiche sei in den Gottesdiensten, langweilig und ohne Ausstrahlung.

Wenn Menschen unsere Gottesdienste so empfingen, wäre, noch vor allen praktischen Erneuerungsversuchen, daran zu arbeiten, die liturgischen Schritte und Inhalte verständlich und nachvollziehbar zu machen. Vermutlich braucht es viel Überzeugungsarbeit und ein gutes Argumentarium, um in den Gemeinden diesen Sinn für Liturgie zu wecken und zu entwickeln. Dabei wäre hervorzuheben, dass Liturgien aus dem Alltag ausgegrenzte Zeiten darstellen, die das normale Leben unterbrechen.

Liturgien erlauben Abstand von sich selbst, ein Aufatmen der Seele und ermöglichen eine neue Orientierung für den Alltag. Auch profane Veranstaltungen wie Sportanlässe, Diskotheken oder Fernsehshows kommen nicht ohne Liturgie aus.

Die Wiederholungen im Gottesdienst folgen einer Liturgie, die sich über Jahrhunderte hinweg bewährt hat und sich offenbar auch durch noch so viele Neuerungen nicht aufweichen lässt.

Die gottesdienstliche Liturgie will dem Feiern des christlichen Glaubens eine Form geben. Dabei folgt sie einem spirituellen Weg, der in verschiedenen Akten inszeniert wird. Wenn Menschen die Dramatik der Liturgie nicht mehr erfassen, kann das unterschiedliche Gründe haben: nachlässige Gestaltung oder hektische Umtriebigkeit der Pfarrer, zu viel Emotionalität oder kühle Rationalität.

Auch bei Thomas Gottschalk und im „Musikantenstadl" ist es immer das Gleiche. Doch sie machen es so gut und überzeugend, dass das Publikum nachvollziehen kann, was geschieht. Es kann mitgehen und zustimmen: „Ja, so ist es!" Eine vergleichbare Zustimmung, die sich im „Amen" der Gemeindeglieder ausdrückt, wäre das Ziel unserer Gottesdienste. Darum ist zu hoffen, dass auch evangelische Pfarrer es künftig besser machen, sodass die Gemeinde die Kraft und das spirituelle Potenzial der Liturgie schätzen lernt – als bereichernde Form christlicher Lebenskunst.

Nun werden Gottesdienste nicht allein schon durch Alltagssprache, moderne Musik oder populäre Formen neu. Eher geschieht eine Erneuerung durch die Kunst, dem Wirken des göttlichen Geistes Raum zu geben. Dies aber ist vor allem die Aufgabe derer, die den Gottesdienst leiten. Darum bedingt der öffentliche Auftritt im Gottesdienst, neben dem liturgischen Handwerkszeug, eine Klarheit der Pfarrerin über ihre liturgische Rolle.

Fehlt ihr diese oder bleibt sie diffus, kann sie sich nicht sicher und angemessen bewegen und liturgisch präsent sein. *Martin Nicol* spricht in diesem Zusammenhang von einer Kultunfähigkeit, an der offenbar auch die postmoderne Sehnsucht nach Remythisierung der Welt, nach religiösem Erleben und ritueller Geborgenheit nicht viel geändert hat. Nicol beharrt darauf, dass zur Religion ihre Ausübung im Kult gehört. Daher sei eine unkultische Liturgie ein Selbstwiderspruch.

> Religion ist Ritus. Mit der Frage nach Ritus bzw. Ritual steht die Kultfähigkeit der Evangelischen zur Diskussion.[13]

Darum plädiert Nicol engagiert für eine „zweite Kultfähigkeit", die aus einer erneuerten Kultur der Doxologie im Gottesdienst erwachsen könnte. Das freilich muss genauer erklärt werden:

> Eine erste Kultfähigkeit sieht das sinnliche Zeichen und seine Bedeutung in eins. Die Zeichen der Liturgie vergegenwärtigen die Wirklichkeit, die sie ansagen. Das ist das Modell der Präsenz. Die Kritik daran trennt Zeichen und Bedeutung … Naive Behauptung, als gäbe es keine Differenz zwischen Welterfahrung und Gotteswirklichkeit, sind in der Moderne nicht mehr tragfähig. Insofern wird sich nach dem Verlust kultischer Unmittelbarkeit auch keine erste und ursprüngliche Kultfähigkeit mehr einstellen. Was aber geschehen könnte: dass aus der litur-

13 Martin Nicol, Weg im Geheimnis, 115.

gisch eingeübten doxologischen Sprachfähigkeit so etwas wie eine „zweite Kultfähigkeit“ erwächst. Der Begriff lässt die „zweite Naivität“ von Paul Ricoeur anklingen und entwirft die Umrisse einer durch die neuzeitliche Kritik gegangene Kultfähigkeit. Sie weiß die im liturgischen Zeichen repräsentierte Wirklichkeit mit ‚Amen‘ zu bekräftigen. Und sie weiss dem liturgisch praktizierten Konnex von Zeichen und Bedeutung kritisch nachzudenken. Jedes hat seine Zeit. Eine zweite Kultfähigkeit entwickelt sich ... nicht von innen nach aussen, sondern von aussen nach innen, von der rituellen Praxis zur individuellen Aneignung.[14]

In diesem Sinne setzt Liturgie einen bewussten Kontrapunkt zur Weltwirklichkeit. Dass die gottesdienstliche Liturgie damit auch befremdet, liegt in der Natur der Sache, denn wenn sie im Bezug auf Gotteswirklichkeit nicht anders und fremd wäre, würde der christliche Kult seine Bedeutung für unsere Kultur verlieren.

Besonders spürbar wird solche Fremdheit an der Schwelle zwischen der alltäglich erlebten und praktizierten Weltwirklichkeit und der im Gottesdienst liturgisch repräsentierten Gotteswirklichkeit ... „Niederschwelligkeit“ ist darum eine problematische Leitlinie für die Gottesdienstgestaltung. Prinzipiell muss die Schwelle nicht abgeschliffen und abgebaut, sondern der Wechsel über die Schwelle geübt werden.[15]

Um christliche Spiritualität einüben und ausbilden zu können, braucht es in der Gemeinde ein grundlegendes Vertrauen in die Liturgie und in jene, die sie leiten. In einer Gesellschaft mit gestiegenen ästhetischen Erwartungen und mit einer nicht mehr vorauszusetzenden Plausibilität für einen Gottesdienst ist somit ein hohes Maß an liturgischer Kompetenz gefragt. Das beginnt schon bei der Vorbereitung auf den Gottesdienst:

In der Vorbereitung auf den Gottesdienst geht es um die Präparation jener Einstellung, die dem Heiligen gilt und Körper, Seele und Geist derer umfasst, die den Gottesdienst feiern. Das Hei-

---

14 A. a. O., 131 f.
15 A. a. O., 133.

> lige, das gegenwärtig wird, ist mit einer theologischen Lehre und einem psychologischen Erlebnis nicht identisch. Wer sich auf dieses Geschehen sachgemäss einstellen will, muss deshalb die Wahrheit theologischer Richtigkeiten und die Wirklichkeit psychischer Aufgeregtheiten hinter sich lassen. Spirituelle Praxis in ihren verschiedenen Formen hat vor dem Beginn eines Gottesdienstes das eine Ziel: aus der Welt des Interessanten allmählich und schrittweise und sehr demütig in die Welt des Heiligen hinüberzuwechseln. Nachdem die agendarisch überlieferten Rüsthandlungen für die meisten Pfarrer ihre Gestaltungskraft eingebüßt haben, ist eine Lücke im Schwellenritual zwischen Profanität und Sakralwelt entstanden, die man durch die Entwicklung persönlicher Formen füllen sollte. Lange bevor man den Gottesdienstraum betritt, muss man in der Studierstube die Familienwelt, in der Sakristei den Gemeindebereich, beim Anlegen des Talars die eigenen Wünsche und Ängste hinter sich lassen. Liturgische Präsenz umfasst die Fähigkeit, mit Körper, Seele und Geist ganz gegenwärtig zu sein und ganz ergriffen zu werden.[16]

Für den Liturgen geht es auch um seine äußere Erkennbarkeit, zu der nun mal ein Talar gehört. Unter den Reformierten der Schweiz hat sich seit den 70er Jahren eine eigenwillige Abstinenz gegenüber dem Talar entfaltet, die geradezu anachronistisch zu den gesellschaftlichen Anstrengungen um Labels und Corporate Identity steht. Pfarrer ohne Talar wollten sich den Menschen enger zugehörig fühlen und sich nicht von den Gemeindegliedern „abheben".

Darüber hinaus gibt es noch andere Brüche oder Unsicherheiten im Selbstverständnis der Pfarrer, die den Gottesdienst durch verfehlte Gestik und Mimik beeinträchtigen. Selbst das Lesen aus der Bibel ist, wie Martin Nicol feststellt, mitunter zum Problem geworden. Obwohl die Reformation Gottes Wort in den Mittelpunkt gestellt hatte und dies lange Zeit zur Domäne des evangelischen Gottesdienstes gehörte, lasse sich heute ein mitunter respektloser Umgang mit der Bibel ausmachen.

---

16 Manfred Josuttis, Die Einführung in das Leben, 100f.

> Die Bibel hätte zum „Kult-Buch“ werden können. Es kam anders. Medialität und Materialität des Bibelbuchs verflüchtigten sich. Wir Protestanten können bis heute nur davon reden, dass in der Heiligen Schrift Gottes Wort zur Geltung komme. Aller Welt zeigen können wir es nicht. Nicht einmal Altarbibeln sind mehr wirklich im Gebrauch. Antiritueller Affekt, eine historisierende Hermeneutik und das Postulat der Verstehbarkeit haben die Heilige Schrift als liturgisches Buch nahezu unsichtbar gemacht. In der Zeichensprache des Rituals blieb vom Wort Gottes vor allem das Pastorenwort der Predigt.[17]

Nicol setzt sich darum für eine Ritualität des Wortes ein. Er will die Bibel im Gottesdienst als „Kult-Buch“ beliebt machen und hat dabei vor allem die Lesungen im Blick, die durch die Dominanz der Predigt abgewertet wurden. Ihm geht es um eine Aufwertung der Lesekultur, die zu einer wirklichen Begegnung mit dem fremden Wort, mit seinem Rhythmus, seinem Klang, seiner Macht führen können. Dies sei der Kernvollzug im Gottesdienst.

Dafür greift er einen Begriff auf, den *Alexander Deeg,* Leiter des Zentrums für evangelische Predigtkultur der Evangelischen Kirche Deutschlands, geprägt hat: „pastor legens“. Deeg versteht das Pfarramt grundsätzlich, vom jüdischen Rabbinat herkommend, als lesendes Amt, den Pfarrer daher als pastor legens. Daran knüpft Nicol an:

> Wer liturgisch handelt, muss vor allem eines können: lesen. Die Kulturtätigkeit des Lesens gehört seit alters zum pastoralen Beruf. Wissenschaft und Gottverlangen, Intellektualität und Spiritualität treffen sich in Person und Profession des Geistlichen. In der Praxis werden in wachsender Vielfalt Rollen an den Pastor oder die Pastorin herangetragen. Liturgisch sind derzeit vor allem zwei Rollen virulent: der Moderator, der mit erläuternden Worten durch das Geschehen führt, und der Entertainer, der durch seine Person zu wirken sucht. Wachsende Rollenunsicherheit beim liturgischen Personal bewirkt Irritation bei der Gemeinde. In dieser Situation plädiere ich für den Pastor legens als Kernrolle. Pastores legentes wissen die fremden Textgestalten der

17 Martin Nicol, Weg im Geheimnis, 135.

> Heiligen Schrift wie der Liturgie zu lesen: respektvoll und lebensnah, theologisch kenntnisreich, hermeneutisch sensibel, rhetorisch kompetent und spirituell erfahren.[18]

Nicol räumt in diesem Zusammenhang auch mit dem Missverständnis auf, dass die Wahl der jeweiligen Übersetzung im liturgischen Vollzug vorrangig nach dem Kriterium der „Verständlichkeit" erfolgen müsse.

> Moderne Übersetzungen sind prinzipiell kein liturgisch geeignetes Mittel, größere Verständlichkeit zu erzielen. Texte einer heiligen Schrift liest man nicht einmal so und einmal so. Der Konsens der jeweiligen Kirche bezüglich der Sprachgestalt „heiliger" Texte ist die Voraussetzung dafür, dass die einzelne Gemeinde die Lesung als Lesung aus der Heiligen Schrift identifizieren kann.[19]

In den lutherischen Kirchen Deutschlands wäre das die Lutherbibel in der revidierten Fassung von 1984, in der reformierten Schweiz die neue Übersetzung der Zürcher Bibel von 2007. *Walter Lührs* hat zwanzig Thesen zur Erneuerung des Gottesdienstes formuliert, von denen einige hier von Bedeutung sind:

- Ziel aller Erneuerung des Gottesdienstes ist eine lebendige Liturgie, die von möglichst vielen Teilnehmerinnen und Teilnehmern im existenziellen Mitvollzug wahrgenommen werden kann.
- Dazu ist es notwendig, dass die Pfarrerschaft größere Kompetenz in der evangelischen Lehre vom Gottesdienst und im Blick auf die Verbindlichkeit und Freiheit seiner Gestaltung gewinnt.
- Erneuerung des Gottesdienstes kann nur geschehen, wenn auf die Dauer Tradition und Aktualität gleichwertig zusammenkommen.
- Erneuerung des evangelischen Gottesdienstes geschieht, wenn protestantische Nüchternheit sich paart mit einer neuen Spiritualität, die den Menschen ganzheitlich, im Miteinander von verbalen und nonverbalen Ausdrucksmitteln, erfasst.

---

18 A. a. O., 273.
19 A. a. O., 153.

- Erneuerung des Gottesdienstes setzt voraus, dass der Gottesdienst als kultisches Geschehen erkannt, bejaht und gepflegt wird.
- Vor allem gilt, dass sich Kirchen wie Gemeinden und die einzelnen Verantwortlichen Zeit nehmen für den Gottesdienst, Freude an ihm haben und diese Freude bei der Vorbereitung und in der Feier des Gottesdienstes selbst vermitteln.[20]

20 Handbuch der Liturgik, 952 f.

8 Die Gemeinde

8.1 Pfarrer für alle

Pfarrer verstehen sich als Teil ihrer Gemeinde und sind doch zugleich ihr Gegenüber. Dieser Umstand verlangt von ihnen ein Interesse und die Fähigkeit, in der Gemeinde das wahrzunehmen, was ist, sich einzuleben und zu integrieren. Zugleich wird vom Pfarrer erwartet, dass er sich im Gegenüber zur Gemeinde, deren Teil er ist, positioniert.

Wer aber ist diese Gemeinde? Formell gesehen handelt es sich um den Zusammenschluss von Christen, der meist als lokaler Lebensraum der Gesamtkirche organisiert ist. Inhaltlich entsteht die Gemeinde durch die Kommunikation des Evangeliums in Wort und Ritual sowie durch die Dienste der Nachfolge Jesu. In diese Gemeinschaft werden Menschen durch die Taufe als Mitglieder aufgenommen. Für das Zusammenleben in der christlichen Gemeinschaft halten die biblischen Zeugnisse verschiedene Bilder bereit: Volk, Haus, Familie, Leib, wanderndes Gottesvolk. Solche Bilder haben der Kirche immer wieder geholfen, sich als christliche Gemeinschaft zu verstehen, Orientierung für das Gemeindeleben zu finden und dieses zu gestalten.

Für die gegenwärtige Gemeindeentwicklung hingegen hat ein anderer Umstand Bedeutung erlangt, die Tatsache nämlich, dass ein lange Zeit gültiges Selbstverständnis von „Volkskirche" bröckelt. Die gesellschaftliche Akzeptanz der Kirche hat sich in den letzten Jahren derart verändert, dass das Konzept der Volkskirche neu reflektiert und relativiert werden musste. Kirche *des* Volkes oder Kirche *für* das Volk?

Unter den Bedingungen der modernen Gesellschaft mit ihren demokratischen Strukturen ist Volkskirche primär nicht mehr als Vertreterin der Mehrheit, sondern als „Kirche für das Volk" zu lesen, als Kirche für die Gesellschaft und alle ihre Glieder. Nach diesem Verständnis ist das Konzept Volkskirche nicht mehr darauf angewiesen, dass alle oder auch nur die

Mehrheit der Kirche zugehören, wohl aber darauf, dass sie sich auf alle, die ihr zugehören einstellt.

> Als solches verlange es, dass die Kirche ein differenziertes Angebot macht, das alle unterschiedlichen Gruppen der Mitgliedschaft im Blick hat, ja, das auch noch offen ist für die, die – gänzlich distanziert von jeglicher Aktivität – sich am äußersten Rand der Kirche aufhalten. Ebenso mache das Konzept die flächendeckende Präsenz der Kirche notwendig. Für alle da zu sein, erfordere zugleich die Möglichkeit, für alle erreichbar zu sein, vor allem einen Gottesdienst in überwindbarer Entfernung besuchen zu können. Und schließlich impliziere das Konzept der Volkskirche, dass unterschiedliche Mitgliedschaftstypen Akzeptanz finden, ohne in ihrer je eigenen Frömmigkeit als unzureichend qualifiziert zu werden.[1]

Eine Gemeinde und deren Pfarrer, die sich als Volkskirche verstehen, werden sich also für unterschiedliche Frömmigkeitstypen und verschiedene Grade von Nähe und Distanz offen halten müssen. Offenheit und Öffentlichkeit von Kirche weisen dann hin auf ein weites Dach, unter dem vieles Platz haben kann.

Die Realität aber widerspricht einem solchen Selbstbild und Konzept. Die Selbstverständlichkeit einer Kirchenmitgliedschaft hat sich weithin verloren.

> Zwar gehören in Deutschland noch knapp zwei Drittel der Bevölkerung zu einer christlichen Kirche (2005: 64,3 %). Doch kennt mittlerweile wohl jeder Mensch andere, die entweder keiner Kirche angehören oder sich zu einer anderen Religion bekennen bzw. für sich jeden religiösen Glauben ablehnen. Für die evangelischen Kirchen verläuft die Entwicklung mit besonderer Dramatik … Waren 1950 noch rund 60 % der Deutschen evangelisch und 35 % römisch-katholisch, so übertrifft mittlerweile die Zahl der Katholiken (2005: 31,4 %) die der Evangelischen (2005: 30,8).[2]

In der Schweiz liegen die Verhältnisse nicht viel anders. Selbst im ehemals reformierten Zürich haben sich die Verhältnisse da-

1 Reiner Preul, zitiert nach Ulrike Wagner-Rau, Auf der Schwelle, 77 f.
2 Christian Grethlein, Pfarrer- ein theologischer Beruf, 61.

hin verschoben, dass heute nur noch knapp ein Drittel der Bevölkerung der reformierten Kirche angehört.

Hinzu kommt, dass Individualismus und Pluralisierung längst auch den Bereich von Kirche und Religion erfasst haben. Das zeigt sich nicht nur in der kirchlichen Erwachsenenbildung mit ihren Angeboten, sondern sehr greifbar in den individualisierten Sonderwünschen bei den Kasualien. Die Gemeinde wird offenbar immer stärker eine Gemeinschaft der Verschiedenen.

Solch ein Befund ruft naturgemäß nach Unterscheidungen. Dabei dürften die herkömmlichen Unterscheidungen in sichtbare und unsichtbare, in manifeste und latente Kirche oder in Kerngemeinde und Distanzierte, mittlerweile unzureichend sein. Die Ausdifferenzierung der Gesellschaft hat auch zu einem schärferen Blick für die Ausdifferenzierung in der Kirche geführt.

Unterschiedliche Konzepte versuchen daher, detailliert zu erfassen, was eine christliche Gemeinde denn ausmache und wie der Weg in die Zukunft zu gestalten sei. Dabei wird die Dringlichkeit deutlich, dass einzelne Zielgruppen neue und besondere Aufmerksamkeit brauchen, etwa junge Erwachsene, Singles, Männer und die „jungen Alten" zwischen 55 und 65. Um dem gerecht zu werden, haben sich zunächst weniger theologische Reflexionen als vielmehr soziologische Beobachtungen als hilfreich erwiesen. Offenbar können sie allgemeine gesellschaftliche Entwicklungen professioneller erfassen, als es den binnenkirchlichen Wahrnehmungen möglich ist.

Insgesamt bleibt festzuhalten, dass sich die Selbstverständlichkeit einer Kirchenmitgliedschaft zunehmend auflöst. Auch bei jenen, die dazu gehören, zeigen sich Entfremdungen. So schwindet etwa

> die Präsenz christlicher Wissensbestände und Verhaltensweisen. Auch wer in der Kirche ist und mindestens ab und zu pastorale Dienste in Anspruch nimmt, weiß oft wenig über den Glauben, kann keine Lieder singen, ist unsicher im Verhalten im Gottesdienst, kennt die Bedeutung der großen Feste nicht. Die pastorale Kommunikation wird anspruchsvoller, wenn man weniger Einverständnis voraussetzen kann … Man braucht die Fähig-

> keit, differenziert und dennoch einfach und voraussetzungslos die wichtigen Gehalte des Glaubens zur Sprache oder auf andere Weise zur Darstellung zu bringen.[3]

Welche Frömmigkeit aber und welche der bisweilen gegensätzlichen Wünsche soll die Pfarrerin aufnehmen und pflegen? Heute stoßen Pfarrer in ihrem Engagement für die Sache des Evangeliums durch die abnehmenden Mitgliederzahlen nicht nur auf schwindende Resonanz, sie sehen sich zugleich mit selbstbewussteren Gemeindegliedern konfrontiert, die ein weites Spektrum der alten Volksfrömmigkeit, aber ebenso unterschiedliche Spielarten der neuen spirituellen Bewegung akzeptieren und teilweise praktizieren. Pfarrer mögen diese Formen der Frömmigkeit als skurrile Relikte einer unaufgeklärten Vergangenheit ansehen oder als kleinbürgerlichen Kitsch, theologisch vielleicht gar als Irrlehre. Dennoch müssen sie sich angemessen dazu verhalten. Was aber ist angemessen?

In der evangelischen Kirche hat man immer dazu geneigt, gegenüber dem gelebten Glauben mit seiner Volksfrömmigkeit die reine Lehre in Geltung zu bringen.

> Die Auseinandersetzung mit den Schwärmern, auch die zwischen Pietismus und Orthodoxie, hat im evangelischen Raum eine Mentalität hinterlassen, die alle Gemeindearbeit unter der Aufgabe sieht, den gelebten Glauben an die theologische Theorie anzupassen.[4]

Die gelebte Volksfrömmigkeit hingegen wurde mit theologischem Hochmut abgewertet. Zu solcher Volksfrömmigkeit zählen etwa die ganze christliche Trivialliteratur, all die Kalenderblätter und evangelistischen Schriften, jene Biografien, die individuelle Lebensschicksale als vorbildliche Zeugenexistenz unter dem Willen Gottes erzählen, Heiligenlegenden und heute natürlich die populären religiösen Beiträge in TV und Internet.

---

3 Ulrike Wagner-Rau, Auf der Schwelle, 26.

4 Manfred Josuttis, Der Pfarrer ist anders, 60.

> Aber eben das ist die Frage, ob der Theologe so selbstverständlich die eigene Art, den Glauben und seine Probleme zu sehen, zum Maßstab der Betrachtung erheben darf. Was als trivial denunziert wird, ist aus der einen Perspektive gewiss als Vereinfachung hochkomplexer Einsichten zu beschreiben. Aber auf der anderen Seite lebt in der naiven Eindeutigkeit des so genannten Trivialen auch jene elementare Kraft eines fest gefügten Einstellungssystems, das Menschen durch alle Gefährdungen ihres beschwerlichen Lebens zu tragen vermag. Das theologische Urteil, das die Simplizität erbaulicher Unterhaltung abzuwerten geneigt ist, übersieht allzu leicht den Neid und die Sehnsucht im Herzen derer, die ihr Leben ohne die Überzeugungskraft einfacher Geschichten bewältigen müssen.[5]

Für Pfarrer ist es darum wichtig, das richtige Maß von Anpassung und eigenem Profil zu finden und immer wieder neu gegeneinander abzuwägen.

In diesen Zusammenhang gehören auch die einander widersprechenden Wünsche nach Distanz und Nähe zum Pfarrer, wie umgekehrt jene des Pfarrers zur Gemeinde. Konkret wird dies bei der Frage, ob der Pfarrer mit einzelnen Gemeindegliedern auch persönlich befreundet sein könne. Natürlich sprechen keine prinzipiellen Gründe dagegen, aber der Pfarrer, bzw. die Pfarrerin sollte sich bewusst halten, dass sie durch eine intensivere Bindung zu einzelnen Personen in der Gemeinde für andere auch wieder unzugänglicher sind.

Der Pfarrer soll für alle da sein, so der Anspruch, der in der Praxis allerdings kaum einlösbar ist. Immer wird es Gemeindeglieder geben, die sich von einem Pfarrer oder einer Pfarrerin angezogen fühlen und andere, die ihn oder sie ablehnen. In der Frage, warum das so ist, und nach den Hintergründen können die neueren Milieutheorien weiter helfen.

5 A. a. O., 65.

8.2 Die Milieuperspektive

Zunächst waren es kirchenexterne Analysen, die auf bestimmte Typologien unterschiedlicher Partizipation an der Kirche aufmerksam gemacht hatten. So unterscheidet etwa die Münchener McKinsey-Studie „Mitglieder ohne Glauben", „Kirchenfremde mit selbstdefiniertem Glauben", „Suchende mit Kirchendistanz", „Glaubende mit kritischer Kirchlichkeit" und „Glaubende mit fester Kirchenbindung".[6] Mittlerweile beschreiben die Milieu-Theorien verfeinerte Muster einer kirchlichen Partizipation und können differenziert Auskunft geben über jeweilige Bindungen. Wer hält sich warum zur Kirche? Wer sind die Menschen, mit denen man in der Gemeinde zu tun bekommt?

Weil eigene, kircheninterne Beobachtungen zu solchen Fragen zu wenig wertfrei sind, machen psychologische und soziologische Studien über die gesellschaftlichen Milieus im Blick auf die Kirche durchaus viel Sinn. Dass die Milieuperspektive dabei manchen ideologisch-theologischen Argumentationsgewohnheiten kirchlicher Arbeit den Boden entzieht, kann für Pfarrer schmerzhaft, aber ebenso befreiend und heilsam sein. Auf jeden Fall kann es anstrengend werden, denn sofern die Deutungen nicht nur einfach zur Kenntnis genommen werden, fordern sie zu theologischen Klärungen und zu einem praktischen Reagieren in der konkreten Gemeindearbeit heraus. Die Grundzüge der Milieuperspektive sollen darum kurz skizziert werden.

Mit dem Übergang von der geschichteten zur funktional differenzierten Gesellschaft ist die frühere Unterscheidung in Mittel- Unter- und Oberschicht immer durchlässiger geworden und hat ihre Bedeutung weithin verloren. Für die gesellschaftliche Anerkennung zählt heute immer weniger, aus welchem Elternhaus jemand kommt, als vielmehr das, was jemand selbst durch Ausbildung und eigene Anstrengung erreicht.

> Die Zusammengehörigkeit innerhalb der Gesellschaft und der eigene Freundes- und Bekanntenkreis bildet sich heutzutage

6 Nach Christian Grethlein, Pfarrer – ein theologischer Beruf, 67.

> nicht mehr aufgrund der Herkunft, sondern innerhalb von gesellschaftlichen Netzwerken, die man selber knüpft ... Die Ästhetik des Alltags und die Verhaltensmuster der Freizeit schließen Menschen zu Gruppen zusammen, die meinen, dass sie sich vor allem individuell verhalten. Kurz: Die klassischen gesellschaftlichen Schichten lösen sich auf in andere Gruppenzugehörigkeiten – in die Milieus.[7]

Was bedeuten nun diese gesellschaftlichen Veränderungen für eine Kirchengemeinde und die Arbeit ihrer Pfarrer? Wurden sie als Herausforderungen überhaupt schon ausreichend wahrgenommen? Insgesamt, vermute ich, leidet die Arbeit in der evangelischen Kirche unter einer Milieuverengung, bei der nach wie vor die Familie mit einer mehr oder weniger bürgerlichen Ausprägung und mittlerer oder höherer Bildung im Zentrum steht.

Doch die Dinge haben sich geändert. Weil heute nicht mehr das Überleben, sondern das Erleben im Vordergrund steht, haben sich die Interessen ganz elementar verlagert, zum Beispiel auf Gesundheit, Fitness, Freizeit und Urlaub. Daraus konnten sich neue kulturelle Stile entwickeln. *Gerhard Schulze* hatte dementsprechend schon 1992 („Die Erlebnisgesellschaft") fünf kulturelle Milieus unterschieden: das Niveaumilieu, das Harmoniemilieu, Integrationsmilieu, Selbstverwirklichungsmilieu und das Unterhaltungsmilieu.

Auch andere Milieutheorien beruhen auf der Annahme, dass Menschen von überindividuellen Einstellungen und Verhaltensweisen in Gruppen geprägt sind. Mit anderen Worten: Die Ethik und Ästhetik sowie der Habitus des Alltagslebens sind zwar individuell gewählt, doch sozial vermittelt. Die Geschmacks- und Verhaltensmuster, für die sich jemand entscheidet, sind eben nur scheinbar oder bedingt persönlicher Art. Davon sind auch das Verhältnis zu Religion, Glaube und Kirche betroffen. Es ist stärker milieubedingt, als uns für gewöhnlich bewusst ist.

---

7 Michael Meyer-Blanck, Studien- und Arbeitsbuch Praktische Theologie, 72f.

Eberhard Hauschildt hat Schulzes Unterteilung in kulturelle Milieus auf die Kirche übertragen (1998) und zunächst folgende Zuschreibungen festgehalten: Das Niveaumilieu ist die „kultivierte Kirche“ von gebildeten Älteren. Das Harmoniemilieu ist die „Kirche, wie sie immer war“ bei wenig gebildeten Älteren. Das Integrationsmilieu ist die „freundliche Kirche“ von Älteren mit mittlerer Bildung. Das Selbstverwirklichungsmilieu entspricht der „aktiven Kirche“ von Jüngeren mit hoher oder mittlerer Bildung. Das Unterhaltungsmilieu schließlich ist die Kirche, „bei der was los ist“ und wird gebildet von Jüngeren mit geringerer Bildung.[8]

Später hat Hauschildt diesen Ansatz mit Claudia Schulz und Eike Kohler als „Analyse- und Planungshilfen für Kirche und Gemeinde“ weiterentwickelt („Milieus praktisch“, 2008). Dort wird in folgende Gruppen differenziert: Zurückgezogene, Gesellige, Kritische, Mobile, Bodenständige und Hochkulturelle. Diese Milieus werden anschaulich charakterisiert und mit ihren jeweiligen Vorlieben und Eigenheiten in Beziehung zu den Handlungsfeldern einer Kirchengemeinde gesetzt.

Themen sind dabei die jeweils ideale Gottesdienstform, der Umgang mit der Bibel, Stellenwert von Predigt und Pfarrer, das Spendenverhalten, die Lieblingslieder, Vorlieben für die ideale Abendmahlsfeier, das Freizeitverhalten und vieles mehr. All das wird prägnant und bisweilen kurzweilig dargestellt. Jeder Pfarrer wird da „seine Schäfchen“ wiedererkennen. Neben der anschaulichen Vermittlung von theoretischem Rüstzeug finden sich in der Studie allerdings auch viele inspirierende und konkrete Impulse für die kirchliche Praxis.

Die Milieuperspektive führt damit zur Herausforderung, bei der Planung der kirchlichen Arbeit in theologischer Verantwortung auf die Vielfalt von Lebens- und Glaubensstilen zu reagieren. Sicher kann die Milieuperspektive nicht alles sein. Sie liefert nicht die objektive Abbildung von Wirklichkeit, wohl aber eine brauchbare Form von Wirklichkeitsbeschreibung. Eine

8 Zusammengefasst nach Michael Meyer-Blanck, Studien- und Arbeitsbuch Praktische Theologie, 76.

ausschließlich milieuorientierte Arbeit würde zur Verengung und zum Ausschluss anderer Milieus tendieren.

Dennoch ist die Milieutheorie eine wichtige Arbeitshilfe, an der Pfarrer, Pfarrerinnen und Kirchenvorstände nicht vorbeikommen. Sie zeigt nämlich, häufig auf ungewohnte Weise, womit wir es zu tun haben, wenn wir von „Gemeinde" sprechen. Das könnte wiederum bei manch emotional aufgeladenen Diskussionen zur Gemeindeentwicklung auch zu größerer Distanz und Gelassenheit führen.

Gemeindeentwicklung nach den Kriterien der Milieuperspektive stellt sich für Pfarrer allerdings als eine Gratwanderung dar.

> Wo die einen besonders positiv reagieren, wenden sich andere ab. Ein Handeln also, das dem Ziel folgt, mehr Menschen besser zu erreichen, hat geradezu zwangsläufig zur Folge, dass andere sich ärgern, ihre Verbundenheit lockern, eventuell sogar aus der Kirche austreten. Es allen gleichermaßen recht zu machen, ist unmöglich. Es bleibt eine Fiktion, die Gesamtheit der Mitglieder durch das kirchliche Handeln positiv anzusprechen, eine Fiktion, deren begrenzte Tragfähigkeit unter den gegenwärtigen Bedingungen sichtbarer wird.[9]

8.3 Marginalisierte Singles

Eine weitere Entwicklung, die den Kirchgemeinden und Pfarrern aus dem Blick zu geraten droht, ist die Tatsache, dass in allen Altersgruppen immer mehr Menschen als Singles leben. Unter der Hand werden diese Alleinstehenden als eher kirchenfern eingestuft, denen darum keine besondere Aufmerksamkeit zukommen brauche. Etwas überspitzt könnte man fragen: Treibt ein kirchlicher Gemeinschaftskult die Singles aus der Gemeinde?

Für Singles tendiert das kirchliche Angebot tatsächlich gegen null. Allenfalls in der Weihnachtszeit wird zu Feiern für Allein-

9 Ulrike Wagner-Rau, Auf der Schwelle, 80 f.

stehende, meist Witwen, eingeladen. Weil in den Kirchgemeinden die Gemeinschaft im Vordergrund steht, ist ein Interesse an den Singles gering. Einzelne, die „nur" Inspiration oder Besinnung suchen und sich nicht ohne Weiteres in die Gemeinschaft einbringen wollen, scheinen verdächtig. Immer noch wird die Zweierbeziehung, besser noch eine Eltern-Kinder-Gemeinschaft als der Normalfall angesehen.

Statistiken zeigen, dass Singles eine wachsende Gruppe in unserer Gesellschaft sind. Schon im Jahr 2000 betrug der Anteil der Einpersonenhaushalte in der Schweiz 35,2 %. Für die Zentren der Schweiz wurde gar ein Single-Anteil von 44,6 % angegeben. Solche Erhebungen lassen sich zugleich als Indikator für den Individualisierungsgrad der Gesellschaft verstehen.

Gegenüber den Singles hat die Kirche, neben einem Wahrnehmungsdefizit, offenbar auch noch ein Image-Problem. Zu fest ist im kollektiven Gedächtnis die Verbindung Kirche – Familie – Betreuung Einsamer verwurzelt. Dies dürfte unter anderem auch ein Grund dafür sein, dass Singles um die 30 häufiger aus der Kirche austreten. Allein lebenden Menschen wird a priori Einsamkeit diagnostiziert, gegen die in der Kirche wohlgemeint etwas getan werden muss. Sind sie gar ein Fall für die Diakonie?

In der heutigen gesellschaftlichen Realität gibt es jedoch vielerlei Gründe allein zu leben. Außerdem zeigt sich, dass allein Lebende oft ein vielfältigeres und differenzierteres Beziehungsnetz haben als Menschen in einer Ehe oder Familie. Sie können ein ausgefülltes Single-Leben führen und sich gut dabei fühlen. Vielleicht muss auch daran erinnert werden, dass der bekannteste Single der Christenheit Jesus selbst war.

Ob die Kirche spezielle Angebote für Singles lancieren solle, darüber sind die Meinungen geteilt. Dafür spricht, dass eine Gemeinde ein Drittel der Gesellschaft nicht einfach unbeachtet beiseite lassen kann. Zudem würde eine Integration von Singles die Ressourcen von Kirchgemeinden erheblich verbessern. Meist sind sie mobiler und verfügbarer als Menschen in Familie. Sie hätten Themen, Sichtweisen vom Leben und von Religion einzubringen, die nahe am Puls der Zeit liegen. Das könnte eine Bereicherung des Gemeindelebens versprechen.

Erfahrungsgemäß suchen allein Lebende jedoch nicht spezielle Angebote oder Betreuungsstrukturen, schon gar keine „Selbsthilfegruppen“, sondern wollen für das normale Gemeindeleben interessiert und gewonnen werden. Sie wollen nicht ihren Status ständig thematisieren, sondern entspannt ein gutes Angebot genießen.

Wollte die Kirche also singlegerechter werden, bräuchte es eine differenziertere Themenwahl und Sprachkultur, vermutlich auch eine nuanciertere Bibelauslegung, Seelsorge und Erwachsenenbildung. Kurz: Die Dominanz der Familienorientierung müsste relativiert werden. Es gälte Raum zu schaffen für 35 % der Erwachsenen, die allein leben und zum Teil sehr zufrieden damit sind. Es gälte auch das Verständnis von Gemeinschaft zu überdenken, besser noch eine Gemeinschaft zu kultivieren, die sich vor allem über Inhalte und Engagements, weniger über die Geselligkeiten von Empfängen und Kirchenkaffees definiert.

8.4 Frauen und Männer glauben anders

Die meisten Pfarrer haben sich im Laufe der Zeit daran gewöhnt, ihren Dienst überwiegend vor, mit und für Frauen auszuüben. Dass dies ein Problem sein könnte, nehmen sie häufig gar nicht wahr oder sie wollen sich die Dominanz der Frauen in ihrer Gemeinde einfach nicht eingestehen.

Dabei ist die Feminisierung des Gemeindelebens, trotz vereinzelter Männergruppen, nicht zu übersehen. Hinzu kommt eine Feminisierung des ehemals männlich geprägten Pfarrberufs. Bei den Studierenden an deutschen Universitäten überwiegt bereits die Zahl der Frauen. In der Schweiz steht das Verhältnis noch fifty-fifty, mit steigender Tendenz bei den Frauen. Bei den Pfarrern und Pfarrerinnen im Amt beträgt der Frauenanteil in Deutschland um 30 %. In den Gemeindepfarrämtern der Schweiz beträgt der Frauenanteil 32 %, bei den Spezialpfarrämtern 34 % (Stand 2009). Zugleich liegt der Anteil der Teilzeitbeschäftigung bei Frauen erheblich höher als bei Männern.

Schreibt man diese Tendenz fort, wäre eine Entwicklung des Pfarrberufs zu einer Teilzeitbeschäftigung zu erwarten. Dadurch kommt es zu Verschiebungen, die noch zu wenig bedacht werden.

> Sie betreffen nicht nur das „Pfarrhaus", also den Zusammenhang von Pfarrberuf und Familie. Vielmehr weichen Frauen nach wie vor häufiger von den männlichen Berufsbiografien ab, die jedenfalls im Bereich akademischer Berufe bis heute oft durch eine Kontinuität von Ausbildung und anschließender zeitlich voller Erwerbstätigkeit charakterisiert sind.[10]

Für das konkrete Gemeindeleben stellt sich die Frage dann ähnlich wie jene von der Henne und dem Ei. Dominieren die Frauen, weil die Männer wegbleiben, oder haben sich die Männer zurückgezogen, weil die Frauen das Feld beherrschen? Wie auch immer Ursache und Wirkung zusammenhängen, ist es eine Realität, dass ein durchschnittliches Gemeindeleben stark auf die Bedürfnisse von Frauen zugeschnitten ist.

Für die meisten Pfarrer ist das so selbstverständlich geworden, dass sie sich der Einseitigkeit gar nicht mehr bewusst sind. Pfarrer könnten sich aber zumindest dafür sensibilisieren lassen, dass sich männliche und weibliche Spiritualität, und damit die Erwartungen an eine Kirchengemeinde, sehr wohl unterscheiden. Wie könnte es auch anders sein. Wenn es in allen Lebensbereichen Unterschiede zwischen Frauen und Männern gibt, liegt es nahe, dass Männer und Frauen sich auch im Umgang mit Religion unterscheiden.

Bisher wurde allerdings die Frage nach dem Anderssein in Bezug auf Spiritualität und Religiosität in der Kirche noch kaum gestellt. Dabei geht es nicht um Glaubensinhalte, also nicht darum, ob Männer etwas anderes glauben, sondern vielmehr um Zugänge, um Formen, in denen Glauben sich ausdrückt, um Praktiken, in denen Religion gelebt wird. Erkenntnisse darüber müssten bei den Planungen und Zielformulierungen in den Kirchengemeinden eine Rolle spielen, also immer, wenn

10 Christian Grethlein, Pfarrer – ein theologischer Beruf, 100.

es um die konkrete Frage geht, was eher Frauen oder Männer anspricht.

Als Impuls für solch eine Sichtweise sollen hier holzschnittartig einige Unterschiede benannt werden. Sie sind als Behauptungen formuliert, die sich im Wesentlichen auf Beobachtungen und eigene Erfahrungen stützen und natürlich kontrovers diskutiert werden können. In diesem Fall als ein Plädoyer für mehr männliche Frömmigkeit in den Kirchengemeinden.

Frauen suchen in der Religion überwiegend Harmonie und Bestätigung. Sie wollen, dass ihr Leben als gut erkannt wird und ihr Einsatz für die Gemeinde Anerkennung findet. Ihnen ist das gute Gefühl wichtig, verstanden zu werden und andere zu verstehen. In ihrem Engagement sind sie eher auf die sozialen Anliegen und das Gemeinschaftsstiftende bezogen. Religiös orientieren sie sich eher an Jesus.

Männer hingegen wollen es handfester. Da soll etwas passieren. Sie wollen etwas gestalten. Deshalb mögen sie Prozessionen, Wallfahrten, Mysterienspiele, eben die große Geste. Auch für das Pilgern und für starke Rituale sind sie empfänglich. Sie mögen und machen nicht viel große Worte, suchen aber große Momente und Erlebnisse. Das soziale Element ist für sie nicht vorrangig. Sie träumen eher davon, sich einmal für eine Woche in ein Kloster zurückziehen zu können, um dort den großen Gedanken nachzuhängen. Sie suchen Gott und wollen seiner Macht begegnen. Männer orientieren sich stärker an Gott als an Jesus. Jesus ist für sie nicht sehr anziehend, zumindest der Jesus, der heute in der Kirche vermitteln wird. Er ist ihnen zu wenig männlich. Dass Jesus auch kraftvoll, fordernd, zornig und ausgrenzend war, sagt ihnen niemand, weil die Frauen, die Mehrheit in der Kirche, das nicht akzeptieren würde.

Männer sind gern Teil eines „großen Plans“. Das gibt ihnen eine Aufgabe und Bedeutung. Das demütige Dienen liegt ihnen nicht besonders, eher schon „ein Tun ohne lange zu fragen“.

In die Gottesdienste kommen *Männer* wenig. Am ehesten findet man sie noch als Funktionäre im Kirchenvorstand, wenn es ums Bauen oder Geld geht oder darum, eine Aktion zu organisieren.

So entsteht der Eindruck, und er täuscht nicht, dass aus der Religion der Väter eine Religion der Frauen und Pfarrer wurde. Das hat seine Gründe: Die Anliegen von Männern kommen nicht vor. Aggression zum Beispiel ist verpönt, denn in der Kirche kann man nicht kämpfen, sondern muss sich von vornherein versöhnen. Auch Sexualität wird tabuisiert, und über das Geld, dass der Mann täglich nach Hause bringen muss und für das er sich sehr anstrengt, wird auch nicht anerkennend geredet. Es gilt als profan. Er fragt sich dann, wo das Geld eigentlich herkommt, dass man in der Kirche für die sozialen Aufgaben braucht.

Auch Arbeit und Politik, die doch wichtige Teile in einem Männerleben sind, werden kaum als positive Themen gewürdigt, sondern häufig in einem relativierenden und abwertenden Sinn. Schließlich: Ein ganzes Lebensgefühl, nämlich sich nach getaner Arbeit wohlfühlen zu können, ist in der Kirche nahezu verpönt. Stolz zu sein, wenn man sein Werk getan hat, das entspricht nicht dem kirchlichen Lebensgefühl. Wer Kraft, Zufriedenheit und Freude ausstrahlt, wer gar meint, dass er und sein Leben von Gott gesegnet sei, gilt zumindest als arrogant.

So werden Männer verunsichert und gehen lieber auf Distanz. Mit der Mehrzahl der Gottesdienste tun sie sich ohnehin schwer, denn für sie bringen sie nichts Großes zum Schwingen. Würde öfter mal eine Schubert-Messe gesungen oder ein Passionsspiel aufgeführt, kämen sie wohl öfter, denn das erfüllt sie mit einem religiösen Schauer.

Männer sind eher auf Gott disponiert. Aber selbst die Rede von Gott hat sich in den vergangenen Jahrzehnten durch die Feminisierung der Kirche verändert. Entsprechend dem Zeitgeist haben Theologen, Liturgiker und Frauenkreise versucht, Gott zu neutralisieren. Die traditionell männlichen Metaphern wurden relativiert, weil diese angeblich Gewalt fördern und Frauen beleidigen.

Gott soll nicht länger „Krieger", „König" oder „Richter" sein. Akzeptabler, weil „politisch korrekt", sei ein freundlicher, sanftmütiger und fürsorglicher Gott, eben ein Gott, der niemanden aufstört und in Verlegenheit bringt. Das Grandiose an Gott, seine Unverfügbarkeit und Souveränität, bleiben dabei auf der Strecke, ja, werden mitunter nicht einmal mehr erahnt. Für Männer ist dies zum Dilemma oder zumindest zum Verlust geworden, denn Gott als der Heilige und Unverfügbare würde sie durchaus anziehen.

Vielleicht kann in dieser verfahrenen Situation die religionswissenschaftliche Umschreibung für Gott als „mysterium fascinosum et tremendum", als faszinierendes und erschreckendes Geheimnis, zum Schlüssel für ein differenzierteres Verständnis männlicher und weiblicher Frömmigkeit werden. Es könnte sein, dass Frauen und Männer unterschiedlich auf das göttliche Mysterium reagieren. Dabei ist zu vermuten, dass für Männer das Erschreckende des Glaubens wesentlich mit im Spiel ist, Frauen hingegen stärker das Faszinosum suchen.

In der heutigen kirchlichen Praxis scheint es vielen Männern zu harmonisch, zu heil und schön. Gegen einen ordentlichen liturgischen Schauer haben sie nichts einzuwenden, aber wenn alles nur noch hübsch und nett ist, wird es für sie belanglos und unbedeutend. Es hat nichts mit ihnen zu tun und kann sie darum auch nicht erreichen.

Was Männern in diesem Zusammenhang außerdem zu schaffen macht, ist der überhöhte Stellenwert von Gefühlen. Wenn Spiritualität und Glaubensleben mit dem Ausdrücken von Gefühlen gleichgesetzt werden, haben es Männer schwer. Glauben bedeutet aber mehr als nur seine Gefühle ausdrücken zu können. Er ist ebenso die Leidenschaft und das Feuer für eine große Sache. Dabei könnten Männer abheben, denn sie suchen etwas Grandioses, um ihm nachzueifern.

Gemeinden heute sind weithin Orte persönlicher Religiosität, Orte, an denen Trost, Besinnung und Gemeinschaft vermittelt werden. Wenn aber der horizontale Aspekt der Gemeinschaft so stark im Vordergrund steht, fehlt die andere Dimension, der Blick nach oben. Genau dies Blickrichtung aber braucht der Mann.

Rituale haben für Männer große Bedeutung. Daher auch die ungebrochene Faszination der klösterlichen Stundengebete, die heute selbst von Managern entdeckt werden. Die Parallelen dazu finden sich im Judentum und im Islam. Auch dort werden für das tägliche Gebet feste Zeiten, Orte und Formen eingehalten, Regeln also, mit denen Männer sehr gut umgehen können. Männer brauchen eine gewisse Regelmäßigkeit und Konstanz in ihrer Andacht. Im Ritual wollen sie nicht hinterfragen und diskutieren.

Ich plädiere für Vollständigkeit: *Frauen* sollten realisieren, dass Kirche weithin ihren Bedürfnissen entspricht, aber sie sollten nicht meinen, dass dies alles sei, was Religion und Kirche zu bieten hat. Der religiöse Horizont ist weiter. *Männer* wiederum sollten realisieren, dass Religion auch ihnen etwas zu bieten hat. Das müssen sie heute einfordern – bei ihren Pfarrern und in ihren Gemeinden, und zwar aktiv und hörbar. Dabei ist den Männern mehr Mut zu wünschen. Von Pfarrern, aber auch von Pfarrerinnen und Kirchenvorständen schließlich wäre zu erwarten, dass sie für männliche Spiritualität mehr Raum und Gelegenheit in ihrer Gemeinde schaffen.

8.5 Religiöser Markt neben der Kirche

Unsere Kirchenmitglieder werden heute durch die Medien mit attraktiven Formen und Inhalten von Religion konfrontiert, die sie so in der Kirche nicht finden. Dadurch bringen sie neue Bedürfnisse und Themen auch in die Gemeinde ein. Diesem Sog können sich auch die Pfarrerin und der Pfarrer nur schwer entziehen.

Vielfach wird behauptet, dass Religion außerhalb der verfassten Kirche boome und geradezu eine Respiritualisierung stattfinde. Es sieht tatsächlich so aus, als würde weltweit die Religion an Bedeutung gewinnen, die großen christlichen Kirchen hingegen an Gewicht verlieren. Wenn das zutrifft,

> hätte die Kirche letztlich nur ein Abschöpfungsproblem: Sie müsste lediglich attraktiver werden und schon würden die Menschen in Scharen wieder zurück zur Kirche kommen, um dort ihre Sehnsucht nach Religion und nach geistlicher Orientierung stillen und einen verbindlichen Glauben in Gemeinschaft leben

zu können. Solide empirische religionssoziologische Studien weisen indessen in eine andere Richtung.[11]

Offenbar muss die gegenwärtige Entwicklung differenzierter gedeutet werden. Paul Zulehner hat es in einem Interview auf den Punkt gebracht:

> Religion versinkt einerseits in die private Innerlichkeit, wird unsichtbar. Dort verbuntet sie sich; der Megatrend der Respiritualisierung ist in Gang gekommen. Die Menschen ändern auch ihr Grundverhältnis zu den Kirchen; anstelle des Abschieds scheint sich eine Art stellvertretende Kirchlichkeit zu entwickeln. Es ist wie bei den Gewerkschaften: Man ist nicht Mitglied, erwartet aber, dass sie die eigenen Interessen gut vertritt.[12]

Wird die Zukunft eine Religion ohne Kirche bringen? Dieser Frage werden Pfarrer, angesichts ihrer bescheidenen Erfolge, nicht ausweichen können. Daran ändert auch die Feststellung nichts, dass das religiöse Interesse sich nicht gegen die Kirche wendet, sondern einfach an ihr vorbeigeht. Das wäre vielleicht noch zu ertragen, doch der Stachel sitzt tiefer.

> Wir erleben gegenwärtig nicht eine Wiederbelebung der christlichen Religion außerhalb der verfassten Kirche, sondern einen Traditionsabbruch, der sich vor allem unter Jugendlichen und bei Nicht-Kirchenmitgliedern rasant beschleunigt. Im Hinblick auf Letztere ist deutlich erkennbar, dass die Konfessionslosen der zweiten Generation im Gegensatz zu den getauften Konfessionslosen nur noch schwer ansprechbar sind für Religion und Kirche. Die neue Kirchenmitgliedschaftsstudie zeigt, dass in den alten (deutschen) Bundesländern 60 % (!) der ausgetretenen Kirchenmitglieder eine Taufe für ihr Kind wünschen und damit offenbar weiterhin religiös in irgendeiner Weise ansprechbar sind.[13]

Bei den Konfessionslosen der zweiten Generation hingegen sei das religiöse Interesse erloschen. Dies bestätigt ein Blick auf die religiöse Sozialisation auf dem Gebiet der ehemaligen DDR.

---

11 Isolde Karle, in Michael Herbst, Kirche wächst, 53.

12 Paul Zulehner, in Zeitschrift „Soziologie heute“, Oktober 2009, 6.

13 Isolde Karle, in Michael Herbst, Kirche wächst, 56.

Der Religionssoziologe *Detlef Pollack* kann mit empirischen Studien belegen, dass das Interesse an Formen außerkirchlicher Religiosität zwar gewachsen ist, aber den Rückgang an traditioneller Kirchlichkeit nicht kompensieren kann. Somit erweist sich die Behauptung, nicht der Bestand der Religion, sondern ausschließlich ihre religiösen Formen würden sich wandeln, als falsch.

> Eine individualisierte Religion tritt demnach nicht an Stelle der institutionell verfassten Religiosität. Denn vor allem Christen in der „Halbdistanz", also Kirchenmitglieder, interessieren sich für andere Religionen und neue Spiritualität. Überdies zeigt sich bei näherem Hinsehen, dass der religiös-individuelle Bastelglaube eher Ausdruck von postmoderner Gleichgültigkeit und von einem Mangel an Entschiedenheit ist als eine neue Form individueller Religiosität.[14]

Pollacks Studien zeigen zudem, dass Nicht-Kirchenmitglieder keine religiöse Produktivität mehr entwickeln. Wer aus der Kirche austritt, engagiert oder interessiert sich in aller Regel nicht anderweitig religiös. So gesehen wären es immer noch die Kirchen, welche das religiöse Feld in der Gesellschaft besetzt halten.

Nun hat das Flirten mit anderen Frömmigkeitsformen oder spirituellen Angeboten außerhalb der evangelischen Kirche seinen Grund wohl auch darin, dass man im Protestantismus Sinnliches und Erfahrbares lange suchen muss. Es gibt praktisch keine Volksfrömmigkeit. Vielleicht hat es uns lange Zeit stolz gemacht, all die Bildchen, Kerzen und heiligen Wässerchen, wie sie die katholische Tradition kennt, nicht nötig zu haben. Mittlerweile dürfte uns das arrogante Naserümpfen über die „heidnischen" Gesten einer Volksfrömmigkeit vergangen sein.

> Reformation und Aufklärung haben dafür gesorgt, dass dem sogenannten Heidentum der Boden entzogen wurde. Der Protestantismus wurde ein Theologen- und Intellektuellenglaube. Mit

---

14 A. a. O., 58.

Abwesenheit von Heidentum meine ich Folgendes: Die Theologie des Protestantismus wurde immer besser, reiner, aufgeklärter, rationaler. Aber in der Spiritualität des Protestantismus sind die Gesten des Volkes nicht mehr enthalten. Der Partner der protestantischen Theologie, mit dem sie im Gespräch steht und auf den hin sie denkt, ist die Universität, nicht die Gemeinde, nicht das Volk. Für mich ist die Erfahrung immer noch verblüffend, dass an evangelischen Fakultäten so wenig Einübung in Frömmigkeit, in Bräuche, in Ausdrucksformen von Religion, in Traditionen geübt wird.

Teilweise anders ist es im Katholizismus. Da gibt es zwar die römisch verordnete Theologie, zum Teil mit Fragestellungen, die so zwanghaft sind, dass man sich schämt, einmal ernsthaft darüber nachgedacht zu haben. Aber es gibt da auch das von Rom nicht auszurottende Unkraut der Volksreligion. Die schmuddelige und zum Teil auch opiatische Religion der Leute. Da gibt es – zwar immer weniger – Bilder, Statuen, Weihen, Segnungen, Kräuter, Fahnen, Weihwasser, Lourdeswasser, Jordanwasser, Reliquien, Rosenkränze, Bildchen; es gibt Nippes und Kitsch. Wie fragwürdig und wie opiatisch auch immer – aber das Volk hat seine Gesten eingebracht, zum großen Teil gegen den Willen römischer Ordnungsfanatiker. Es sind Gesten, die sich weigern, sich beurteilen zu lassen von einem Standpunkt abstrakter theologischer Richtigkeit; es sind Gesten, die die Wünsche, die Hoffnungen und die Leiden des Volkes ausdrücken. Protestantismus ist Hochsprache; Katholizismus ist eine Ansammlung von Dialekten, nur mühevoll durch ein formales römisches Band zusammengehalten.[15]

Alles in allem müssen wir wohl davon ausgehen, dass Religion gegenwärtig entchristlicht wird.

Glaubensinhalte und -formen des Christentums sind zu kulturellem Treibgut geworden. Es hängt von rasch wechselnden Moden ab, ob z. B. Fasten oder Schweigeexerzitien wieder aktuell werden. Die ursprüngliche christliche Sinngebung spielt dabei in der Regel keine Rolle mehr.[16]

---

15 Fulbert Steffensky, Feier des Lebens, 99.

16 Hans-Joachim Höhn, zitiert nach Wilhelm Gräb, Religion als Deutung des Lebens, 13.

So ist mittlerweile belegt, dass die neue Sehnsucht nach religiöser Orientierung nicht automatisch zu mehr Glauben führt, sondern ganz andere Ziele verfolgt. Im Tiefsten suchen die Menschen nämlich nicht Gott, sondern sich selbst. Sie suchen innere Daseinsgewissheit und religiöse Erfahrung. Darum auch die Aufgeschlossenheit für das Mystische, Esoterische und Übernatürliche. Spiritualität ist zu einem Sammelbegriff für die unterschiedlichsten Formen der Sinnsuche geworden. Nicht selten ist sie

> ein Mix aus fernöstlichen Religionen, Homöopathie, Formen der Lebensberatung, der Esoterik und christlicher Frömmigkeit, insbesondere in ihrer mystischen Spielart. Die platte Diesseitigkeit eines geistlosen Materialismus wird zunehmend als abstoßend und unangemessen empfunden. Doch geht es bei der Suche nach Spiritualität in aller Regel nicht so sehr um die Suche nach Gott als vielmehr um die Suche nach dem Ich, das in der modernen Gesellschaft notorisch in der Krise ist, das sich nach Ganzheitlichkeit und spiritueller Bewusstseinserweiterung sehnt.[17]

Es ist schwer, sagen zu wollen, wie Pfarrer diesem Trend begegnen sollen. Zumindest sollten sie nicht von vornherein Abwehrmechanismen einschalten, sondern wahrnehmen, dass in der Unübersichtlichkeit der modernen Kultur Menschen vor allem nach Orientierung, tiefer Verbundenheit und persönlicher Lebensdeutung suchen.

Das zeigt sich vor allem in den Krisen- und Wendepunkten der eigenen Lebensgeschichte und kann sich wiederum auf das kirchliche Teilnahmeverhalten auswirken – vor allem auf die Gottesdienste an den Übergängen im Lebenszyklus und Jahreskreis. Dort will sich das individuelle religiöse Gefühl manifestieren, dort soll der Glaube in eigener Selbstreflexion entwickelt werden können. Dort soll sich im Zusammenspiel von emotionalem Erleben und Deuten ein Sinnganzes zeigen. Wohl jeder Pfarrer sieht sich heute, gerade bei den Kasualien, mit selbst-

17 Isolde Karle, in Michael Herbst, Kirche wächst, 55.

bewusst vorgetragenen, oft diffusen oder trivialen Erwartungen konfrontiert.

Etwas Licht in die Diffusität von religiösen Erwartungen können Interviews aus den 1990er Jahren bringen, die Wilhelm Gräb festgehalten hat. Dort wurden Studenten nach ihrem Verständnis von Glauben befragt. Wie die narrativen Passagen zeigen, erhielt die selbst gemachte Weltanschauung die höchste Zustimmung. Zum Beispiel:

> Zu meinem Glauben, also ich habe schon einen Glauben. Aber den lege ich mir auch so selber zurecht. (Also) der richtet sich nach keinem Buch oder nach irgendetwas. Also ich denke schon, dass es irgendwas nach dem Tod gibt. Und vielleicht, dass es auch noch ein Leben auf irgendeiner Erde gibt oder so. Aber ich kann es eben nicht ab, dass die Kirche auf später vertröstet und (– ich weiß nicht –) die Leute dann denken, nach dem Tod geht es ihnen besser (oder so). Es ist ja heute auch nicht mehr so krass. Aber dieses Bild ist irgendwie in meinem Kopf.
>
> Religiöses Bewusstsein, ja, das ist echt schwierig. Also ich glaube, ich habe ein ganz tiefes Bewusstsein. Bloß das hat irgendwie wenig, also mittlerweile wenig mit dem Christentum zu tun, wie es so sich hier repräsentiert. Also ich fühle mich da mit meinem religiösen Bewusstsein überhaupt nicht aufgehoben, (so). (Oder) mit meinen religiösen oder ich (sage mal) kann es vielleicht auch spirituellen Bedürfnissen nennen.
>
> Ja, so eine eigene Religion … oder so Religion als Eigenes ist für mich total wichtig, ist für mich auch so ein Hauptpunkt, wo ich mich mit auseinandersetze, was mir wichtig ist. … Ja, es hat für mich viel mit Philosophie zu tun. Ich sehe das eben immer auf einer Ebene oder in solchen Zusammenhängen vielleicht. (Wobei ich dann) ja, ich finde es interessant, sich viele Glaubenssätze (sich) anzugucken oder viele verschiedene Religionen irgendwie zu betrachten auch, weil, ich versuche irgendwie, so etwas Übergeordnetes als Religion zu begreifen, irgendwie so einen Gesamtkontext, in dem das halt steht. Ja, so etwas Allumfassendes halt irgendwie.[18]

Diese Äußerungen stammen aus den 1990er Jahren. Was damals die Studenten etwas unbeholfen formulierten, dürfte sich

---

18 Zitiert nach Wilhelm Gräb, Religion als Deutung des Lebens, 11 f.

seither mit einigen nuancierten Verschiebungen in der Gesellschaft weithin etabliert haben. Und genau damit sind Pfarrer im pastoralen Alltag konfrontiert. Sie erleben, dass die religiöse Empfänglichkeit stark mit den jeweils individuellen Sinnreflexionen verbunden ist. Mitunter werden dabei christliche Elemente integriert, doch darüber, welche das sind, möchte man selbst bestimmen.

Pfarrer stehen also vor dem Dilemma, entscheiden zu müssen, ob und wie weit sie auf Bedürfnisse des Zeitgeistes eingehen oder sich diesen versagen. Sollen sie in ihrer Gemeindepraxis auf ein erkennbar christliches Profil setzen oder einem breiten Spektrum von Meinungen Raum geben?

> Ein flüchtiger Blick in die religiöse Realität der Gegenwart macht dieses Problem anschaulich: In den evangelischen Großkirchen vertreten die Amtsträger ein derart breites Spektrum an Meinungen, dass die soziale Bindekraft dieser Kirchen schwindet und ihre Glaubenstradition verblasst. Den Freikirchen und charismatischen Gemeinden, deren Prediger durch eine dogmatische Schulung statt durch eine akademische Kritik gehen, gelingt es oft besser, Menschen in den Tiefen des Herzens zu berühren und sie zu einer Gemeinschaft zu verbinden, in der ein überblickbarer Kanon von Überzeugungen, Zielvorstellungen und abgelehnten Möglichkeiten sie gemeinschaftlich ausrichtet.[19]

Wird also Religion zum Selbstbedienungsladen und bald jedes Gemeindeglied ein Sonderfall? Oder kann die Vielfalt an Suchbewegungen und Überzeugungen für die Gemeinden zu einer Bereicherung werden? Klar scheint bisher nur, dass Theologie und Kirche über die religiöse Sozialisation keine Verfügungsmacht mehr haben. Die Menschen entscheiden selbst, ob und welchen religiösen Gemeinschaften sie sich anschließen. Und wo Freiheit ist, ist immer auch ein Markt.

Die Herausforderung für Kirchen und ihre Pfarrer besteht folglich darin, auf diesen religiösen Markt zu reagieren. Die gängige Alternative von „Beliebigkeit“ auf der einen und „Pro-

---

19 Paul Bernhard Rothen, Das Pfarramt. Ein gefährdeter Pfeiler der europäischen Kultur, 118.

fil" auf der anderen Seite, dürfte dabei zu kurz greifen. Wer das Profil schärfen will, hat ja automatisch das Problem der Ab- und Ausgrenzung. Wer andererseits offen für alles ist, hat das Problem der Unlesbarkeit. Eine angemessene Balance wird darum wohl jeder Pfarrer in der Auseinandersetzung mit seiner Gemeinde selber finden und praktizieren müssen. Er sollte sich dabei aber auch bewusst bleiben, wo der Spaß aufhört, dann nämlich, wenn das christliche Evangelium verfälscht oder missbraucht wird.

Andererseits dürfen Pfarrer registrieren, dass die Menschen heute bewusster in der Kirche sind als noch vor wenigen Jahrzehnten. Heutige Kirchenmitgliedschaft hat an Entscheidungs- und Freiwilligkeitscharakter gewonnen. Das ist eine nicht zu unterschätzende Basis und zugleich eine Chance. Eine weitere Chance liegt in der persönlichen Kommunikation innerhalb einer Kirchengemeinde.

Natürlich wird christliche Religion auch außerhalb der Gemeinde, in Büchern, Medien, Kunst, Musik und TV kommuniziert. Die Stärke von Kirchengemeinden liegt jedoch gerade in der persönlichen, durch nichts zu ersetzenden Kommunikation des Evangeliums. Auf diesem Feld muss sie ihre geistige Deutekraft für das konkrete und individuelle Leben erweisen. Was es mit dieser Welt und unserem Leben in letzter Instanz auf sich hat, woher wir kommen und wohin wir gehen, muss eine relevante Antwort finden. Hier hat die Kirche durch kommunikative Leistungen ihre Chance. Und dies könnte Pfarrern und Pfarrerinnen auch zum Ansporn werden.

Schließlich sehe ich eine weitere Chance in der religiösen Auseinandersetzung mit der zeitgenössischen Kunst. Bildende Kunst und populäre Musik, Literatur und Film sind heute verstärkt zum Medium religiöser Selbstauslegung geworden. Für die Kirche und ihre Pfarrer wären sie eine Herausforderung, das religiös allzu vertraut Gewordene neu zu befragen.

> Die ästhetische Kultur ist für die moderne Religiosität zunehmend ein wichtiges Erschließungsforum geworden … Sie provoziert die Auseinandersetzung mit grundlegenden Fragen menschlicher Existenz, gerade dadurch, dass sie eingespielte Er-

> fahrungsmuster aufbrechen, den vertrauten Horizont unseres Alltags überschreiten und so die eigene Antwort verlangen auf die Frage nach der Orientierung und Bewährung in ihm.[20]

In einem Dialog mit den zeitgenössischen Künsten steckt für die evangelische Kirche noch viel unentdecktes Potenzial, dass sich für ihren Kernauftrag – die Kommunikation des Evangeliums auch in der Moderne – fruchtbar machen ließe. Dabei stellt sich dann wohl weniger die Frage nach Abgrenzungen, nach Beliebigkeit oder Profil als vielmehr die Frage nach der Relevanz der jeweiligen religiösen Impulse.

8.6 Offenheit und Begrenzung

Aus den bisherigen Überlegungen ist deutlich geworden, dass in der gegenwärtigen Übergangssituation der Kirche mehr denn je die Kunst des Pfarrers, der Pfarrerin gefragt ist, zwischen Öffentlichkeit und Gemeinde, zwischen Offenheit und Profil, zwischen Wünschbarem und Begrenztem klug zu agieren. Dabei

> muss klar unterschieden werden zwischen der Offenheit der kirchlichen Kultur über die eigenen Grenzen hinaus und der Begrenztheit der Reichweite der kirchlichen Organisation und ihren Handlungsmöglichkeiten: Einerseits muss das Bemühen gepflegt und gefördert werden, sich in die kirchenfernen und kirchenfremden Bereiche des gesellschaftlichen Lebens hinein verständlich zu machen, dialog- und pluralitätsfähig zu sein und eine wache Zeitgenossenschaft zu pflegen. Andererseits sind die engeren Grenzen durch Minderung der Mitgliederzahlen ebenso zu realisieren wie die begrenzte Bereitschaft vieler Mitglieder, sich intensiver mit dem gemeindlichen Leben zu identifizieren oder sich gar aktiv darin zu engagieren.[21]

---

20 Wilhelm Gräb, Religion als Deutung des Lebens, 24.
21 Ulrike Wagner-Rau, Auf der Schwelle, 81.

Bei allem Bemühen um Offenheit und Öffentlichkeit des kirchlichen Lebens wird es also ebenso nötig sein, auch um die eigenen Grenzen zu wissen und sich dazu in ein realistisches Verhältnis zu setzen. Dass qualitative Gesichtspunkte in der Auseinandersetzung mit einer quantitativen Entwicklung der Kirchengemeinde von entscheidender Bedeutung sind, ist nur zu betonen.

Pfarrer sehen sich allerdings auch mit Begrenzungen konfrontiert, die nicht lokal oder personal zu verantworten sind, sondern in der Tradition evangelischer Glaubenskultur liegen, sich mithin ihrem Einfluss weithin entziehen. Ein typisches Symptom unserer Kirchen ist der fehlende Missionswille. Man scheint sich mit dem Schrumpfen der Gemeinden abgefunden zu haben und ist dabei, sich in der Diaspora einzurichten.

> Das Ziel, möglichst viele Menschen für Glauben und Kirche zu gewinnen, wird gegenwärtig in den evangelischen Kirchen weltweit nur durch charismatische Bewegungen erfolgreich angestrebt. Mit diesen Bewegungen aber ist ein inhaltliches Profil verbunden, das in den deutschen Großkirchen zwar einen begrenzten Ort hat, aber den historisch prägenden Frömmigkeitstraditionen nicht entspricht. Die subjektive Anverwandlung evangelischer Frömmigkeit über langjährige Bildungsprozesse, die das Profil der großen evangelischen Kirchen in Mitteleuropa bestimmt und ihre Akzeptanz als bedeutsamen Gesprächspartner in den demokratischen Austauschprozessen der modernen Gesellschaft ausmacht – mithin also einen wesentlichen Faktor ihrer Öffentlichkeit darstellt –, ist auf rasches Wachstum der Mitgliedschaft und eine umfassende Beteiligung an kirchlicher Praxis nicht angelegt.[22]

Ulrike Wagner-Rau plädiert daher für eine realistische Bescheidenheit.

> Insofern ist die Offenheit und Öffentlichkeit der Kirche zu verbinden mit einer Bescheidenheit in quantitativer Hinsicht und Realismus im Blick auf die eigenen Möglichkeiten. Es setzt keine

22 A.a.O., 82.

> produktiven Kräfte frei, sich für Ziele abzumühen, die in der gesellschaftlichen Wirklichkeit keinen Anhalt haben ... Die Akzeptanz der kleiner werdenden Kirchen darf aber nicht der damit einhergehenden Gefahr erliegen, die Horizonte zu verengen. Hier gilt es vielmehr, in besonderer Weise anspruchsvoll zu bleiben und an der Durchlässigkeit der eigenen Grenzen zu arbeiten. Öffentlichkeit und Ökumenizität der Kirchen sind Qualitäten, die in Zeiten strukturellen Rückbaus besondere Aufmerksamkeit brauchen.[23]

In der pastoralen Praxis wird demgemäß viel davon abhängen, genau diese Spannung zwischen Öffentlichkeitsanspruch und realistischer Beschränkung der eigenen Möglichkeiten zu halten und auszuhalten. Wenn im Pfarramt Arbeitsbereiche wachsen, andererseits Stellen reduziert werden, muss eben auch geklärt werden, was in Zukunft nicht mehr getan werden kann. Die Entscheidung darüber kann nicht den Pfarrern allein überlassen bleiben, vielmehr ist dies eine Aufgabe, die im Zusammenspiel von Pfarramt, Kirchenvorstand und Kirchenleitung erarbeitet werden muss.

> Entscheidend wichtig ist es dabei, dass weniger Handlungsmöglichkeiten nicht mit schlechteren Handlungsmöglichkeiten identifiziert werden. Auch, wer gezwungen ist, den Umfang und die Breite des eigenen Arbeitsfeldes zu reduzieren, kann sich die Freiheit erhalten, im neu begrenzten Umfang die Qualität des Handelns so zu bestimmen, dass sich nicht nur Zufriedenheit mit dem eigenen Tun einstellt, sondern auch der Anspruch der Kirche, über sich hinaus zu wollen, in exemplarischer Weise in diesem Handeln Ausdruck findet. Nie war es für einen Pfarrer möglich, es allen Menschen in der Gemeinde recht zu machen. Nie konnte eine Pfarrerin den Möglichkeiten und Notwendigkeiten völlig nachkommen, die die Wirklichkeit ihres Tätigkeitsbereiches nahe legt. In den enger werdenden Grenzen wird die inhaltliche Klarheit und Entschiedenheit in der Reflexion über das Tun und Lassen dringlicher. Weniger muss nicht schlechter sein.[24]

---

23 A. a. O., 82 f.

24 A. a. O., 83.

Dabei wäre Pfarrern und Kirchenvorständen mehr Mut zu wünschen, der Mut nämlich zur Einsicht, dass Reduktionen nicht von vornherein als Defizit oder Mangelphänomen zu deuten sind, sondern tatsächlich einen gestalterischen Beitrag zur Gemeindeentwicklung ausmachen können.

9 Leben im Pfarrhaus

Das Pfarrhaus ist in der Regel ein stattliches Haus, in dem gut wohnen ist. Lage, Raumangebot und Ausstattung liegen meist über dem Wohnstandard der Gemeindeglieder. Der Romantiker denkt an „Rosenzucht, Heimatkunde und Imkerei, Bücherwände, Hausmusik und Innerlichkeit“ (Richard Ries).

Heutige Vikare sehen hingegen eher das „Glashaus“, in das sie bald einziehen und vor dem ihnen auch graut. Für junge Pfarrer erscheint es in der Tat immer häufiger als Zumutung, im Pfarrhaus wohnen zu müssen. Ihr Vorbehalt richtet sich auf jene seltsame Mischung von Privileg und Belastung, Chance und Hypothek, geborgene Sicherheit und Glashaus. Pfarramt und Pfarrhaus gehören jedoch, zumindest bisher, eng zusammen. Weil der Beruf des Pfarrers weithin ein häuslicher Beruf ist, ist der protestantische Geistliche ohne sein Haus und die, die mit ihm darin wohnen, kaum zu begreifen.

9.1 Geistliche und bürgerliche Existenz

Im Pfarrhaus, dem Ort, wo der Pfarrer lebt und arbeitet, wird die Spannung zwischen geistlicher und bürgerlicher Existenz besonders manifest. Weil er ein geistliches Amt ausübt, möchte er ein geistliches Leben führen, dass sich auf Gott ausrichtet. Sobald er Familie hat, was dem evangelischen Pfarramt entspricht, ist ihm ein geistliches Leben nur noch gebrochen möglich.

Der katholische Priester übt seinen Beruf allein aus und lebt allein. Das Zölibat schließt ihn damit auf verschiedene Weise von einer normalen gesellschaftlichen Existenz aus, denn mit der Familie fehlt ihm auch die Sorge um sie. Er muss nur für sich sorgen.

Der evangelische Pfarrer hingegen ist durch seine Familie auch mit der Bürgergemeinde eng verbunden. Er ist nicht nur Pfarrer, sondern immer zugleich Bürger, Ehemann und Vater, der für die Ernährung und Ausbildung seiner Kinder zu sorgen hat. Er ist Schwiegersohn und wird Schwiegervater, er ist in weit stärkerem Maße Konsument und man erwartet von ihm, dass er am gesellschaftlichen Leben teilnimmt. Damit ist er auch angreifbarer.

Im Pfarrhaus prallen also geistliche und bürgerliche Welt aufeinander. Dabei geht es nicht nur um das Zeitmanagement zwischen Amt und Familie, nicht nur um eine sinnvolle Abgrenzung zwischen Arbeits- und Wohnbereich. Das sind organisatorische Fragen, die weiter unten zur Sprache kommen sollen. Hier geht es noch einmal um das Selbstverständnis zwischen geistlicher und säkularer Existenz sowie um die Fähigkeit, in dieser Spannung leben zu können.

Es gab und gibt immer wieder Pfarrer, die diesen Zwiespalt zu bewältigen suchen, indem sie sich die Rolle des Außenseiters zulegen und darin einrichten. So können sie gesellschaftlich Außenseiter bleiben, immerhin mit hohem Sozialprestige, und man billigt ihnen manche Narrenfreiheit zu, weil sie eben ein wenig anders sind. Auch innerhalb der Familie blieb der Pfarrer oft ein Außenseiter mit seiner Doppelrolle von Mensch und Priester. Diese Außenseiterrolle, auf die man sich auch auf komfortable Weise zurückziehen konnte, wird Pfarrern heute allerdings kaum noch gestattet. Sie hat sich verbraucht und findet kaum noch Akzeptanz. Die Menschen erwarten vom Pfarrer eine Authentizität, in der sichtbar Geistliches und Bürgerliches integriert sind und überzeugend gelebt werden.

Weil der Pfarrer nicht allein lebt, kann er nicht ganz und konsequent Geistlicher sein. Weil er ein geistliches Amt ausfüllen will, kann er nicht nur Bürger sein. Eine Spannung zwischen öffentlichem und privatem Leben kennen andere Berufe natürlich auch, doch in keinem anderen tritt der Anspruch eines geistlichen Lebens hinzu und muss sich glaubwürdig auch in der Familie bewähren. Denken wir etwa an die Erziehung der eigenen Kinder, an Verweigerungen oder Ermutigungen. Denken wir an die Auseinandersetzungen mit der Partnerin über finanzielle Fragen, Urlaubs- oder Freizeitgestaltung usw. Da sind Dinge zu regeln, Entscheidungen zu treffen, sich mit Fragen auseinanderzusetzen, die den Pfarrer von seinem Werk abziehen. Er muss sich auf sie einlassen um der Familie willen.

Gerade dadurch sei der Pfarrer näher bei den Menschen, ist oft zu hören. Das mag richtig sein, doch es zieht ihn auch ab von Gott und seinem Auftrag. Im Pfarrhaus muss er diese Spannung aushalten und in Balance bringen. Allerdings muss er dafür das Rad nicht neu erfinden, sondern kann an eine lange Tradition jener Familien anknüpfen, die seit Jahrhunderten im Pfarrhaus gelebt und gearbeitet, gelitten und gefeiert haben, die in ihm bedrückt und glücklich waren.

9.2 Das Pfarrhaus als bürgerliches Ideal

Mit gutem Grund kann das evangelische Pfarrhaus als eine kulturelle Leistung und gesellschaftlich prägende Institution verstanden werden. Über Jahrhunderte hinweg galt der evangelische Pfarrerstand als einflussreiche Institution in der Kultur- und Sozialgeschichte der Neuzeit. Vor allem in der Zeit von Pietismus und Aufklärung und bis in das 19. Jahrhundert hinein sind überdurchschnittlich viele bedeutende Persönlichkeiten aus den Pfarrhäusern hervorgegangen. Der Pfarrer und mit ihm das Pfarrhaus, in dem seine Familie wohnte, wurden für einige Jahrhunderte zum wichtigen Identitätsmerkmal der evangelischen Kirche.

Doch die Anfänge waren bescheiden. Als das Zölibat fiel, war zwar der Weg frei für die Gründung einer Familie, doch die sozialen Verhältnisse der Pfarrerschaft waren zunächst und für lange Zeit die der Unterschicht.

> Die große Zahl der Pfarrstellen war kärglich besoldet, und daher waren die Pfarrer darauf angewiesen, ihre Äcker entweder selbst zu bestellen oder zu verpachten. Zudem waren die Stellen unterschiedlich dotiert und in einigen Fällen deutlich besser ausgestattet. … Erschwert wurden die Anstellungsmöglichkeiten

> durch die große Zahl der Kandidaten, die allein und für sich und ohne jede Hilfe der Kirchen sehen mussten, wo sie (vor allem als Hauslehrer) unterkamen, bis sie eine Stelle fanden.[1]

In der Regel wurde das Pfarrhaus von einer Großfamilie mit zwanzig oder mehr Personen bewohnt und galt als offenes Haus, auch für Durchreisende und Notleidende. *Martin Greiffenhagen* hat die Bedeutungs- und Wirkungsgeschichte des evangelischen Pfarrhauses anschaulich beschrieben (Das evangelische Pfarrhaus, 1984) und dabei aufgezeigt, dass es weithin Urbild und Vorbild zugleich war.

Einerseits spiegelte es die Normen bürgerlichen Lebens exemplarisch wieder, andererseits wirkte es als Trendmacher im Sinne eines nachahmenswerten Vorbildes. Zeitweise trat ein konservativer, bewahrender Zug in den Vordergrund, in anderen Zeiten gingen von ihm progressive Impulse aus. Grundsätzlich war die gesamte Familie des Pfarrers zu einem exemplarisch-christlichem Leben verpflichtet, zumindest dem Ideal nach. Wenn dies nicht gelang, wurde die religiöse Autorität des Pfarrers gleich in mehrfacher Weise diskreditiert: zunächst im Blick auf seine eigene religiöse Identität, ebenso in seiner Glaubhaftigkeit in der Familie und gegenüber der Gemeinde. Es lag also viel daran, die Vorbildfunktion auszufüllen und auszuüben. Dass dies nicht selten als Druck erlebt wurde, lässt sich in diversen literarischen Zeugnissen von Pfarrerskindern nachlesen.

Dennoch: Welche Vielfalt wurde in den Pfarrhäusern kultiviert! Typisch waren zunächst der Kinderreichtum und jene „Innerlichkeit“, für die das Pfarrhaus sprichwörtlich geworden ist. In der Pfarrfamilie wurde eine Wort- und Musikkultur gepflegt, die ihresgleichen suchte. Literarische und psychologische Fragen wurden erörtert, pädagogische und soziale Impulse nach außen getragen und ins Werk gesetzt. Dichtung und Philosophie hatten einen hohen Stellenwert.

---

1 Dietrich Rössler, Grundriss der Praktischen Theologie, 502.

Mit dem Pfarrer und seiner Familie zog eine städtische, bürgerliche Lebenswelt auch aufs Land. Denn

> städtische Kultur zeichnet den Lebenszuschnitt der Pfarrfamilie, ihre modische Kleidung wie ihre gepflegten Umgangsformen, ihre privaten Interessen und natürlich ihre Bildung, ihre Sprache." Auch wenn das Haus weit draußen auf dem Lande steht, „das Interieur ist aus einer anderen, bürgerlichen Welt. Bilder und Bücher, Kunst und Dichtung, Musik und Gespräch füllen das aparte Haus aus. Sie sind die Accessoires der zugleich religiösen wie bürgerlichen, der in zweifacher Weise exemplarischen Familie.[2]

So wundert es nicht, dass das Pfarrhaus und seine Bewohner lange Zeit eine besondere Faszination auf die Umwelt ausübten.

> In seiner Andersartigkeit, seiner Fremdartigkeit ist auch die Faszination begründet, die das Pfarrhaus auf die anderen ausübt, auf die großen Dichter und Denker, die in der Blütezeit des ländlichen Pfarrhauses, am Ende des 18. und dann im 19. Jh., über die Idylle der pastoralen Familie schreiben … Wie schließlich Pfarrer-Romane des 19. Jh. die Gestalt des Pfarrers nicht in seiner beruflichen, sondern in seiner privaten Lebenswelt portraitieren, so finden auch die alltäglichen Erzählungen vom Pfarrhaus ihren Stoff in den intimen Lebensbeziehungen der Pfarrfamilie.[3]

Die Kehrseite lag gewissermaßen auf der Hand: Die Bewohner begannen, das Pfarrhaus auch als Bühne und ihr familiäres Leben als Theater zu verstehen.

> Als spielten sie ihr privates Leben anderen vor, als führten sie ihre Ehe für andere, erzögen ihre Kinder für andere, als inszenierten sie die intimen Szenen des Familienlebens für andere; kurz: als führten andere Regie im Glashaus.[4]

---

2 Wolfgang Steck, in Martin Greiffenhagen, Das evangelische Pfarrhaus, 110.

3 A. a. O., 110.

4 A. a. O., 110.

Dennoch wurde in den Pfarrhäusern, lange bevor dies anderen möglich wurde, eine individuelle und damit unkonventionelle Lebensgestaltung gefördert.

> Nirgends wird seitdem die Häuslichkeit, die Umgrenzung der individuellen Lebenswelt so gehütet wie im Pfarrhaus. Keine Familie kultiviert ihren eigenen Lebensstil so hingebungsvoll wie die Pfarrfamilie. Keiner widmet sich mehr der individuellen Gestaltung der familiären Lebensbeziehungen als der Pfarrer, seine Frau und seine Kinder … Für die Pfarrfamilie ist das Pfarrhaus die Sinnwelt, aus der sich ihr das Leben erschließt; für die Kinder ist es der Maßstab, an dem sie ihre späteren Erfahrungen messen. Kein Pfarrerskind verlässt das Haus, ohne symbolisch immer wieder dorthin zurückzukehren. Das Pfarrhaus ist für seine Bewohner ein unverlierbarer Kosmos an Erfahrung und Erleben. Es ist mehr als ein Vorbild. Es ist Sinnbild unverwechselbarer Lebensidentität.[5]

Die Last der Vorbildrolle lag mitunter schwer auf der Familie. Konflikte durften nicht ausgetragen, sondern mussten unterdrückt werden. Weil der Pfarrer ständig im Amt, seine Frau ständig im Dienst war, gab es wenige Zeiten ungestörten familiären Zusammenseins. Die ganze Gemeinde hatte freien Zutritt, um Amtshandlungen anzumelden, seelsorgerlichen Rat zu holen oder kirchliche Aktivitäten zu besprechen.

Auf diese Weise lag das Leben der Pfarrfamilie der Gemeinde wie ein offenes Buch vor Augen. Erst mit dem Bau der Kirchgemeindehäuser am Ende des 19. Jh. änderte sich das. Und doch blieb im kollektiven Gedächtnis genau jenes Image und jene Ausstrahlung, die das Pfarrhaus in der Aufklärungszeit ausgezeichnet hatten. Später hat sich diese Bürgerlichkeit dann allerdings gegen die Pfarrer gewendet.

> Mit der Verbürgerlichung der Gesellschaft verlor der einst aparte Lebensstil der Pfarrfamilie sein eigenwilliges Profil. Die bürgerliche Individualität fiel ihrer Trivialisierung zum Opfer. Nicht die Originalität, sondern die Konvention … wurde zum Maßstab, der sich nun gegen die Pfarrfamilie wendet. Das Innenleben

5 A. a. O., 111.

des Pfarrhauses wurde messbar. Und gemessen und bewertet wird es seitdem nach dem von ihm selbst gesetzten Maß, an den vom Pfarrer proklamierten bürgerlichen Tugenden. Sie wurden zu Grenzen der Individualität.[6]

9.3 Die Frauen der Pfarrer

Ich selbst bin nicht im Pfarrhaus aufgewachsen, sondern in einer kinderreichen Arbeiterfamilie. Doch ich habe sie kennengelernt, die Pfarrhäuser, die Pfarrfamilien und die Kultur von generationenübergreifenden Pfarrer-Dynastien. Später habe ich selbst ein offenes Pfarrhaus geführt, habe die einzigartigen Möglichkeiten ausgelebt und andererseits die leidige Präsenzpflicht auf mich genommen; habe mit Frau und vier Kindern das Haus belebt, unter der ständigen Anspannung gelitten und es doch alles in allem als ein Privileg empfunden.

Allerdings hat sich das Leben im Pfarrhaus in den letzten Jahrzehnten grundsätzlich verändert. Äußerlich ist es ruhiger geworden um die Pfarrhäuser, im Inneren allerdings ist das ganze Pfarrhaus in Turbulenzen geraten. Um diese Bewegungen und Verunsicherungen einigermaßen erfassen zu können, müssen wir bei den Frauen der Pfarrer beginnen.

Es sind nämlich die Pfarrfrauen, die vom Aussterben bedroht sind, nicht die Pfarrer. Und damit ist ein Verlust zu beklagen, der für das Pfarramt weitreichende Konsequenzen hat.

> Was die Pfarrfrau und Mutter anging, so war ihre Rolle zwischen partnerschaftlicher Kollegialität und vertrauensvoller Abhängigkeit angesiedelt. Eine prekäre und von ihr viel Sensibilität verlangende Lage. Kein Zweifel: Ohne die Frau Pfarrer lief nichts. Dennoch blieb der Pfarrer der Herr, auch ihr Herr. Und spätestens nach seinem Tode wusste sie, dass ihr ganzes Leben über ihn gelaufen war.[7]

---

6 A. a. O., 112.

7 Martin Greifenhagen, Das evangelische Pfarrhaus, 11.

Seit der Reformation gehörten die Frauen der Pfarrer unabdingbar zum protestantischen Gemeindeleben. Mit ihrer Herzensgüte und stillem Management prägten sie die Kultur des evangelischen Pfarrhauses. Sie waren es, die einen Stil pflegten, der sich durch Dienstbereitschaft, Offenheit, Bildung und Empathie auszeichnete. Sie haben ohne eigenen Lohn für die Kirche gearbeitet und ein eingeschränktes Privatleben auf sich genommen. Sie haben ihrem Mann geholfen, wo und wie es nötig war, und kannten die Gemeinde wie niemand sonst. Allerdings drohte ihnen immer auch das Schicksal, „aufgefressen" zu werden.

Heute gibt es nur noch wenige Frauen, die sich für eine klassische Pfarrfrauenrolle entscheiden. 2001 hatte auch der Zürcher Kirchenrat dieser Realität Rechnung getragen, indem er mit der Order an die Gemeinden gelangte: „Die Mitarbeit der Pfarrfrau in der Gemeinde kann nicht vorausgesetzt werden."

Das Aussterben der traditionellen Pfarrfrau bedeutet einen Kulturverlust. Sie waren ja keineswegs nur die Gehilfinnen ihres Mannes, sondern weit häufiger eine eigene Instanz, die von der Öffentlichkeit als solche auch wahrgenommen wurde. Für Luther und andere Reformatoren galten sie als „Gefährtinnen" und „Mitregentinnen". Dieser Status hat die meisten dieser Frauen erfüllt, sie waren stolz auf ihren Beruf. Sie waren das emotionale Zentrum der Familie und Gemeinde und standen den Menschen, vor allem den Frauen, auf eine Art und Weise bei, wie es der Herr Pfarrer eben nicht konnte. Und sie haben Werte vermittelt! Es mag Pfarrfrauen gegeben haben, die die Gemeinde stärker prägten als der Amtsinhaber selbst.

Das Unbehagen stellte sich in den 60er/70er Jahren des vorigen Jahrhunderts ein. Der damalige Zeitgeist brach mit Konventionen, stellte alles in Frage, brachte neue Sehnsüchte und Normen hervor. Die Frauenbewegung tat ein Übriges.

Andererseits hatte der Zugang von Frauen zum Pfarramt und die Professionalisierung gemeindlicher Aufgaben das ältere Modell der Pfarrfrau immer mehr obsolet gemacht.

Schließlich hat ein Trend zu Teilzeitstellen die Möglichkeiten für den Pfarrer und dessen Frau erweitert. Aber auch Scheidungen sind in den Pfarrfamilien häufiger geworden. Die Frauen der Pfarrer setzen andere berufliche und private Prioritäten, jenseits ihrer Rolle als Pfarrfrau. Der eigene Beruf der Pfarrfrau bedeutet auch eine Befreiung aus alten Zwängen. Allerdings kann es auch für den Pfarrer ein Gewinn sein, wenn seine Frau andere Impulse und Sichtweisen in die Familie einbringt, sodass sich nicht mehr das ganze Leben um die Gemeinde dreht.

Wie aber stellen sich diese Entwicklungen für die Gemeinde dar? Das Pfarrhaus ist weniger offen und verfügbar, der Pfarrer trotz Handy und Anrufbeantworter immer schwerer zu erreichen. Ein Kommunikations- und Seelsorgeportal, wie es die traditionelle Pfarrfrau zwischen Gemeinde und ihrem Mann offenhielt, fehlt. Kirchengemeinde und Pfarrfamilie entfremden sich.

Demzufolge fordert auch die Bindung des Pfarrers an seine Gemeinde Anpassungen. Seine Frau muss ihrerseits ihre Rolle in der Gemeinde neu definieren. Sie kann nicht mehr sein, was sie gewesen ist. Und doch wird gerade das, unausgesprochen meist, noch von ihr erwartet. Weil sich der Pfarrer in einer gewandelten Stellung befindet, wird er die Erwartungen der Gemeinde in manchen Punkten enttäuschen oder revidieren müssen. Er steht jetzt der Gemeinde allein gegenüber und lebt in einer Paarbeziehung mit jemandem, der Anerkennung und berufliches Profil von anderswoher bezieht.

Für ihn hat sich also Grundlegendes verändert. Die einst verfügbare Stütze für sein Amt fehlt. Sie fehlt nicht nur, sondern fordert ihn durch ihre Berufs- und Lebenswelt auf neue Weise heraus. Nun muss er sich auch ihr gegenüber beweisen und steht mit seinem Amt nicht mehr im Mittelpunkt. Sind beide Ehepartner im Pfarrberuf tätig, kann es zudem zu einem Wettstreit um die Anerkennung der Gemeinde kommen, der sogar die Ehe gefährdet, dann nämlich, wenn ein Partner es nicht ertragen kann, dass dem anderen mehr Anerkennung zukommt.

Und wie steht es mit den Kindern der Pfarrfamilie? Auch sie sind vom Leben im Pfarrhaus wesentlich betroffen. Während die Ehefrau als Erwachsene ins Pfarrhaus kommt, sind die Kinder von Anfang an den internen, familiären Erwartungen, mehr aber noch den externen Maßstäben an die Pfarrfamilie ausgesetzt. Sie geraten, ob sie wollen oder nicht, auf den Präsentierteller. Für den Pfarrer und sein Image kann das zum Problem werden, denn: „Die Kinder des Hirten sollen gesittet, gläubig, wohlerzogen sein", ließ unter anderem Zwingli wissen.

> Man erahnt die Sorgen von Pfarrern mit undisziplinierten oder widerspenstigen Kindern. Des Pfarrers Publikum ist in diesem Fall erneut sowohl Gott als auch die Gemeinde. Ein erklärtermaßen ungläubiges Kind wird zuweilen als eine von Gott gesandte Strafe oder als Makel empfunden. Insbesondere in einer ländlichen Kirchgemeinde geben wilde Kinder Anlass zu Verdächtigungen oder Mitleid, womit die Identität des Pfarrers selbst angetastet wird. Denn gemäß dem Referenzmodell müsste der Pfarrer in seiner Familie jene Autorität zeigen, die er sich in seiner Gemeinde zugutehält. Einmal mehr findet sich hier die Mischung Berufung/Beruf oder Überzeugung/Beruf oder auch Privatleben/öffentliches Leben – eine Besonderheit, die den Pfarrer vom Arzt, vom Anwalt usw. unterscheidet. Wenn das Kind eines Pfarrers den Eindruck vermittelt, es entziehe sich mit exzentrischem Verhalten oder mit wenig konformen Meinungsäußerungen der Autorität des Vaters, untergräbt es offenkundig die Autorität seines Vaters, denn es tastet ein Vorbild an, das in den Augen der Öffentlichkeit eine starke Tradition für sich beanspruchen kann.[8]

Der Volksmund, wonach Pfarrers Kinder und Müllers Vieh selten gedeihen oder nie, war von jeher eine Problemanzeige. Pfarrers Kinder und Müllers Vieh haben nämlich eines gemeinsam: Beiden werden häufig zu schwere Säcke aufgeladen. Die moralische Überfrachtung und die geringen Möglichkeiten, sich dem zu entziehen, hat denn auch zu manch gebrochenen Schicksalen geführt.

Dennoch hat bereits in den kritischen 1970er Jahren über ein Drittel der Befragten die Existenz als Pfarrerskind positiv empfunden.[9] Heute dürfte die „Zufriedenheitsrate" weit hö-

---

8 Pierre Dubied, Die Krise des Pfarramts als Chance der Kirche, 58f.

9 Nach Richard Riess, Haus in der Zeit, 155.

her liegen. Das Volkssprichwort von Pfarrers Kindern geht ja bekanntlich weiter: „Wenn aber doch mal eins gerät, ist's von erlesener Qualität."

9.4 Der Pfarrer als Teilzeit-Hausmann

Nehmen wir also an, die Frau des Pfarrers hat ihren eigenen Beruf. Sie ist Lehrerin, Krankenschwester oder Beraterin. Sie geht aus dem Haus und kommt nach getaner Arbeit am „Feierabend" nach Hause und hat ein Recht auf Freizeit.

Damit ändert sich in der Pfarrfamilie vieles. Nicht nur Gebet, Kirchgang, Bibellesung und häusliche Andachten verlieren ihre Selbstverständlichkeit. Der Pfarrer steht nun weithin für sich und kann die Familie nicht mehr in seinen Beruf einspannen. Das Gehen zur Arbeit und Heimkommen am Feierabend kennt der Pfarrer nicht, denn er arbeitet weithin zu Hause. Für sich selbst mag er seinen Rhythmus gefunden haben, viel schwieriger aber ist es für Frau und Kinder. Oft bleibt es für sie unklar, ob der Mann und Vater jetzt gerade dienstlich oder privat im Haus ist, ob er angesprochen werden darf oder nicht. Und als Pfarrer läuft er in der veränderten häuslichen Situation Gefahr, nun doch, wenn auch auf neue Art und Weise, wieder zum Außenseiter der Familie zu werden.

Ganz neu sind die schwierigen Arrangements im Pfarrhaus freilich nicht, denn von jeher mussten die Pfarrer und ihre Familien die Kunst des raschen Rollenwechsels erlernen. Johann Christoph Hampe, selbst Pfarrer und Schriftsteller, hat dieses Spiel anschaulich und mit feiner Ironie beschrieben:

> Am schwersten ist die Situation, wenn er ins Haus tritt nach dem Gottesdienst. Aber dann hat er den Talar abgetan, der heilige Mann ist wieder unsereiner. Er hat Hunger und Durst, vor allem Durst nach dem vielen Sprechen. Er möchte – auch das ist menschlich – hören, ob die Predigt gut war. Eine Woche lang hat er den Text meditiert und dann doch, von den Gesichtern der Gläubigen und vom Geist getrieben, die Sache ein wenig anders dargestellt. Das ist der schwierigste Augenblick in der Wo-

> chengeschichte des evangelischen Pfarrhauses. Ein natürliches Wort kann alles zerstören. Und auch der Pfarrer, der nun, wie der Schmetterling aus der Puppe, plötzlich wieder Familienvater sein soll, die Suppe würdigen, und am Jüngsten das Gesetz handhaben soll, das er sich doch auf der Kanzel versagte, auch ihn müssen wir verstehen.
>
> In diesem Augenblick erweist es sich, dass nicht der Pfarrer, sondern seine Frau, wie in allen Häusern, auch die Seele dieses Hauses ist. Wir hätten unsere Erfahrungen mit dem evangelischen Pfarrhaus an ihr darzustellen, nicht an ihm. Denn er ist der Außenseiter. Er wird sich zurückziehen, wenn das Essen vorbei und die Spielrunde mit den Kindern abgeleistet ist. Er sucht seinen Tempel auf, den Schreibtisch mit dem Kreuz darauf ... Da ist es an der Pfarrfrau, wiederum auf Zehen zu gehen in der Pfarrwohnung mit ihrem knarrenden Riemenparkett, und die Kinder eilen in ihr Vergnügen: Bis er wieder hervortritt aus der Klause, aus dem Tempel in das Haus, das am Abend wieder Haus sein darf und nicht Kirche sein muss. Beides zugleich sein zu müssen, fällt ihm schwer. Es ist die Quadratur des Zirkels.[10]

Solche Schilderungen aus einer früheren Zeit mag man mit Betroffenheit oder verständnisvollem Schmunzeln lesen. Manch heutiger Pfarrer mag im Geheimen aber auch denken: „Na und? Weiter war da nichts?“ Hält er sich nämlich seine eigene Realität vor Augen, kommen ihm noch ganz andere Anforderungen in den Sinn. Vor allem mag ihm schmerzhaft bewusst werden, dass er sich den Habitus von einst auch mit der verständnisvollsten Frau nicht mehr leisten kann. Mittlerweile ist er, zumindest partiell, zum Hausmann geworden. Außer der Doppelbelastung von Gemeinde und Familie fällt ihm, weil die Frau außer Haus arbeitet, diese Rolle sozusagen selbstverständlich zu.

Die Realität einer jungen Familie im Pfarrhaus könnte nun so aussehen: Wenn der Pfarrer das Kleinkind wickelt und ihm die Flasche hält, muss alles ohne Zwischenfall ablaufen, denn in 30 Minuten soll er im Altersheim stehen, um Gottesdienst zu feiern. Oder: Wenn er kurz vor dem Konfirmandenunterricht

10 Zitiert nach Martin Greiffenhagen, Das evangelische Pfarrhaus, 11.

noch einen Clinch mit den eigenen pubertierenden Kindern auszufechten hat, ist es fraglich, ob er das Aggressionspotenzial mit zu den Jugendlichen nimmt oder souverän genug ist, die Rolle augenblicklich zu wechseln. Oder: Wenn er von einem belastenden Hausbesuch kommt, seinen Anrufbeantworter abhört und sich in Gedanken schon auf das Taufgespräch mit dem jungen Paar vorbereitet, wird es ihn nerven, wenn die Tochter gerade jetzt einen Diskobesuch fürs Wochenende aushandeln will.

Oder andersherum: Wenn ihm seine Frau vom Ärger in ihrem Beruf erzählt und davon, wie wenig zimperlich es auf dem Arbeitsmarkt zugeht, wird er natürlich Anteil nehmen. Auf der abendlichen Sitzung aber, wenn es im Kirchenvorstand um die Empfindlichkeiten Einzelner geht, wird er vielleicht eher gereizt als verständnisvoll reagieren.

Vielleicht ist auch am Samstagnachmittag im Dorf ein neuen Feuerwehrauto einzuweihen, bei dem vom Pfarrer eine launige Rede erwartet wird, die sozusagen zum anschließenden Volksfest mit Wurstessen überleitet. Dass er aber um 17.00 Uhr zu einem meditativen Abendgottesdienst eingeladen hat, in der Zwischenzeit noch seinen Sohn vom Fußballturnier abholen muss, steht auf einem anderen Blatt. Wie er jeweils innerlich die Kurve kriegt, bleibt seine Sache.

Solche und andere Beispiele sind keineswegs erdachte Glossen, sondern finden ihre Realität im Alltag heutiger Pfarrer. Lebt die Familie in der Stadt, ist das Haus nicht mehr offen, sondern wird geschlossen gehalten, wie alle anderen auch. Jedes Familienmitglied hat seinen eigenen Schlüssel. Wenn es noch eine Präsenz im Pfarrhaus gibt, dann ist es ausschließlich die des Pfarrers. Lebt die Familie auf dem Land, ist er es, der die Kinder in die nahe gelegene Stadt fährt – die Tochter zur Flötenstunde, den Sohn zum Judo-Trainig und das dritte Kind zum Zahnarzt. Und wenn die Frau nach ihrer Arbeit nach Hause kommt, sollte ein Teil des Haushaltes bereits erledigt sein. Nun aber geht der Pfarrer zu Hausbesuchen, Gemeindeveranstaltungen oder Sitzungen.

Das Zeitmanagement zwischen Gemeindepfarramt, Hausmann, Ehepartner und Vater erfordern darum ein hohes Maß an Selbstdisziplin und verlässliche Absprachen mit den übrigen Familienmitgliedern. Vermutlich ist dies mindestens so anspruchsvoll wie die oft beklagte Doppelbelastung von berufstätigen Müttern oder alleinerziehenden Eltern.

Junge Pfarrer, die mit dem Familienaufbau und zugleich damit beschäftigt sind, ihre Rolle in der Gemeinde zu finden, sind stark belastet. Von der Gemeinde, für die er arbeitet, wird das nur recht ungenau wahrgenommen. Hat der Pfarrer es dann geschafft und sich um Mitte 40 in seinem Amt und den damit verbundenen Rollen eingerichtet, muss er der Gefahr widerstehen, dass er beruflich seinen Esprit verliert oder gar resigniert. Damit ist er an dem Punkt angelangt, an dem er sich „revitalisieren" muss, auch in Rückbesinnung auf sein geistliches Amt. Oder aber er sucht sich in der Sicherheit seines Amtes mehr und mehr private Nischen. Das wiederum wird von der Gemeinde sehr genau wahrgenommen.

9.5 Offenes Haus oder soziale Isolation?

Auch die Räume, in denen der Pfarrer agiert, haben sich verändert. Mit dem Bau der Kirchgemeindehäuser und der Einrichtung von Sekretariaten in den Kirchgemeinden haben sich Kontakte und Gespräche aus den Pfarrhäusern weithin verlagert. Das Pfarrhaus hat sowohl seinen Glanz wie auch seinen Charakter als Glashaus verloren. Die frühere „Studierstube" oder das „Amtszimmer" ist zum Büro geworden, in dem die Predigten, Liturgien und Vorträge am Computer entstehen. Das einmalige Flair von Büchern, Gelehrtheit und Pfeifentabak dürfte sich weithin verloren haben. Die Räume mit Stehpult und religiösen Stichen an den Wänden, die Atmosphäre von dogmatischer Strenge und menschlicher Milde sind, soweit sie es noch gibt, der Gemeinde nicht mehr zugänglich. Gespräche mit Gemeindegliedern oder Fremden finden in einem separaten Gesprächszimmer, häufiger aber im Gemeindezentrum statt.

Durch die modernen Kommunikationsmittel finden Menschen auch immer weniger einen Anlass, um das Pfarrhaus aufzusuchen. Kein Wunder, dass es um die Pfarrhäuser still geworden ist, vor allem in den Zentren der größeren Städte, in denen immer weniger Gemeindeglieder wohnen. Dort aber stehen die kapitalen Pfarrhäuser, in denen meist Pfarrer ihr Amt führen, die die Lebensmitte überschritten haben und deren Kinder bereits ausgezogen sind. Da werden die ehemals so selbstverständlichen sozialen Kontakte rar.

Aus dem oft beklagten Glashaus ist mittlerweile etwas Bizarres geworden, von dem man nicht mehr recht weiß, wie man sich ihm nähern oder es gar betreten soll. Vielleicht sieht man spät abends noch Licht im Pfarrbüro, weiß aber ansonsten nicht mehr, wie es dort zugeht. Auch die sogenannte Sozialkontrolle hat sich nach unten nivelliert.

Heute bieten sich andere Personen und Lebensstile an, von denen man sich in Magazinen und Trendblättern oder durch die Talk-Runden im TV fesseln lassen kann. Zu diesem Desinteresse haben die Pfarrer selbst freilich das Ihrige beigetragen, indem sie lange genug zu verstehen gaben, dass sie „auch nur ein Mensch“ sind. Fatal wird es allerdings immer dann, wenn sie zu bestimmten Anlässen wieder mit Vollmacht auftreten wollen. Man nimmt es ihnen dann nicht recht ab.

9.6 Vom Sinn der Residenzpflicht

Die Präsenzpflicht des Pfarrers oder richtiger: seine Residenzpflicht im Pfarrhaus wird heute in Frage gestellt. Für viele ist es fraglich geworden, ob sie angesichts der veränderten Lebensverhältnisse noch angemessen beziehungsweise angesichts der neuen Kommunikationsmöglichkeiten noch erforderlich ist. Gefragt wird auch, ob eine Residenzpflicht mit dem Modell von Teilzeit-Beschäftigung kompatibel ist. Jüngere wollen sich auf die Exklusivität eines Pfarrhauses nicht mehr ohne Weiteres einlassen. Und weil auch in den Pfarrfamilien weniger Kinder aufwachsen, müssen Pfarrer teilweise in für ihre Bedürfnisse überdimensionierten Häusern wohnen.

Eine Befragung nach der Wohnzufriedenheit in der Evangelischen Kirche Hessen und Nassau von 2001 ergab, dass drei Viertel der Pfarrer unter den Bedingungen der Residenzpflicht leben. Jeder fünfte Pfarrer ist unzufrieden mit seiner Wohnsituation, nur weit weniger als die Hälfte ist sehr zufrieden. Andererseits wird belegt, dass Pfarrer, die von der Residenzpflicht befreit sind, zufriedener wohnen. So befürwortet heute nur noch jeder fünfte Pfarrer die Residenzpflicht. Allerdings sprechen sich rund zwei Drittel aller Pfarrer für eine „Präsenzpflicht" aus.[11]

Bei einer ähnlichen Befragung der Hannoverschen Landeskirche waren 77 % der Pfarrer der Meinung, dass der Gemeindepfarrer auch eine andere Wohnung haben darf, allerdings bevorzugt im eigenen Gemeindebezirk. Die Wohnzufriedenheit ist auch hier bei jenen am höchsten, die ein eigenes Haus oder eine eigene Wohnung besitzen, am niedrigsten bei jenen, die ein Pfarrhaus bzw. eine Dienstwohnung bewohnen.

Das hat freilich weniger mit dem Ort zu tun als vielmehr mit zwei entscheidenden Fragen: Wie weit ist es möglich, Beruf und Privatleben zu trennen? Wie weit bin ich durch das aufgezwungene Wohnobjekt über Gebühr finanziell belastet?

Sollen also die Pfarrhäuser auch in Zukunft attraktiv bleiben, müssen die Gemeinden und Kirchenleitungen dafür Sorge tragen, tragbare Rahmenbedingungen zu gewährleisten. Orte, die überwiegend als „Präsentierteller" erlebt werden, tragen zur Wohnzufriedenheit nicht bei.

Gäbe es Möglichkeiten, Rahmenbedingungen zu schaffen, durch die eine Wohnsitzpflicht nicht als Zwang, sondern als Chance verstanden werden kann? Die Evangelische Kirche von Kurhessen-Waldeck hat die Fragen rund um die Residenzpflicht diskutiert und Leitlinien erarbeitet, auf die hier Bezug genommen werden soll.

Zunächst hält die Studie fest, dass die Kontroverse um die Residenzpflicht in der Pfarrerschaft nicht selten mit großer Leidenschaftlichkeit geführt wird. Das sei verständlich, da es sich bei der Residenzpflicht um eine „professionsspezifische Zumu-

---

11 Zufriedenheitsbefragung aller Pfarrer der Evangelischen Kirche in Hessen und Nassau, 2001, Internet: http.//pfarrberuf.iws-marburg.de.

tung" handelt, „die für viele Pfarrer mit finanziellen Nachteilen und anderen Einschränkungen" verknüpft ist. Zudem ist sie in der Gegenwart nur noch mit wenigen Berufen verbunden.

Die Studie betont im Weiteren, dass der Dienst des Pfarrers und der Pfarrerin die kontinuierliche Pflege von Beziehungen zu den Gemeindegliedern, also Bekanntheit und Vertrautheit mit den Menschen in ihren Lebensbedingungen, voraussetzt.

> Der Pfarrer bzw. die Pfarrerin können die Fragen und die Probleme der Menschen nur kennen, wenn sie mit ihnen zusammen leben – in der Sozialstruktur eines Dorfes, einer Kleinstadt oder eines Stadtteils. Eine solche Teilnahme am alltäglichen Leben ist eine wichtige Voraussetzung des Dienstes. In diesem Zusammenhang soll der Pfarrer, die Pfarrerin präsent sein, ansprechbar in der Nachbarschaft, auf der Straße, beim Einkauf.[12]

Es wird also kein Zweifel daran gelassen, dass die konkrete Anwesenheit des Pfarrers in der Gemeinde Priorität hat. Zugleich wird eingeräumt, dass die Institution des Pfarrhauses allein die Teilhabe am Leben der Gemeinde natürlich nicht sicherstellen kann. Diese hängt letztlich von den Menschen ab, die dort wohnen, und von ihrer Bereitschaft, das Pfarrhaus offen zu halten und mit Leben zu füllen.

Ein häufiger Einwand gegen die Wohnsitzpflicht bezieht sich auf die modernen Kommunikationsmöglichkeiten, durch die eine Erreichbarkeit der Pfarrerin jederzeit sichergestellt werden kann.

> Gegenüber dieser Argumentation ist aber festzuhalten, dass moderne Kommunikationsmedien die Realisierung von Präsenz zwar erleichtern können, aber weder garantieren noch ersetzen. Gerade im Zeitalter virtueller Kommunikation muss die Kirche neu entdecken, dass eine ihrer großen Stärken in der konkreten Begegnung von Menschen besteht … Wer immer nur erreichbar ist, ist noch längst nicht präsent![13]

---

12 Evangelische Kirche von Kurhessen-Waldeck: Das Amt des Pfarrers und der Pfarrerin in der modernen Gesellschaft, 49 f.

13 A. a. O., 51.

Schließlich ein Argument, das über die individuelle Präsenz des Pfarrers, bzw. der Pfarrerin hinausreicht: Die Residenzpflicht verkörpert auch eine allgemeine Präsenz von Kirche und verleiht der Öffentlichkeit des Amtes einen sichtbaren Ausdruck. Der öffentliche Charakter des Amtes braucht einen erkennbaren und allen zugänglichen Ort, eben das Pfarrhaus.

Das Pfarramt in der Ortsgemeinde ist geradezu prädestiniert, als Bezugspunkt und Identifikation eine wichtige Funktion zu erfüllen. Das Wissen um die Präsenz des Pfarrers im Pfarrhaus wird von der Gemeinde als positiv empfunden und hilft ihr bei der Identifikation mit der Kirchengemeinde. Und es gibt noch einen weiteren Grund, der grundsätzlich für die Residenzpflicht der Pfarrer spricht:

> Die Residenzpflicht und das Netzwerk von Pfarrhäusern vor Ort erleichtern die Mobilität innerhalb der Pfarrerschaft und ermöglichen aus Sicht der Gemeinde Kontinuität im Wandel. Für die Stelleninhaber schafft sie Entlastung, insofern nicht mit jedem Wechsel individuelle Wohnräume gesucht werden müssen.[14]

Ein Problem bleibt allerdings, gerade unter veränderten Bedingungen, nämlich die „Verfügbarkeit" des Pfarrers und seiner Familie. Immer noch wird es von Gemeindegliedern als Selbstverständlichkeit empfunden, dass von Fall zu Fall die Familie des Pfarrers für dessen Erreichbarkeit eintritt. Davon kann jedoch nicht mehr ausgegangen werden. Noch einmal anders stellt sich die Erwartung nach ständiger Erreichbarkeit für die Singles im Pfarramt dar. Nicht selten werden überkommene Erwartungen an eine Pfarrfamilie auch auf die alleinlebende Person im Pfarrhaus übertragen. Deren Bedürfnis nach einem privaten Rückzug erscheint oft weniger plausibel als bei einer Familie und bedarf oft ausführlicherer Begründungen. Darum hält die Studie von Kurhessen-Waldeck fest:

> Grundsätzlich erfordert das Leben im Pfarrhaus eine innere Zustimmung und die Bereitschaft, darin Chancen und Möglichkeiten zu entdecken. Aber auch hier sind Grenzziehungen erforder-

14 A.a.O., 51 f.

> lich, damit die für die Familie und den Einzelnen notwendigen Rückzugsräume entstehen. Im Pfarrhaus müssen gemeindliche und private Anliegen mitunter im schnellen Wechsel von Situationen vermitteln werden. Das verlangt vom Pfarrer, aber auch von einer Familie, für die das Pfarrhaus ihr Lebensraum ist, integrative Kräfte und Flexibilität. Der Amtsinhaber muss Rollensicherheit, Selbstdisziplin und einen professionellen Umgang mit Erwartungsdruck von außen entwickeln.[15]

Grenzziehungen in der Amtsführung sind also erforderlich, eine professionelle Unterscheidung zwischen beruflichen und privaten Bereichen geradezu geboten.

> Können ein geschützter persönlicher Bereich und die Familie nicht selbstverständlich für die Dienstgeschäfte beansprucht werden, so gilt auch umgekehrt, dass dienstliche Zusammenhänge nicht von privaten Anliegen überlagert werden sollen.[16]

Trotz aller Einwände bietet das Leben im Pfarrhaus immer noch Möglichkeiten, die anderswo erst gesucht werden müssen. Pfarrhäuser sind Orte, an denen pluralisierte Lebensformen durchaus möglich und gestaltbar sind. Die berufstätige Partnerin, der berufstätige Partner wird immer mehr zur Normalität. Ein eher neues Phänomen stellen hingegen allein lebende, teils auch alleinerziehende Pfarrerinnen oder Pfarrer dar sowie die öffentliche Präsenz homosexueller Paare, die eine Akzeptanz und gleiche Lebensbedingungen im Beruf erwarten. In all diesen unterschiedlichen Lebenslagen bleibt es eine anspruchsvolle Aufgabe, das Leben so zu gestalten, dass es in den Augen der Öffentlichkeit standhalten kann. Die jeweilige Gestalt ist nicht mehr konventionell festgeschrieben, sondern offener, aber auch konfliktreicher geworden. Der Pfarrer und seine Familie haben also durchaus die Chance, neue Modelle auszuprobieren und vorzuleben.

Vielen Pfarrern sind, wie der Gesellschaft überhaupt, die aus dem Bürgertum überkommenen Lebensformen fremd geworden. Zugleich üben diese gegenwärtig offenbar einen neuen

---

15 A. a. O., 53.
16 A. a. O., 53.

Reiz aus. Es sieht so aus, als würde sich in der Gesellschaft ein Retro-Gefühl anbahnen, eine etwas modifizierte Renaissance der bürgerlichen Ideale.

Die Zeit könnte reif sein, als Pfarrfamilie wieder ein Modell zu leben, das für die Gemeinde und darüber hinaus Ausstrahlung gewinnt. Es dürfte auf Interesse stoßen, wie die Berufstätigkeit beider Eltern, Kindererziehung und ein Familienleben, in dem Geistliches und Bürgerliches gleichermaßen integriert sind, zusammenzubringen sind und gelebt werden können.

Die Bewohner des Pfarrhauses könnten anschaulich machen, wie sich in einer modernen Familie kommunizieren lässt, wie Konflikte ausgetragen, Werte geschaffen und nach ihnen gelebt wird.

Für solch ein Experimentieren mit neuen Fassungen ihrer häuslichen Lebensverhältnisse bieten der Pfarrberuf und das Pfarrhaus gute Rahmenbedingungen. Und es wäre zu wünschen, dass Pfarrfamilien diese Chance entdecken, dass sie neue Lebensformen nicht nur für sich selbst erproben, sondern auch als eine in unserer Zeit notwendige Orientierungshilfe für andere.

10 Das Management

Pfarrer sind in hohem Grade auch Manager. Sie müssen sich selbst, ihre Mitarbeiter und die Gemeinde managen. Ihre größten Probleme dabei sind der Umgang mit Zeit, Macht und nicht genau formulierten Zielen sowie die Notwendigkeit leiten zu müssen. In diesen Bereichen liegen bei vielen Pfarrern erhebliche Defizite. Darum wird dies ein kritisches Kapitel, in dem nicht nur das Unbehagen der Pfarrer, sondern auch das der Gemeindeglieder an ihren Pfarrern zur Sprache kommen soll.

10.1 Zeit strukturieren

Was macht der Pfarrer eigentlich die ganze Woche? Das ist eine durch und durch moderne Frage. In früheren Zeiten war er einfach da und für die Gemeinde verfügbar. Urlaub und Freisonntage wurden für Pfarrer meist erst Anfang des 20. Jahrhunderts verbindlich geregelt. Spätestens seit den 1950er Jahren sind die Anforderungen an das Pfarramt enorm gewachsen, eine totale Verfügbarkeit hingegen ist nicht mehr möglich. Eine kluge und disziplinierte Zeiteinteilung ist damit zum unverzichtbaren Handwerkszeug im Pfarramt geworden.

Zeitmanagement wiederum ist ein Begriff, der aus der Unternehmenskultur stammt und sich an der Effektivität im Einsatz der Ressourcen orientiert. Schon diese Denkhaltung wirkt unter Pfarrern unter Umständen befremdlich. Jedoch: Warum eigentlich nicht aus der Unternehmenskultur lernen? Auch im Pfarramt muss der Zeithaushalt realistisch organisiert werden und auch in einer Kirchengemeinde ist die Frage nach der Effektivität von Bedeutung.

In nahezu allen Debatten und Reflexionen über das Pfarramt schiebt sich eine Wahrnehmung immer wieder in den Vordergrund: der Umstand, dass die dem Pfarrer zur Verfügung stehende Zeit niemals ausreiche, um die vielfältig an ihn herangetragenen Erwartungen und Anforderungen zu erfüllen. Ein unüberschaubarer Berg an Aufgaben stünde dem begrenzten Zeitbudget der Pfarrerin bzw. des Pfarrers gegenüber.

Auch in der pastoraltheologischen Literatur wird dieses Bild, das in den 60er bis 80er Jahren des letzten Jahrhunderts seine Berechtigung hatte, fraglos weiter gezeichnet. Einzig *Isolde Karle* bringt die Courage auf, auch auf die Unterforderung von Pfarrern aufmerksam zu machen sowie individuelle Abgrenzungstechniken und mangelnde Dienstbereitschaft im Pfarramt beim Namen zu nennen.

Richtig ist, dass Pfarrer mit einer Vielzahl von teilweise gegensätzlichen Erwartungen konfrontiert sind. Richtig ist auch, dass die Aufgaben nachwachsen wie Drachenköpfe, wenn der Pfarrer nicht Herr der Zeit wird. Untersuchungen aus den 1970er Jahren nennen für Pfarrer in Deutschland eine wöchentliche Arbeitszeit von 66 bis 79 Stunden. Eine Erhebung des Kantons Zürich kam damals zu ähnlich hohen Werten von 63 Wochenstunden.

Ist das glaubwürdig? Eine tägliche Arbeitszeit von durchschnittlich 9,5 bis 11,3 Stunden einschließlich des Sonntags? Unabhängig von ihrem Realitätsgehalt signalisieren diese Zahlen jedenfalls ein Empfinden der Pfarrer, nämlich: Wir haben keine Zeit. Oder: Wir dürfen keine Zeit haben.

Mittlerweile sind 40 Jahre vergangen, in denen sich gesellschaftlich und kirchlich vieles verändert hat. Kirchengemeinden sind heute in der Regel besser strukturiert, zur Vikariatsausbildung gehört das Zeitmanagement und die Erwartungen vieler Menschen an die Kirche sind geringer geworden. Dennoch klagen Pfarrer weiterhin darüber, keine Zeit zu haben.

Könnte es sein, dass Pfarrer und Pfarrerinnen unter ganz anderen Gegebenheiten leiden, etwa darunter, dass nämlich immer weniger Menschen etwas von ihnen erwarten? Könnte es sein, dass dieses Eingeständnis derart am Amtsverständnis und Selbstwertgefühl nagt, dass es wiederum zu fruchtlosen Grübeleien über die mangelnde Resonanz und den Sinn der eigenen Tätigkeit führt? Dann wäre es nicht nur der Stress, sondern bisweilen auch eine Unterforderung, die manchen Pfarrer ins Burn-out treibt.

Es ist zu vermuten, dass Pfarrerinnen und Pfarrer mit Selbstzweifeln dazu neigen, ihre Wichtigkeit, ja Unentbehrlichkeit über den Terminkalender zu demonstrieren. Dabei nehmen sie häufig gar nicht mehr wahr, wie viel Freiheit sie im Unterschied zu vielen anderen Berufstätigen haben, ihre Termine und Prioritäten selbst zu gestalten. Manche verweisen auch, wenn es wenig vorweisbaren Erfolg gibt, auf das weite Feld seelsorglicher Aufgaben. In der Regel fragt dann kein Kirchenvorstand weiter nach, aus Scheu oder Hochachtung und wegen des Seelsorgegeheimnisses. In der Realität sind die seelsorglichen Anforderungen durch die alternativen Möglichkeiten außerhalb der Kirche jedoch rapide zurückgegangen.

Nach einer Zufriedenheitsbefragung in der Evangelischen Kirche Hessen und Nassau von 2001 arbeiten Pfarrer (nach eigenen Angaben!) durchschnittlich 54,25 Stunden in der Woche. Über 40 % der Pfarrer hat keine Arbeitszeitregelung; 25,7 % haben diese, 31,5 % gar mit Überstundenausgleich. Zwei Drittel der Pfarrer praktizieren eine Arbeitszeiterfassung. Die große Mehrheit (82,4 %) gab an, auch außerhalb der Arbeitszeit ansprechbar zu sein.

Zu ähnlichen Ergebnissen kommt die Pfarrerbefragung der Evangelisch-lutherischen Landeskirche Hannovers. Dort arbeiten die Pfarrer nach eigenen Angaben 55,7 Wochenstunden. Auf die Frage, ob es für alle Pfarrer eine Arbeitszeitregelung geben solle, haben 25,8 % mit ja, 29 % ja, mit Überstundenausgleich geantwortet. Bemerkenswert ist allerdings, dass 45,2 % der Pfarrer eine Arbeitszeitregelung ablehnen.

Eine weitere Feststellung verdient Beachtung, nämlich der Umstand, dass sich der Arbeitsalltag auf einer Teilstelle deutlich von dem auf einer vollen Stelle unterscheidet. Pfarrer auf einer Teilstelle sind größerem Stress ausgesetzt und erhalten als Ausgleich nur in eingeschränktem Maße einen Zuwachs an Freizeit. Hier zeigt sich für Pfarrer wie für Kirchenvorstände die Schwierigkeit, eine „halbe“ oder gar eine „dreiviertel“ pastorale Tätigkeit zu definieren.

Bei der Frage nach der Erreichbarkeit hielten 56 % der Gemeindepfarrer die ständige Erreichbarkeit für wichtig oder sehr wichtig. Dieses Ergebnis überrascht. Über 50 % halten eine Arbeitszeitregelung und gleichzeitig die ständige Erreichbarkeit für wichtig. Wie lässt sich das interpretieren? Erheben diese Pfarrer zweierlei Ansprüche, die sich nicht vereinbaren lassen? Oder manifestieren sich hier unterschiedliche Definitionen von „ständig erreichbar"?

Aus eigener Praxis in verschiedenen Gemeinden mit je anderen Schwerpunkten halte ich eine wöchentliche Arbeitszeit von 48 Stunden für vernünftig und machbar. In der Zürcher Kirche wurde die Empfehlung gegeben, dass die Arbeitszeit 48 Wochenstunden nicht überschreiten solle. Nach dem neuen Personalgesetz soll die Richtarbeitszeit allerdings auf 54 Wochenstunden hochgesetzt, dafür mehr Urlaub gewährt werden. Natürlich gibt es in der Arbeitsbelastung des Pfarramtes große Schwankungen, die meist dem Rhythmus des Schuljahres und der Urlaubszeiten folgen. Es gehört aber zur Profession des Pfarrers, solche Schwankungen durch eine weitsichtige Planung auszugleichen.

Die frei verfügbare Zeit des Pfarrers, der Pfarrerin ist ein Privileg, ein Privileg allerdings, das Selbstdisziplin, Entscheidungssicherheit und Gestaltungswillen erfordert. Weiterhin ist Ehrlichkeit im Umgang mit Zeit und Aufwand nötig. Dass die eigene Befindlichkeit auch einmal zurückstehen muss, gehört ebenso zur Professionalität des Pfarrberufs. Gegen allzu viel Subjektivismus hat Dubied ein klares Wort gefunden:

> Es kommt vor, dass Pfarrer ihre besonderen Ansichten in der Amtsausübung wie in ihren Lehräußerungen als Gewissensangelegenheit darstellen. Es stimmt zwar, dass Gewissensskrupel jene ehren, die von ihnen bedrängt werden. Wo aber kämen wir hin, wenn nicht bloß die Amtsträger, sondern auch Gemeindeglieder plötzlich ein so schrecklich empfindliches und skrupulöses Gewissen an den Tag legen würden? Jeder muss zugeben, dass er, da er in der Welt und im Rahmen einer menschlichen Organisation lebt, sich einer Disziplin zu unterwerfen hat, die von Zeit zu Zeit seinem Geschmack, seinen Affinitäten und Präferenzen zuwiderläuft. Die Gewissensfrage müsste schwerwiegenden und

> entscheidenden Fällen vorbehalten bleiben … Der Pluralismus, dessen Wohltaten nie genügend hervorgehoben werden können, ergibt nur Sinn auf dem Hintergrund eines Minimalkonsens, dem jeder seine eigenen Ansichten unterzuordnen bereit ist.[1]

Schließlich muss die Frage erlaubt sein,

> ob der Pfarrer, der keine Zeit hat, Zeit wirklich haben will. Es könnte ja sein, dass wir in diesem Beruf und in anderen Berufen mit all den Terminproblemen permanent auf der Flucht sind: auf der Flucht vor uns selbst, vor notwendigen Entscheidungen, die wir zu treffen haben, vor anderen Menschen und der Auseinandersetzung mit ihnen, vor Gott schließlich und all den Problemen, die wir selber im Umgang mit dem christlichen Glauben haben. Wer von sich … generell sagen muss: Ich habe keine Zeit, der sagt etwas Schreckliches über sein Leben.[2]

Wenn wir davon ausgehen, dass etwa 48 Wochenstunden eine zu erwartende und praktikable Orientierung sind, dann sollten Pfarrer in dieser Zeit sämtliche Vorbereitungen und Aufgaben ihres Berufs unterbringen. Gleichwohl gibt es im Pfarrberuf eine Besonderheit, der kaum auszuweichen ist. Wie immer man nämlich die Zeit plant, ist sie mit einer starken Zersplitterung der Tätigkeiten verbunden. Der Gemeindepfarrer hat übergangslos ganz unterschiedliche Aufgaben zu bewältigen und in kurzen Sequenzen in verschiedenen Rollen aufzutreten. Dies hat sicher den Vorteil einer interessanten Vielfalt, jedoch den Nachteil der Verzettelung, der Oberflächlichkeit und des ständigen Konzentrationsmangels.

Diese Verzettelung oder Zersplitterung ist ein berufsspezifisches und gravierendes Problem, das Aufmerksamkeit verdient. Selten kann man längere Zeit an einer Arbeit, einem Gedanken, einer Tätigkeit bleiben. Die diffuse Vielfalt pastoraler Tätigkeiten und eine zunehmende Arbeitsverdichtung verlangen darum klare Strukturen, aber auch die Freiheit, Dinge lassen zu

1 A.a.O., 143 f.

2 Manfred Josuttis, Der Pfarrer ist anders, 142.

können: Weniger Sitzungen, weniger Angebote, Aufgaben delegieren, Aktivitäten einstellen.

In den Gemeinden ist ja bisweilen eine fatale Dynamik am Werk: Immer wieder soll es neue Angebote und Aktivitäten geben, um auf dem Markt attraktiv zu bleiben. In der Logik der Sache würde es liegen, dafür anderes, was sich nicht bewährt oder keinen Zuspruch findet, aufzugeben. Dieser Mut aber ist selten.

Und doch hätten es vor allem die Pfarrer und Pfarrerinnen in der Hand, Prioritäten zu setzen. Im Vergleich mit anderen Berufen haben sie eine große Freiheit in der Wahl und Gestaltung ihrer Aktivitäten. Aufs Ganze gesehen ist ihnen wenig Obligatorisches vorgegeben. Die Gemeinde baut eben auf jenen Freiraum, in welchem sich der Pfarrer nach seinen Begabungen und Neigungen einbringen soll. Darum sind ein erheblicher Teil der Aufgaben selbst gesetzte Verpflichtungen.

Neben der Pflicht haben die meisten Pfarrerinnen und Pfarrer viel Raum, um eine eigene Kür zu tanzen. Das ist gut und angemessen und macht diesen Beruf attraktiv. Dennoch braucht es auch die Kunst der Reduktion und die Fähigkeit, diese in der Gemeinde und gegenüber dem Kirchenvorstand zu vertreten.

> Die Einsicht in die Begrenztheit von Zeit macht Abgrenzung gegenüber anderen Menschen erforderlich. Wer sich mit der Vielzahl von Wünschen und Ansprüchen, die ihm entgegentreten, bewusst auseinandersetzt, muss innerlich damit fertig werden, dass er einzelne oder auch ganze Gruppen zu enttäuschen gezwungen ist.[3]

Mit einem Verweis auf betriebswirtschaftliche Erkenntnisse zählt *Dietrich von Heymann* folgende Gründe für eine Verzettelung der Arbeitskraft auf:

- Es sind keine Ziele formuliert.
- Es besteht kein Zusammenhang der Ziele verschiedener Arbeitsbereiche.

3 A.a.O., 132.

- Es besteht keine Gewichtung (Prioritäten) der Ziele.
- Routine-Aufgaben nehmen zu viel Zeit in Anspruch.
- Die eigenen Tätigkeiten sind zu wenig, zu selten auf Notwendigkeit geprüft.
- Es werden Aufgaben ohne Ziele erfüllt.
- Aus den gewichteten Zielen werden keine Aufgaben abgeleitet.
- Das Arbeitsprinzip Delegation wird unzureichend durchgeführt.
- Es besteht kein Zusammenhang zwischen Zielen und Aufgaben einerseits und Methoden/Mitteln andererseits.
- Es besteht eine Scheu vor Zeitkontrolle, Selbstkontrolle, Fremdkontrolle.[4]

Diese Aufzählung legt nahe, dass Pfarrerinnen und Pfarrer lernen sollten, zielorientierter zu arbeiten und verbindliche Kontrollen und Beurteilungen zuzulassen. Weiterhin ist dem Umstand Rechnung zu tragen, dass es auch in der Gemeindearbeit eine Definition von Zielen, Entscheidungen über Prioritäten, ein Delegieren von Aufgaben sowie Kontrolle und Beurteilung der erreichten Ziele geben sollte. Solche Forderungen rufen allerdings unter manchen Pfarrern immer noch Unbehagen, wenn nicht Widerstand hervor. Und so bleibt es für den Einzelnen oft unklar, was er tun soll und was er tun will.

Andererseits gehört zum Pfarrberuf auch die Bereitschaft, sich in den zielgerichteten Aktivitäten unterbrechen zu lassen und Zeit für das Unverzweckte zu haben. Die Pfarrerin wird anderen Menschen nur helfen können, wenn sie sich Zeit nimmt.

> Dass der Pfarrer in seinem Berufsalltag Zeitfenster zur Verfügung hält bzw. einräumt, um sich auf Menschen zuverlässig einzulassen, … gehört zu den Erwartungen, mit denen man ihm begegnet … In dieser Erwartung spiegelt sich noch etwa anderes: dass die Pfarrerin und der Pfarrer ein Verständnis von Zeit repräsentieren, in dem Ende und Ewigkeit bereits mitgedacht sind.

---

4 A.a.O., 131.

> Wer seine Zeit in Gottes Händen sieht, kann und muss sie nicht grenzenlos verplanen. Insofern hat der Pfarrberuf eine anachronistische Dimension.[5]

Vielleicht gehört es heute zur elementarsten Aufgabe im Pfarrberuf, Zeit zu haben.

> Der Pfarrer sollte für diejenigen, die ihn … noch brauchen, wenigsten genügend Zeit zur Verfügung haben. Als einer, der dem Ewigen und dem Wesentlichen verpflichtet ist, sollte er ein Leben führen jenseits der Hast und der Unrast des Alltags.[6]

10.2 Gemeinde organisieren

Eine Studie der Unternehmensberatung McKinsey im Evangelischen Dekanat München hat bei den untersuchten Kirchengemeinden erhebliche Defizite im Blick auf die Kommunikation des Glaubens festgestellt. Sie bescheinigt der Kirche ein unspezifisches Breitenangebot, das viel Kraft koste, Synergien nicht ausnutze und den Mitgliedern durch schlechte Öffentlichkeitsarbeit oft nicht einmal bekannt sei. Das führe zu Profillosigkeit und Austauschbarkeit.

Was läuft da falsch? Sind Kirchengemeinden im Vergleich zu anderen Institutionen schlecht organisiert? Beim Organisieren einer Kirchengemeinde geht es im Unterschied zum Leiten weniger um das Initiieren von Entwicklungen oder das Verfolgen von Visionen als vielmehr darum, Gegebenes zu planen, zu strukturieren und umzusetzen. Gefragt sind dabei vor allem klare Zuständigkeiten, verlässliche Abläufe und eine umsichtige Kommunikation.

Schon bei den alltäglichen Abläufen im Gemeindeleben stellt sich dabei die Frage, ob der Pfarrer organisieren lässt oder selber aktiv organisiert. In dieser Schärfe wird die Frage natürlich

5 Ulrike Wagner-Rau, Auf der Schwelle, 39 f.
6 Manfred Josuttis, Der Pfarrer ist anders, 128.

nie gestellt, doch der jeweilige Befund lässt Rückschlüsse auf Mentalitäten zu, die in der Gemeindepraxis gefördert oder einfach ertragen werden.

> Grundsätzlich brauchen Christen die Organisation der Kirche, weil sie hilft, Ziele besser zu erreichen, indem sie die dafür notwendigen Ressourcen bereitstellt – zum Beispiel durch die Ausbildung von Jugendarbeitern. Deshalb ist Organisation grundsätzlich zu bejahen. Alternative Haltungen gegenüber der Organisation Kirche würden ein ziel- und fruchtloses Chaos oder die Diktatur einiger weniger ergeben ... Organisationen, gerade auch kirchliche, sollen so schlank wie möglich, aber so ausgebaut wie nötig sein, damit die anvisierten Ziele erreicht werden können, und damit ein gerechter Ausgleich zwischen den verschiedenen Gruppen und ihren Bedürfnissen entsteht.[7]

Dementsprechend geht es im Organisieren einer Kirchengemeinde vor allem um Absprachen, um Vertrauen und gute Kommunikation, um die Kunst des Delegierens und eine Klarheit über die jeweiligen Zuständigkeiten. In kleinen, überschaubaren Gemeinden mit einem Einzelpfarramt arrangiert man sich in der Regel ohne größere Probleme. Das Organisieren wird pragmatisch angegangen und es genügen einfache Absprachen.

Schwieriger, weil komplizierter, ist es in großen Kirchengemeinden mit mehreren Pfarrern und hauptamtlichen Mitarbeitern. Da stellen sich die Fragen nach Zuständigkeiten, verlässlichen Abläufen und vor allem einer klugen Kommunikation weit häufiger. Diesbezügliche Defizite können ein Team unter Umständen dauerhaft belasten.

Eine der häufigsten Unzulänglichkeiten liegt dabei in der Differenz zwischen Verantwortung und Entscheidungsfreiheit. Dieser Konflikt tritt besonders häufig im Zusammenspiel von Hauptamtlichen und Ehrenamtlichen auf. Hier sollte gelten: Wer die Verantwortung trägt, soll auch entscheiden können.

---

7 Hänni/Marti, Kirchgemeinde gemeinsam leiten und entwickeln, 54.

Welche Rolle aber hat der Pfarrer, die Pfarrerin in diesem Zusammenspiel? Zunächst genießen sie große Freiheit in der Art, wie sie ihren Beruf ausüben. Damit bleiben ihnen viele Möglichkeiten, eigene Vorstellungen zu realisieren und dabei die eigenen Stärken und Vorlieben zu berücksichtigen.

> In verschiedenen Altersphasen können die Schwerpunkte in der Arbeit variieren. Selbst wer langfristig in der Gemeinde tätig ist, tut nicht immer das Gleiche. Auch die unterschiedlichen lokalen Situationen erfordern spezifische Tätigkeitsschwerpunkte. Zugleich hat die Freiheit die schwierige Rückseite, dass man selbst Strukturen setzen muss, um sie bewusst zu gestalten. Wer nicht weiß, was er will, wird schnell von den Erwartungen der anderen verschlungen. Speziell die Ortsgemeinde ist ein diffuses Arbeitsfeld. Es erfordert gezielte Anstrengungen, die Anforderungen der Situation, die Erwartungen auf der Basis des bisherigen Gemeindelebens und die je eigenen Fähigkeiten und Möglichkeiten so zueinander in Beziehung zu setzen, dass die Tätigkeit sich konturiert.[8]

Die Evangelische Kirche Hessen und Nassau hat Pfarrer danach befragt, welche ihre wichtigsten Tätigkeitsfelder sind. Dabei waren maximal fünf Nennungen möglich. Erwartungsgemäß lagen Gottesdienst (81 %) und Seelsorge (67 %) an der Spitze. Verwaltung wurde unerwartet hoch von 42 % der Befragten genannt, Leitung/Führung von 27 %. Bemerkenswert, dass der Wert für Erwachsenenarbeit bei geringen 18 %, jener für Jugendarbeit nur bei 13 % lag. Andererseits gehören „Mitarbeiter motivieren" bei 25 % der Pfarrer zu den fünf wichtigsten Tätigkeitsfeldern.

Diese Umfrage lässt sich auch als Prioritätenliste von Pfarrern lesen. Aus der Sicht des Kirchenvorstandes können sich die Prioritäten aber bisweilen anders darstellen. Dann braucht es eine faire Kommunikation und ein gegenseitiges Abstimmen über das, was jeweils zu tun ist.

Eine Kirchengemeinde muss, entsprechend ihren Kernaufgaben, die Bereiche Verkündigung, Bildung, Seelsorge, Dia-

8 Ulrike Wagner-Rau, Auf der Schwelle, 27.

konie und Gemeinschaft organisieren. Zu regeln ist auch das Miteinander von hauptamtlichen Mitarbeitern (Pfarrer, Diakone, Katecheten), den ehrenamtlichen Mitarbeitern und dem Kirchenvorstand. Hinzu kommen die nötigen Verwaltungsaufgaben. Dabei laufen eine ganze Reihe von Prozessen ab, die sich gegenseitig blockieren können und darum zu koordinieren und zu gestalten sind. *Beat Hänni* und *Felix Marti* nennen für die Gemeindeentwicklung sieben solcher Prozesse, die sich auf Diagnose, Zukunftsgestaltung, Lernen, Umsetzen, Information und psychosoziale Veränderungen beziehen und im Managementprozess zusammengeführt werden sollen.[9]

Häufig geht es zunächst einmal darum, einen Konsens darüber zu schaffen, wie Kirchengemeinde als Organisation überhaupt zu verstehen ist.

> Zum einen ist zu beobachten, dass die Kirche tendenziell immer öfter und immer selbstverständlicher als Unternehmen betrachtet wird und ökonomische Prinzipien auf die Kirche übertragen werden: Es geht um die „Marke evangelisch", um das Produkt „Evangelium", um Absatzchancen, Qualitätssteigerung und in alledem um eine möglichst gezielte und effektive Planung des Wachstums des Unternehmens Kirche.[10]

Es ist aber fraglich, ob das Marktmodell auf die Kirche so umstandslos übertragen werden kann, ohne ihr Selbstverständnis infrage zu stellen. Hänni und Marti widersprechen der Auffassung, man könne Kirche als Dienstleistungsunternehmen einstufen.

> Eine Kirchgemeinde ist grundsätzlich keine Dienstleistungsorganisation … Zwar sieht ein rechter Prozentsatz der Mitglieder die Kirche als Dienstleistungsunternehmen und erwartet von der Kirche eine Bestattung, eine Trauung oder eine Taufe. Die Kirche tauft, segnet und bestattet im Namen Gottes. Eine Beziehung zu Gott kann grundsätzlich aber keine Kundenbeziehung sein, weil Gott Menschen in seinen Bund hineinnimmt. In einem

9 Hänni/Marti, Kirchgemeinde gemeinsam leiten und entwickeln, 47 f.
10 Isolde Karle, Kirche wächst, 52 f.

> Bündnis besteht eine gegenseitige Verpflichtung der Partner. Diese Verpflichtung geht über eine Kundenbeziehung, in welcher der eine sich vom anderen gegen Entgelt bedienen lässt, hinaus.[11]

Hänni und Marti stufen die Kirchengemeinde im weitaus größten Teil ihrer Tätigkeiten unter die professionellen Organisationen ein und erklären dazu:

> Professionelle Organisationen bieten ihren Kunden Prozesse an, in welchen diese ihre Fähigkeiten und ihre Persönlichkeit entwickeln. Sie arbeiten nicht für, sondern mit dem Kunden. Indem sie kundengerechte neue Ideen und Projekte kreieren und sie mit ihm zusammen kreativ umsetzen, erwirbt dieser die Fähigkeiten, die er in seiner Situation braucht. Zu diesem Organisationstyp gehören neben der Kirche auch Schulen, therapeutische Organisationen, Theater, Erwachsenenbildungs- und Beratungsorganisationen. Der Erfolg der Tätigkeit professioneller Organisationen zeigt sich zum größten Teil erst nach dem Prozess des Lernens und der Persönlichkeitsentwicklung … Dieser Erfolg hängt von den Fähigkeiten der Professionals und von der Eigenaktivität der Kunden ab … Führung in Professionellen Organisationen hat sich von ihrem Wesen her an Werten, Zielen und Leitbildern auszurichten.[12]

An Leitbildern fehlt es Kirchgemeinden heute in der Regel nicht, auch über allgemeine, gemeinsame Werte kann man sich meist ohne Mühe einigen. Zum Problem hingegen werden die unklaren bzw. polyvalenten Ziele. Sie haben ihren Grund unter anderem darin, dass die Situation der Kirche insgesamt vieldeutig ist und dementsprechend auch unterschiedlich beurteilt wird. Während die einen die schwindenden Ressourcen der Kirche und ihre zurückgehende gesellschaftliche Akzeptanz beklagen, sehen andere gerade in der Reduktion Chancen für kreative Aufbrüche und eine klarere Profilierung der kirchlichen Arbeit.

Solange aber Diffusionen das Feld beherrschen, ist eine Entwicklung der Kirchengemeinde kaum leistbar oder zumindest

---

11 Hänni/Marti, Kirchgemeinde gemeinsam leiten und entwickeln, 49 f.
12 A. a. O., 50.

mit großen Reibungsverlusten behaftet. In einer Situation der Verunsicherung oder Beliebigkeit kann dann selbst das fundamentale Organisieren des Gemeindelebens zur mühevollen Last werden.

Weil evangelische Gemeindestrukturen keine Hierarchien kennen, wie etwa die Wirtschaft oder die katholischen Kirche, besteht das Organisieren überwiegend in Kommunikation, Koordination und Motivation. Klare Abläufe sind zu definieren und Zuständigkeiten immer wieder neu so zu regeln, dass ein gegenseitiges Blockieren unter Mitarbeitern vermieden werden kann. Solche Prozesse leben weithin von der Verlässlichkeit aller und von einem gegenseitigen Vertrauen. Nicht jeder muss bei allem mitreden, aber jeder sollte seinen Part an Aufgaben verbindlich erfüllen. Es sind eben diese elementaren Dinge, die mitunter zu wenig beachtet werden und darum zu Konflikten oder zum Rückzug einzelner Mitarbeiter aus ihrem kirchlichen Engagement führen.

Pfarrer können zwar delegieren, aber die Organisation nicht völlig aus der Hand legen. Pfarrer sind gefordert, sich im Organisieren der Ziele und Aufgaben ihrer Gemeinde zu konzentrieren, manche Aktivitäten stärker zu forcieren, andere zu vernachlässigen. Dazu braucht es freilich inhaltliche Auseinandersetzungen und den Konsens mit dem Kirchenvorstand.

Häufig wird der Handlungsdruck von Veränderungen erst konkret, wenn in einer Gemeinde eine halbe oder ganze Pfarrstelle eingespart werden muss. Das bedeutet zunächst einmal, dass diese Realität von Gemeinde, Kirchenvorstand und dem betroffenen Pfarrer oder der Pfarrerin akzeptiert werden muss. Dann folgt ein Prozess, in dem es um eine Konzentration auf das Wesentliche geht und in dem der Pfarrer sehr genau wissen muss, wie er sein Tätigkeitsfeld konturieren will.

Andererseits kann eine Konzentration auf das Wesentliche nie alles sein, was eine Kirchgemeinde im Blick haben muss. Sie braucht zugleich eine Wachheit für die gesellschaftlichen Veränderungen und Trends, um darauf angemessen reagieren zu können und nicht weiter ins Abseits zu geraten. In dieser Spannung können die innerkirchlichen Reibungsverluste allerdings groß sein, zumindest größer, als sie in straffer organisierten

Systemen üblich ist. Damit aber stellt sich die Frage nach der Leitung einer Kirchengemeinde und dem Part, der dabei dem Pfarrer und der Pfarrerin zufällt.

10.3 Gemeinde leiten

Leitungsaufgaben gehören zum Pfarrberuf. Weil Pfarrer grundsätzlich und von Berufs wegen an der Gestaltung und Entwicklung der Gemeinde arbeiten, tragen sie ein hohes Maß an Verantwortung und müssen Leitungsaufgaben wahrnehmen. Dabei sollen die in der Kirchengemeinde geleisteten Dienste möglichst konstruktiv aufeinander bezogen werden. Dennoch sehen nicht wenige Pfarrer im Leiten und Verwalten eine lästige Pflicht, der sie gern ausweichen.

> Sie macht viel Mühe, scheint immer mehr zu werden, wirkt als „uneigentlich". Ihr gegenüber neigen Pfarrer bisweilen zu hinhaltendem Widerstand oder zur Kapitulation. Dieser Versuchung nachzugeben wäre aber unprofessionell – und es würde auch Chancen verspielen, die „eigentliche" Gemeindearbeit ermöglichen. Denn Verwaltung soll Leitung zum Ziel bringen – es braucht allerdings die innere Bereitschaft, mit dem „unvermeidlichen Papierkram" konstruktiv zu leben und auch in ihm „irdene Gefäße" zu erkennen, ohne die uns das Evangelium nicht gegeben ist.[13]

Genau diese innere Bereitschaft ist jedoch das Problem.

> Es gehört schon fast zu den Kriterien des Evangelischseins, Vorbehalte gegenüber Leitung und vor allem der Kirchenleitung zu pflegen. Leitungsscheu der Verantwortlichen und Leitungsflucht der Mitarbeitenden sind ein nicht selten zu beobachtendes Verhalten. Es ist deshalb nicht verwunderlich, dass ein Bereich, der nicht gewollt und schon gar nicht geliebt wird, auch nicht gekonnt wird.[14]

---

13 Das Amt des Pfarrers und der Pfarrerin in der modernen Gesellschaft, 61.

14 Herbert Lindner, zitiert nach Michael Meyer-Blanck, Studien- und Arbeitsbuch Praktische Theologie, 94.

Der St. Galler Kirchenratspräsident *Dölf Weder* hat es kurz und bündig auf den Punkt gebracht, dass Führungskompetenz zum Pfarrberuf gehört:

> Eine Pfarrperson ohne gehöriges Maß an Führungskompetenz ist im Gemeindepfarramt am falschen Ort. Sie kann vielleicht in der wissenschaftlichen Theologie oder in der Spezialseelsorge im Gefängnis, im Spital, in der Paarberatung wichtige Beiträge leisten. ... In der Gemeinde gibt es kaum eine pfarramtliche Aufgabe, die nicht hohe Ansprüche ans Leiten stellt. ... Pfarrpersonen, die keine Mitarbeitenden gewinnen und führen können, werden bald eine blutleere Gemeinde haben und sich selber heillos überfordern.[15]

Was soll nun aber in der Kirche unter Leiten verstanden werden? Auch darüber gehen die Ansichten auseinander. Beat Hänni und Felix Marti verstehen

> Leiten als Steuern einer kirchlichen Organisation. Eine Organisation, die eine bestimmte Größe erreicht und eine Arbeitsteilung zwischen freiwilligen Mitarbeitenden und Angestellten einführt, braucht ein Leitungssystem zum Erreichen der Ziele und zur Aufrechterhaltung der Funktionen. Leiten heißt Ordnung in der Organisation herstellen und dort, wo diese gestört ist, reparieren. Leiten heißt mit Ressourcen Ziele erreichen: Resultate so erarbeiten, dass sie die Organisation und einzelne Menschen weiterbringen. Leiten heißt den Kairos wahrnehmen – das, was jetzt (von Gott her) an der Zeit ist. Leiten heißt versuchen zu erreichen, was mit den vorhandenen Mitteln möglich ist.[16]

Ein Blick ins Neue Testament liefert nur recht allgemeine Anhaltspunkte für eine Gemeindeleitung. In den paulinischen Gemeinden gab es zwar Ämter, wie Hirte, Lehrer, Evangelist, Diakon und Presbyter. Allerdings waren sie nicht klar voneinander abgegrenzt, und schon gar nicht als institutionelle Leitungsfunktionen ausgebildet.

---

15 Internet: homepage von Dölf Weder.

16 Marti/Hänni, Kirchgemeinde gemeinsam leiten und entwickeln, 43.

Es gibt aber einen anderen Zugang, nämlich die paulinische Aufzählung der gemeindlichen Charismen, in der auch die Gabe der Leitung genannt wird, wofür sich der griechische Terminus „Kybernese" findet (1Kor 12,28). Kybernetik (Steuermannskunst) wurde dann im 19. Jahrhundert zum Leitbegriff für die theologischen Reflexionen zur Leitung von Gemeinden und Kirchen. Damit ist der theologische Begriff älter als jener, der dann im 20. Jahrhundert auch für naturwissenschaftliche Steuerungssysteme verwendet wurde.

Der Vorteil der paulinischen Charismenlehre liegt darin, dass die Geistesgaben nicht primär von Strukturen oder Ämtern ausgehen, sondern von Funktionen. Auch Leitung geschieht weniger durch eigens beauftragte Leiter als durch die steuernde Funktion der Teilbereiche im Gesamtsystem der Gemeinde. Dieses Leitungsverständnis lässt sich somit im modernen systemischen Sinne verstehen.

> Die Gabe der Leitung ist jedenfalls auch in der christlichen Gemeinde nicht irgendeine oder eine beliebige Gabe, sondern eine grundlegend wichtige wie in jeder Gestalt von Sozialität. In jedem sozialen System – von der Partnerschaft über die Familie und Arbeits-, Interessen- oder Freizeitgruppen bis hin zu systemischen Verbindungen von Gruppen (Schule, Parlament, Kirchengemeinde) müssen Leitungsentscheidungen getroffen werden: Was soll getan und was gelassen werden? … Das Ignorieren oder gar das Verweigern von Leitungsrollen führt zu Unklarheiten und kostet wertvolle Zeit. Man kann nicht *nicht* leiten.[17]

So verbirgt sich hinter der Frage, wer eigentlich die Kirchgemeinde leitet, viel Sprengstoff. Die meisten Kirchenordnungen haben heute eine gemeinsame Verantwortung und Leitung von Kirchenvorstand und Pfarrerschaft festgeschrieben, die kollegial wahrgenommen werden soll. Dieses Modell einer gemeinsamen Leitung ist außergewöhnlich und steht quer zu jenen Leitungsformen, wie sie aus Wirtschaft, Verwaltung und anderen Bereichen bekannt sind. Sie ist auch krisenanfällig,

---

17 Michael Meyer-Blanck, in Wilhelm Gräb, Handbuch Praktische Theologie, 507 f.

weil eine zugeordnete Zusammenarbeit kaum hierarchische Strukturen verträgt. Dennoch muss eine Kirchgemeinde geleitet werden.

In der Schweiz sprechen die Kirchenordnungen von „gemeinsamer Leitung" und favorisieren damit ein „Zuordnungsmodell". Allerdings wird kaum beschrieben, was genau damit gemeint ist, außer dem Willen, gemeinsam zu leiten.

> Eine gemeinsame Leitung ist aber in besonderem Maß auf Klarheit angewiesen, weil Unklarheiten in einem solchen System Tür und Tor für Reibereien und Übergriffe auf beiden Seiten öffnen. Diese Unzulänglichkeit hat nach und nach eine Unzufriedenheit diesem Modell gegenüber entstehen lassen: Es gibt Pfarrerinnen und Pfarrer, die sich kleine Königreiche aufbauen, und solche, die ihre Leitungsverantwortung zu wenig wahrnehmen. Entsprechend gibt es Kirchenpflegen, die ihre Führungsverantwortung vernachlässigen, und solche, die den kirchlichen Mitarbeitenden den nötigen Freiraum, den Professionelle für ihre Arbeit benötigen, nicht gewähren. Weil zudem Pfarrpersonen … dazu neigen, sich von den gemeindeleitenden Aufgaben zurückzuziehen, übernehmen Kirchenvorsteher einseitig die Leitung der Kirchgemeinden – die letzte juristische Verantwortung haben sie nach den Kirchenordnungen bereits heute. Infolge dieser Entwicklung vergrößert sich das in unseren Gemeindeleitungen vorhandene Theologie-Defizit tendenziell.[18]

Kommt hinzu: Wer weniger zu sagen hat, setzt sich auch weniger ein!

Hänni und Marti zeigen die Konsequenzen dieser Entwicklung auf: Sowohl in Zürich und Bern als auch in St. Gallen und Luzern sei „die Tendenz, die Gemeindeleitung von der Pfarrerschaft weg zum Kirchgemeinderat zu verlagern", offensichtlich. Damit wird aber auch

> das reformierte Amtsverständnis bagatellisiert. Das Pfarramt wird nicht mehr als eigenständiges Amt mit einer besonderen Aufgabe betrachtet. Dadurch werden Pfarrer und Pfarrerinnen immer mehr zu zivilrechtlich angestellten Mitarbeitern

18 Hänni/Marti, Kirchgemeinde gemeinsam leiten und entwickeln, 62 f.

(Geschäftsführern) gemacht. Der theologischen Leitung der Kirchengemeinde wird ihr eigenständiges Gewicht genommen.

Nach einhelligem ökumenischen Verständnis geschieht aber Gemeinde- und Kirchenleitung aus dem Hören auf das Wort Gottes. Somit sind die Verbi Divini Minister von ihrer Aufgabe her besonders in die Verantwortung der Kirchen- und Gemeindeleitung hineingenommen. Ohne dieses Hören werden Kirchengemeinden nach Kriterien moderner Managementtheorien geleitet. Es wird noch schwieriger, praktisch-theologischen Gesichtspunkten Gehör zu verschaffen. Theologie wird noch weiter hinten eingereiht – schon jetzt wird sie zu oft als Privatmeinung eines Pfarrers oder einer Pfarrerin angesehen.[19]

Wie dem auch sei: Es wird

> vom Pfarrer Leitungskompetenz erwartet. So hat er die Aufgaben, die gemeinsam mit dem Kirchenvorstand festgelegten Schwerpunktsetzungen und Profilierungen der Gemeindearbeit zu gestalten. Dabei wird es neben der Koordination unterschiedlicher Aktivitäten und Gruppen auch um die Gewinnung, Motivation und Begleitung ehrenamtlich Mitarbeitenden gehen, zuweilen gewiss auch darum, Einzelne kritisch an ihre Verantwortung vor dem Ganzen des Gemeindelebens zu erinnern, ggfs. von ihrer Aufgabe zu entbinden … Neben dieser Leitungsaufgabe im weiteren Sinne der Wortbedeutung geht es im Verhältnis zu haupt- und nebenberuflichen Mitarbeitern aber auch um ganz konkrete Formen der Leitung, insofern der Pfarrer die Rolle des Dienstvorgesetzten wahrzunehmen hat, in der zuweilen auch Konflikte anzusprechen, zu lösen und ggfs. auszuhalten sind.[20]

Eine Studie der Hannoverschen Landeskirche zeigt, dass sich knapp die Hälfte der befragten Pfarrer selbst in einer Leitungsrolle für hauptamtliche Mitarbeiter erlebt. Allerdings wird Leitung sehr großzügig und unterschiedlich definiert. Spannender ist dann die andere Blickrichtung: Pfarrer erfahren selbst Leitung oder Leitungsansprüche. Es wurde danach gefragt, wie Pfarrer solche Erfahrungen bewerten. Fast die Hälfte gab an,

---

19 A. a. O., 64 f.

20 Das Amt des Pfarrers und der Pfarrerin in der modernen Gesellschaft, 60 f.

dass ihnen die Begleitung durch Leitungspersonen „gar nicht" oder „nur wenig" bei der Gewichtung ihrer Aufgaben hilft. Viel mehr erwarten sie von Supervision oder kollegialer Beratung.

Weiterhin wurde unter Pfarrern die Wichtigkeit verschiedener Kompetenzen für eine kirchliche Führungskraft erhoben. Den höchsten Wert (75,6 %) erhielt Glaubwürdigkeit, es folgten deutlich nachgeordnet (jeweils um rund 55 %) Zuverlässigkeit, Kommunikationsfähigkeit, Einfühlungsvermögen und Konfliktfähigkeit. Als besonders unwichtig (jeweils rund 18 %) wurden Fähigkeiten wie Durchsetzungsvermögen, Zielstrebigkeit und Selbstbewusstsein eingestuft.

Damit unterscheidet sich das Führungsverständnis der Pfarrer erheblich von dem der Manager. Deren Befragung ergab eine andere Hierarchie der Werte: gute Kommunikationsfähigkeit (100 %), Kontaktfähigkeit (98,7 %), Arbeitsengagement/Fleiß (94,8 %), Identifikation mit dem Unternehmen (94,7 %) und Ehrgeiz (Erfolgsorientierung) (93,7 %).[21]

Die Befragung zeigt weiterhin, dass Pfarrerinnen und Pfarrer die kirchliche Leitung vor allem im Zusammenhang mit empfundener Wertschätzung bewerten. Positiv empfundene Leitung durch die übergeordneten Behörden beinhaltet demnach vor allem Wertschätzung. Wie ist das zu interpretieren? Weichen Pfarrer einer kirchlichen Leitung, die Forderungen stellt, Kritik übt und Zumutungen ausspricht, eher aus und suchen lieber das Gespräch im engeren Umfeld, um sich die nötige Wertschätzung zu holen? Droht damit eine Abschottung gegenüber neuen Impulsen? Und schließlich: Wie verhält sich die generell ablehnende Haltung von Außenleitung zu der positiven eigenen Leitungseinschätzung im Selbstbild der Pfarrer? Auf diesem Feld besteht offensichtlich Klärungsbedarf.

Die Fragen, was in der Gemeinde zu tun ist, welche Ziele, Inhalte und Methoden dabei verfolgt werden sollen, brauchen möglichst klare Antworten. Dass Pfarrer dabei ihre Leitungsrolle annehmen und erkennbar ausfüllen müssen, wurde schon mehrfach betont. Manches würde ihnen leichter und souverä-

---

21 Pastorinnen- und Pfarrerbefragung der Evangelisch-lutherischen Landeskirche Hannovers, 27.

ner von der Hand gehen, wenn sie in bewährten Managementmethoden hilfreiche Instrumente auch für sich erkennen und anwenden könnten.

> Gegenüber Kategorien aus dem Wirtschaftsleben ist weder Berührungsangst noch naive Begeisterung angezeigt. Sie bedeuten weder den Ausverkauf der Theologie noch die schnelle Lösung theologischer Probleme. Sie helfen vielmehr dabei, die Fragen anders zu stellen. Leitung und Management haben letztlich denselben Sinn: Sie verlangen eine genaue Situationsanalyse mit Ziel- und Schrittplanung, wobei die beteiligten Menschen soweit wie möglich in den Entscheidungsprozess einzubeziehen sind und das eigene Verhalten erkenn- und berechenbaren Regeln zu folgen hat.[22]

Leiten ist natürlich nicht nur eine Frage der Technik, sondern mindestens ebenso sehr eine Frage des Stils. Häufig ist gerade die Stil-Frage diejenige, die darüber entscheidet, ob ein Team Erfolg hat. *Herbert Lindner* hat dafür einen personalen, einen kollegialen, einen repräsentativen und einen partizipativen Leitungsstil unterschieden.

> Die personalen Leitungselemente sind klar, schnell und ermöglichen Identifikation; die repräsentativen Leitungselemente sind unabhängig und durchschaubar, weil sie durch klare Verfahren legitimiert sind; die partizipativen Elemente sind für aktuelle außerordentliche Fragen wichtig. Negativ formuliert: Das personale Element kann zur Willkür tendieren, das repräsentative zum Formalismus und das partizipative zum Chaos.[23]

Das Modell der gemeinsamen Leitung von Kirchgemeinden bedeutet, dass Kirchenvorstand und Pfarrer konsensorientiert arbeiten müssen. Dass dies ein mühsames Geschäft werden kann, liegt auf der Hand. Darum wird in diesem Zusammenhang immer wieder auch eine mögliche Trennung von geistlicher und

---

22 Michael Meyer-Blanck, Studien- und Arbeitsbuch Praktische Theologie, 100 f.

23 Zitiert nach Michael Meyer-Blanck, Handbuch Praktische Theologie, 516.

rechtlicher Leitung diskutiert. Dagegen aber halten Hänni und Marti fest:

> Geistliche und rechtliche Leitung einer Kirchgemeinde sind in reformatorischer Sicht untrennbar miteinander verbunden. Es gibt in dieser Beziehung keine ‚Zweireichelehre'. Materielle Fragen haben für die reformatorischen Kirchen immer auch geistliche Bedeutung.[24]

Eine andere Vorstellung geht davon aus, dass man strategische und operative Leitung trennen könne. Doch auch diese Form scheint nicht praxistauglich.

> Wir halten Modelle, die auf der einen Seite dem Kirchgemeinderat die langfristige Planung, die strategische Leitung und auf der anderen dem Pfarramt die operative Leitung zuordnen, das heißt die praktischen kurz- bis mittelfristigen Entscheide im Arbeitsfeld, im Alltag nicht für praxistauglich. Strategische und operative Fragen sind immer wieder ganz nahe beieinander: Probleme, die operativ Tätige in ihren Arbeitsfeldern … antreffen, nötigen diese einerseits zu vielen konzeptionellen Überlegungen über die kurzfristige, praktische Tätigkeit hinaus. Andererseits kann ein Kirchgemeinderat sich nicht von operativen Tätigkeiten dispensieren.[25]

Hänni und Marti schlagen daher vor, für die konzeptionelle Leitung ein eigenes Organ in den Kirchengemeinden aufzubauen. In kleineren Gemeinden könne dies durch regelmäßige Zusammenkünfte von Kirchenvorstandspräsident und Pfarrer bzw. Pfarrerin geschehen, in größeren Gemeinden solle eine eigens dafür verantwortliche Gruppe aus Kirchenvorstehern und Pfarrern gebildet werden. In der Zürcher Kirche wurde dieses Modell bereits mit der Einführung eines Mitarbeiterkonvents erfolgreich realisiert. Dieses Gremium hat die Aufgabe, auch strategische Überlegungen zu diskutieren und in die Entscheidungsgremien einzubringen.

---

24 Hänni/Marti, Kirchgemeinde gemeinsam leiten und entwickeln, 68.
25 A. a. O., 80.

Isolde Karle mahnt in diesem Zusammenhang an, dass die Pfarrer sich nicht auf die eigenen Konzepte oder auf die Defizite der anderen versteifen sollen, sondern den Blick freibekommen müssen für

> den Reichtum, die schöpferische Vielfalt der Gemeinde und ihrer Gaben. Die Erneuerung der Kirche ist nur aus der Kraft lebendiger Gemeinden zu erwarten – ihnen haben Pfarrerinnen und Pfarrer mit ihrer Professionalität zu dienen. Die Vielfalt gemeindlichen Lebens ist dabei so aufeinander zu beziehen, dass sie sich gegenseitig anregt, und produktiv bereichert und auf diese Weise die Zirkulation des Geistes Jesu Christi in ihr fördert. Idealiter leiten professionelle Pfarrerinnen und Pfarrer die Gemeinden stimulierend, impulsgebend und koordinierend und fördern gerade so die Selbstständigkeit von Gemeindegliedern und Mitarbeitern. Sie unterscheiden individuelle und berufliche, psychische und soziale Perspektiven und können deshalb sich selbst, ihre individuellen Überzeugungen und privaten Interessen im Dienst an der Gemeinde bei Bedarf souverän zurückstellen.[26]

Für das leitende Handeln gibt es Kunstregeln, die zu kennen für Pfarrer unerlässlich ist. Allerdings taugen nicht alle für jeden, denn vieles hängt bei Stilfragen eben doch wieder vom eigenen Naturell und dem damit verbundenen persönlichen Verhalten ab. Allgemein lässt sich immerhin sagen, dass zum erfolgreichen Leiten persönliche Erkennbarkeit, Sachbezogenheit und die Berücksichtigung von unterschiedlichen Interessen gehören.

Wilhelm Gräbs „Handbuch Praktische Theologie" empfiehlt beim Führen von Mitarbeitern oder Gruppen einen Stil, der Spielregeln erkennbar und veränderbar macht, aber dann auch auf deren Einhaltung achtet. Solch ein Stil zeichnet sich durch folgende Merkmale aus:

- Ich bin vorbereitet und habe ein Konzept zur Lösung der anstehenden Fragen.
- Ich habe selbst noch offene Fragen.
- Ich bin bereit, über dieses Konzept zu verhandeln.

---

26 Isolde Karle, Der Pfarrberuf als Profession, 328.

- Ich denke daran, dass zu den verschiedenen Interessen auch aktuelle Gefühle und grundlegende Überzeugungen (durch Milieus vermittelte Ansichten und Lebensstile) gehören.
- Mir ist an einem Ausgleich der Interessen gelegen, nicht aber an einem konfliktlosen „kleinsten gemeinsamen Nenner" der hier zufällig Beteiligten, sondern an der Lösung der Gesamtaufgabe.
- Ich lasse meine eigenen Präferenzen erkennen und ermögliche so auch anderen, sich zu erkennen zu geben.
- Ich verfolge in unserer begrenzten gemeinsamen Zeit ein Ergebnis und veröffentliche dieses Ergebnis für alle, indem ich Zwischenergebnisse formuliere, Konflikte benenne und Abstimmungen herbeiführe.
- Ich verhindere Torpedierungen dieses Regelwerkes durch Redseligkeit, Alleswisser, Nörgler und ‚Alles-Vertager', indem ich an die Regeln erinnere.[27]

So viel zum Leiten im Allgemeinen, wie es auch in anderen Institutionen und Mitarbeiterteams gepflegt wird. Darüber hinaus bietet eine Kirchengemeinde einen christlichen Mehrwert, der sich auch in der Art und Weise zeigt, wie dort geleitet wird. Kirchgemeinden können Raum und Möglichkeiten bieten für ein „geistliches Leiten". Damit werden die allgemeinen Regeln nicht außer Kraft gesetzt, doch es sind Akzentverschiebungen möglich, die andere Institutionen kaum kennen und die noch einmal einen anderen Stil etablieren. So kann ein Leitungsstil, der von einer geistlichen Dimension geprägt ist, beispielsweise gelassener und gleichzeitig bewusster mit Macht umgehen (s. 10.4).

Geistliche Leitung vollzieht sich in Sensibilität gegenüber dem Heiligen Geist. Eben darin unterscheidet sich der Pfarrer von einer weltlichen Autorität. Er bringt nicht nur Klugheit und Weitsicht ein, sondern auch das Gebet und seinen Glauben. Pfarrer haben die Möglichkeit, eine Leitung zu praktizieren, die Bibellektüre und Gebet kultiviert und mit dem Wirken des göttlichen Geistes rechnet. So spielen auch im Zusammenhang

27 Wilhelm Gräb, Handbuch Praktische Theologie, 512.

der Gemeindeleitung das geistliche Profil und die Spiritualität des Pfarrers bzw. der Pfarrerin eine Rolle.

Dafür sind Ziele nötig, die über die Tagesgeschäfte hinausreichen. Der Pfarrer und die Pfarrerin muss über den Tellerrand der monatlichen Kirchenvorstandssitzung hinausschauen und eine Vision haben von Gemeinschaft, von gemeinsamer Arbeit und vom Sinn und Ziel all dessen, was die Gemeinde tut. Und das ist letztlich eine spirituelle Aufgabe!

Nehmen wir an, eine Pfarrerin weiß von sich: „Ich bin dazu da, um Menschen im Glauben zu stärken, für ihre Seele zu sorgen und ihnen bei der Lebensbewältigung zu helfen", dann wird diese Haltung als Korrektiv in manchen Debatten des Kirchenvorstandes oder unter Mitarbeitern seine Wirkung haben.

Auseinandersetzungen, Entscheidungen und Begründungen werden anders aussehen. Dafür gibt es eine ganze Reihe neutestamentlicher Impulse, zum Beispiel: „Euer Ja sei ein Ja und euer Nein sei ein Nein. Jedes weitere Wort ist von Übel." (Mt 5,37) oder: „Wenn ihr zürnt, versündigt euch nicht! Die Sonne gehe nicht unter über eurem Zorn." (Eph 4,26) oder: „Habt nicht das eigene Wohl im Auge, sondern jeder das des andern." (Phil 2,4) oder: „Ihr seid das Salz der Erde. Ihr seid das Licht der Welt." (Mt 5,13) u.v.a.m.

Modelle für ein geistliches Leiten finden sich zudem in der Geschichte der großen Orden. Diese alten Regelwerke werden heute wiederentdeckt, für die Gegenwart transformiert und auf Managerseminaren gelehrt. Vor allem die benediktinische Ordensregel mit ihren Anweisungen für den Abt findet bei Führungskräften großes Interesse. Da wird für das Leiten etwa die „Demut" ins Spiel gebracht, die Fähigkeit also, sich nicht über andere Menschen zu stellen. Auch ein „klares und zügiges Entscheiden" wird empfohlen, damit sich der Leiter nicht zu sehr mit sich selbst beschäftigt und mit angezogener Handbremse fährt.

Weiterhin wird die „Gottesfurcht" angemahnt, die vor Menschenangst befreit, sowie die Anweisung, dass der Leiter andere „nicht betrüben, niemanden kränken und verletzen, sondern jeden achten" solle. Wer im Mitmenschen seinen Bruder und seine Schwester in Christus sieht, übersieht dabei nicht seine Fehler, legt ihn aber nicht darauf fest. Und so weiter.[28]

Beim geistlichen Leiten wissen sich der Leiter und sein Team auf Gott angewiesen. Sie wissen, dass nicht alles plan- und machbar ist, dass ihnen aber der Segen Gottes zugesagt ist. Der Leiter und sein Team machen gemeinsame spirituelle Erfahrungen und respektieren doch unterschiedliche Ausprägungen von Frömmigkeit. Sie achten darauf, dass alle ihre Gaben und Fähigkeiten einbringen können, und haben den Mut, auch ungeliebte Entscheidungen zu treffen und nach außen gemeinsam zu vertreten.

Geistliches Leiten ist nicht, wie fälschlicherweise befürchtet, eine Bremse oder Blockade im Prozess des Leitens. Im Gegenteil, es kann sich sogar als effizienter erweisen, da es die Mitarbeiter auf einer gemeinsamen Basis motivieren, beflügeln und zur Kreativität ermutigen kann. Das ist durchaus ein Vorsprung und Mehrwert.

10.4 Das Kreuz mit der Macht

Wenn in den evangelischen Kirchen von Macht die Rede ist, zuckt man für gewöhnlich zusammen. Von den Gefahren der Macht, vom Machtmissbrauch und überhaupt vom Übel der Macht ist dann die Rede. Trotz allgegenwärtiger Vorbehalte lässt sich jedoch auch ein wunderbares Loblied auf die Macht anstimmen, zumindest so, wie Fulbert Steffensky es singt:

> Wer das Leben liebt, wer das Recht will, muss Macht wollen. Er muss es wünschen, mit dem Leben umzugehen. Man kann sich im eigenen Leben nicht auskennen und man kann dem fremden Leben nicht dienen, wenn man in der Ohnmacht verharrt. Es gibt

28 Stellvertretend für ähnliche Publikationen s. Anselm Grün, Menschen führen. Leben wecken, 8.Auflage, 2005.

eine Lebensfaulheit, die sich vor dem Handeln drückt und sich damit selber die Lebenszuversicht untergräbt. *Inertia* haben die Alten jene spirituelle Nachlässigkeit genannt, in der der Mensch in lustvoller Selbstqual in Trägheit versank. Wer liebt, handelt. Wer liebt, will Macht. Vielleicht ist das zu sagen gegen alle Verdächtigungen der Macht und gegen das Lob einer vornehmen Ohnmacht, in der man nie schmutzig und schuldig wird, weil man sich von allen Handlungen dispensiert und der Welt ihren Lauf lässt. Es kommt nicht darauf an, rein und unschuldig zu bleiben. Es kommt darauf an, die Wahrheit Gottes in dieser Welt voranzutreiben … Es kommt also nicht auf asketische Enthaltsamkeit von Einfluss, Handlungsmöglichkeiten und Stärke an. Die Frage ist, wofür wir Macht benutzen und in wessen Dienst unsere Stärke steht. Man muss Macht wollen, und man muss Herrschaft ablehnen.[29]

Ja zur Macht, Nein zur Herrschaft. Das ist das Thema. Spannender und ergiebiger also, als über Macht und deren Missbrauch zu klagen, ist es, sich über deren rechten Gebrauch Klarheit zu verschaffen. Macht ist nun einmal überall dort eine Realität, wo Menschen sich in Gemeinschaften verbinden und diese strukturieren. Aber diese Macht lässt sich unterschiedlich deuten. Eine einfache Regel besagt, dass Machtmissbrauch andere Menschen entmachtet, angemessener Machtgebrauch hingegen andere ermächtigt.

Auffallend ist, dass wir beim Thema Macht immer wieder auf eine Doppeldeutigkeit stoßen: Einerseits geht es darum, die Welt positiv zu verändern, wozu es Macht braucht, andererseits ist es gerade die Macht, die oft das Gegenteil bewirkt. Genau in diese Doppeldeutigkeit muss sich auch ein Pfarrer begeben, wenn er etwas beeinflussen, bewirken und Gemeinde entwickeln will. Dem sollte er sich nicht entziehen. Dennoch bleibt die Machtfrage in der Gemeindepraxis meist eine leidige Frage, denn es ist oftmals gar nicht klar, wer in einer Kirchgemeinde wirklich das Sagen hat. Der Kirchenvorstand, die Pfarrer, der Heilige Geist oder die aktiven Gemeindegruppen?

---

29 Fulbert Steffensky, in Gabriele Hartlieb u. a., Spirituell leben, 254.

Seit der Reformation hatte der Pfarrer durch Herkunft, Bildung und Sozialprestige eine besondere Stellung, mit welcher selbstverständlich auch Autorität und Macht verbunden waren. Und so wurde, trotz des reformatorischen Anliegens vom allgemeinen Priestertum, der Pfarrer zum autoritären Gegenüber der Gemeinde und zur entscheidenden Gestalt, der die Leitung der Gemeinde übertragen wurde, wenn auch begrenzt durch die jeweilige Behörde. Erst mit einer zunehmenden Demokratisierung der Gesellschaft und der Mündigkeit vieler Menschen auch in religiösen Dingen wurde die herausgehobene Stellung des Pfarrers mehr und mehr in Frage gestellt. Dennoch wird von ihm erwartet, dass er im Umgang mit Macht zeitgemäße Maßstäbe setzt.

Auf der anderen Seite verdrängen Pfarrer und Pfarrerinnen gern die Tatsache, dass sie nach wie vor Macht ausüben. Sie sprechen lieber vom Dienst und davon, dass sie Menschen begleiten wollen.

> Es hilft nichts, statt von einem Amt nur von Diensten zu sprechen oder zu meinen, die Macht werde qualitativ etwas anderes, wenn man sie statt von Gott nur mehr von der Gemeinde ableitet. Nur übergroße Naivität wird behaupten, die Probleme der Machtverwaltung seien schon dadurch gelöst, dass man permanent auf ihren Delegationscharakter verweist.[30]

Es geht darum, Macht wahrzunehmen und auszufüllen. Wenn Pfarrer den entscheidenden Schritt machen und sich Klarheit über ihr eigenes Verhältnis zu Macht verschaffen, wird rasch einmal erkennbar, wie viel Macht sie tatsächlich haben: Macht durch einen Vorsprung an Professionalität, Macht durch einen Vorsprung an Information und Erfahrung, aber auch durch öffentliches Ansehen, die soziale Vernetzung und vor allem durch die Macht des Wortes. Auch auf der Kanzel gibt es ein Machterleben. Wer predigt, übt Macht aus und sollte nicht in unschuldige Ohnmachtsgefühle fliehen wollen. Auch in der Seelsorge wird Macht ausgeübt. Dabei geht der Wunsch nach einem

30 Paul Bernhard Rothen, Das Pfarramt. Ein gefährdeter Pfeiler der europäischen Kultur, 56.

Autoritätsverhältnis keineswegs nur vom Hilfesuchenden aus, auch der Seelsorger übt gern Macht aus. Helfen heißt immer auch Herrschen.

Üben Pfarrer ihre Macht nicht aus, entsteht, wie überall, ein Machtvakuum, das von anderen in der Gemeinde ausgefüllt wird. Diese agieren dann zunehmend autonom und bereiten damit ein Feld, auf dem Konflikte, Kleinkriege und Verdächtigungen gedeihen. Darum entspricht es sozusagen einer Verletzung der Amtspflichten, wenn Pfarrer die ihnen anvertraute Macht nicht ausüben. Weil andererseits die formale Macht beim Kirchenvorstand liegt, sind beide Seiten verpflichtet, ihre Macht zu teilen.

Isolde Karle relativiert nun die Ansicht, dass das Verhältnis von geistlichem Amt und Gemeinde prinzipiell ein Konkurrenzverhältnis sei. Nach Karle sei es kurzschlüssig und naiv, in Kirchgemeinden von einer „Machtsummenkonstanz" auszugehen, bei der ein Gewinn auf der einen Seite, Verlust auf der anderen bedeute. Die Meinung, dass eine Gemeinde umso mehr erblühe und gedeihe, je mehr der Pfarrer Macht abgibt und danach trachtet, sich überflüssig zu machen, sei falsch.

> Diese Vorstellung einer konstanten Summe von Macht oder Einfluss, die sich auf zwei Seiten verteilt, entspricht zwar der Logik einfacher Systeme oder Dinge, sie widerspricht aber gänzlich der Komplexität sozialer Systeme. In sozialen Systemen ist die Summe an Macht nicht konstant, sie kann zu- oder auch abnehmen … Macht und Einfluss stellen demnach keine Nullsummenphänomene dar. So ist der Fall denkbar, dass in einem komplexen System mit sich überschneidenden Handlungsfeldern die Macht im ganzen System wächst – und zwar auf allen Seiten. Das heißt, dass der Einfluss aller Teilnehmer aufeinander wächst, dass jeder also mehr Einfluss hat, aber auch stärker beeinflusst wird.[31]
>
> Auf der Ebene der Kirchgemeinde heißt das, dass eine engagierte, kompetente Pfarrerin … die Selbstständigkeit und Entfaltungsmöglichkeiten der Gemeinde nicht notwendig behindert, sondern sie vielmehr unterstützen, fördern und sogar steigern kann. Mit der Macht der Pfarrerin wächst in diesem Fall nicht

31 Isolde Karle, Der Pfarrberuf als Profession, 166.

> nur ihr eigener Einflussbereich, zugleich nehmen auch auf der anderen Seite die Einfluss- und Kommunikationsmöglichkeiten der Gemeinde zu … Umgekehrt kann es sich für die ganze Gemeindearbeit paralysierend auswirken, wenn der Pfarrer oder die Pfarrerin meint, sich möglichst unsichtbar machen und sich gemeindlicher Arbeit weitgehend entziehen zu müssen und dabei ehrenamtliche Kreise ganz sich selbst überlässt. … Auf wenig Macht auf der einen folgt keineswegs viel Macht auf der anderen Seite. Oft lässt sich das Gegenteil beobachten. Gerade charismatische und keineswegs immer demokratisch gesinnte Pfarrfiguren können eine Gemeinde in einem erstaunlichen Mass mobilisieren und zur selbstständigen ehrenamtlichen Arbeit anregen.[32]
>
> Damit vervielfältigt sich die Kommunikations- und Einflussmenge insgesamt derart, dass der charismatische Pfarrer nicht nur aktiv beeinflusst, sondern selbst starken Einflüssen seitens der Gemeinde unterliegt und im Zuge dieses Prozesses wechselseitiger Einflussnahme womöglich sogar zentrale Funktionen nicht mehr von ihm selbst, sondern von Ehrenamtlichen übernommen werden.[33]

Nach Karle zeigen solche Beobachtungen, dass Amt und Gemeinde sich nur dann in einer Konkurrenzsituation befinden, wenn das Pfarramt nicht professionell geführt wird.

Leider kennen wir in den evangelischen Kirchen keine Theologie der Macht und ahnen auch kaum einen Zusammenhang zwischen Macht und Spiritualität, obgleich sich in der Bibel ausreichend Hinweise dazu finden lassen. Im Alten Testament ist es König Salomo, der weise Herrscher, der zu seinem Amtsantritt betet: „Verleih deinem Knecht ein hörendes Herz, damit er dein Volk zu regieren und das Gute vom Bösen zu unterscheiden versteht“ (1Kön 3,9). Der Mächtige will lernen zu hören, um das Gute vom Bösen unterscheiden zu können. Und nicht nur mit dem Verstand will er hören, sondern mit dem Herzen. Er bittet Gott nicht um Macht oder Erfolg, aber um den rechten Gebrauch der Macht.

Im Neuen Testament ist es Jesus, der zu seinen Jüngern sagt: „Ihr wisst, dass die Herrscher ihre Völker unterdrücken und

32 A. a. O., 167.
33 A. a. O., 168.

die Mächtigen ihre Macht über die Menschen missbrauchen. Bei euch soll es nicht so sein, sondern wer bei euch groß sein will, der soll euer Diener sein, und wer bei euch der Erste sein will, soll euer Sklave sein.“ (Mt 20,25 f).

Der Nürnberger Studentenseelsorger Stefan *Kiechle* sieht in Jesus das Urbild des idealen Machtträgers:

> Es wäre eine Deformation, in Jesus einen nur sanftmütigen, rein verinnerlichten Mann zu sehen, der keiner Fliege etwas zuleide tut, niemandem zu nahe tritt und sich ständig entschuldigt, dass er da ist. Jesus hat Macht, Vollmacht und Gewalt. Jesus beansprucht Menschen für sich und seine Aufträge, er hat Macht über Krankheit, Tod und Naturgewalten, er vergibt Sünden mit göttlicher Vollmacht, er stellt sich über die Autorität der Alten und der religiösen Machthaber, und er kündigt an, mit großer Macht zum Endgericht wiederzukehren … Sodann zählt, wie er Macht ausübt: selbstlos der Sache des Reiches Gottes dienend, liebevoll zu Kleinen, barmherzig zu Sündern, hilfsbereit zu Schwachen, entschieden zu Gegnern, treu bis zur Selbstaufgabe, wahrhaftig im Reden und Tun, angst- und gewaltfrei bei Konflikten, vertrauend dem Vater … Am Ende seines Lebens wird Jesus alle Macht genommen, und er stirbt am Kreuz: arm und angstvoll, verzweifelt und ohnmächtig.[34]

Kiechle bedauert, dass der Zusammenhang von Macht und Spiritualität in der Kirche zu wenig Beachtung findet. Gleichzeitig macht er Mut zur Macht.

> Für den religiösen Menschen ist Macht, wie alles Irdische, von Gott geschaffen. Gott ist der ursprünglich Mächtige und jede irdische Macht ist von seiner Macht abgeleitet. Sie ist Gabe des Schöpfers und damit relativ und begrenzt. Sie wird auf Zeit verliehen und muss spätestens im Tod vollständig zurückgegeben werden. Gott wird von den Mächtigen Rechenschaft über den Gebrauch der Macht verlangen.[35]

Macht also als Gabe, die man als Geschenk annehmen und zu guten Zwecken nutzen kann.

---

34 Stefan Kiechle, Macht ausüben, 59.

35 A. a. O., 10.

> Wenn ihre Ausübung Freude macht, dürfen wir diese Freude genießen. Wenn es uns durch Macht gelingt, Gutes zu tun, sollen wir das erreichte Gute wertschätzen und dafür danken. Da die Macht uns verliehen ist, ist das mit ihr gewirkte Gute gleichsam nicht unser Werk, sondern das Werk dessen, der sie uns gegeben hat. Geber aller Macht und Kraft ist für uns Christen immer Gott … Macht ist Aufgabe: Wer sie hat, muss einsehen, dass sie mit der Verpflichtung zu gutem Gebrauch verbunden ist.[36]

In diesem Sinne ist Macht niemals das Ziel, sondern ein Mittel, um gute Ziele zu erreichen. Darum braucht es für den, der Macht ausübt, viel innere Freiheit, Demut und Selbsterkenntnis. Der Mächtige

> setzt ja immer Eigenes gegen andere durch, engt sie ein, mindert ihre Freiheit. Dies kann nur gut sein, wenn Macht Böses – den Missbrauch von Freiheit – bekämpft und Raum für Gutes – neue Freiheit – eröffnet. Der negative Effekt wird durch den größeren positiven gerechtfertigt und übertroffen; dafür hat Gott die Macht geschaffen.[37]

Natürlich korrumpiert Macht auch. Darum braucht es auch in Kirchgemeinden klare Machtstrukturen, die den Machtgebrauch regeln. Um Missbrauch zu verhindern, muss Macht gerecht strukturiert und effizient kontrolliert werden. Es könnte sein und geschieht immer wieder, dass sich jemand eine Bühne aufbaut, auf der er sich eigentlich nur selbst inszenieren will. Macht ausüben, verlangt eine klare und ehrliche Unterscheidung zwischen eigenen und fremden Interessen.

Wer seine eigenen Interessen verfolgt und den Beifall der anderen sucht, ist in gefährlicher Weise manipulierbar. Ein Spiel, das in Kirchgemeinden nicht selten aufgeführt wird, beschreibt Kiechle so:

> Wenn man einen Dissens mit ihm (dem Mächtigen) hat oder er eine Gunst nicht gewähren will, erklärt man ihm: „Du hast mich verletzt." Indem man sich zum Opfer und ihn zum Täter stili-

36 A. a. O., 20.
37 A. a. O., 10 f.

siert, macht man ihm ein schlechtes Gewissen. Schlecht zu sein, bringt ihn jedoch in Konflikt mit seinem idealisierten Selbstbild! Er wird sofort alles tun, um den vermeintlichen Schaden wieder gutzumachen: Er gibt im Konflikt nach, gewährt die erbetene Gunst usw. Schließlich wird er erleichtert und dankbar sein, wenn der Untergebene sich wieder versöhnt zeigt und ihn neu lobt. In sich selbst verliebte Mächtige lassen sich sehr leicht manipulieren.[38]

Darum braucht eine Pfarrerin oder ein Pfarrer, wenn sie die ihnen anvertraute Macht wahrnehmen, viel innere Freiheit, Demut und Selbstlosigkeit. Und das sind geistliche Gaben bzw. spirituelle Werte, die sich mit keiner Kirchenordnung herstellen lassen.

10.5 Leistung und Qualität im Pfarramt

Ist Qualität im Pfarramt messbar? Das ist umstritten und gehört zu den heißen Eisen, die Kirchenvorstände lieber nicht anrühren. Für Pfarrer klingt die Frage „Bin ich gut genug?“ töricht, weil sie niemand beantworten kann. Meinen sie. Die Schweizerische Pfarrerweiterbildung sieht allerdings in Qualitätsstandards für Pfarrer Handlungsbedarf und hat entsprechende Kurse (2008) angeboten, mit der Anmerkung: „Dass Qualitätsmanagement auch im kirchlichen Bereich zu einer Normalität wird, ist vor allem Aufgabe der Pfarrpersonen.“ Hinter diesem Anliegen stehen eine Reihe von Beobachtungen. Zunächst:

> Die komplexen Anforderungen des Berufs sind in einem schwach strukturieren Rahmen situiert. Was ein Pfarrer oder eine Pfarrerin tut, ist nur im Nötigsten festgeschrieben. Es gibt keinen Arbeitsvertrag und keine abgegrenzte Arbeitszeit. Nur ein Teil der Aufgaben ist zwingend vorgegeben … Jeder Pfarrer füllt sein Amt individuell aus, jede Pfarrerin kann in begrenztem Maß ihre eigenen Schwerpunkte setzen. Die Kontrolle der eigenen

38 A. a. O., 28.

Tätigkeit ist vor allem eine Selbstkontrolle. Geregelte Rückmeldungen gibt es nur, wenn man sie sich sucht. Supervision wird von zahlreichen Pfarrerinnen und Pfarrern in Anspruch genommen, nicht wenige aber arbeiten vor sich hin, ohne dass sie eine klare Reaktion darauf erfahren.[39]

Große Freiheit im Beruf kennt zwei Gefahren: die Überforderung und die Unterforderung. Dem Einzelnen wird eben viel an eigener Strukturierungsleistung abverlangt. Und es ist die Frage, ob er das ohne Austausch und Beratung mit anderen leisten kann.

Entsprechend sind Selbstreflexion und die Unterstützung durch ein externes Gegenüber ein unverzichtbarer Teil einer komplexen beruflichen Tätigkeit. Jeder Pfarrer und jede Pfarrerin braucht kollegiale Beratung und Austausch, Supervision, differenzierte Rückmeldungen durch Gemeindemitglieder und Vorgesetzte, die als eine Qualitätskontrolle im Sinne einer realistischen Einschätzung der eigenen Arbeit und ihrer Perspektiven fungieren.[40]

Dennoch bleibt die Kontrolle der Berufstätigkeit beim Pfarrerstand ein Problem, das wesenhaft mit der Profession des Pfarrberufs korrespondiert.

Für die Professionen überhaupt ist es charakteristisch, dass sie von außen (etwa durch den Staat) kaum kontrolliert werden können, weil Kontrolle Fachwissen voraussetzt, Fachwissen aber nur innerhalb der Profession verfügbar ist. Deshalb spielt die Standesethik bei den Professionen eine große Rolle, die Qualifikationsnormen in Geltung setzt und erhält … Eine andere Form der Kontrolle ist die durch die Klientel: Die freie Wahl der Professionsexperten stellt insofern eine Kontrolle durch Laien oder durch die Öffentlichkeit dar, als bestimmte Qualitäten der Berufsleistung durch Nachfrage honoriert und entsprechend durch den Mangel an Nachfragen kritisiert werden.[41]

---

39 Ulrike Wagner-Rau, Auf der Schwelle, 27.

40 A. a. O., 27 f.

41 Dietrich Rössler, Grundriss der Praktischen Theologie, 496.

Wenn also Pfarrer auf den Prüfstand gestellt werden sollen, erhebt sich die Frage, nach welchen Kriterien sie sich beurteilen ließen. Ginge es nach dem gesunden Menschenverstand, wäre die Zahl jener zu gewichten, die an Gottesdiensten, Veranstaltungen und dem Gemeindeleben teilnehmen. Die Aus- und Eintritte machen zudem klar, ob es sich um eine wachsende oder schrumpfende Gemeinde handelt. Zählbar wäre auch, wie viele ehemalige Konfirmanden sich in der Kirche engagieren, wie viele von ihnen einen kirchlichen Beruf oder ein Theologiestudium wählen. All dies könnte Aufschluss darüber geben, wie wirkungsvoll der pastorale Kernauftrag der Verkündigung und Seelsorge wahrgenommen wird.

Solche Vorstellungen werden allerdings, außer in den Freikirchen, einmütig zurückgewiesen. In Opposition zu jeglichem Ansinnen von Messen und Bewerten wird die eigene Erfolglosigkeit mit der unsichtbaren Gestalt der Kirche erklärt, in der das Wesentliche eben im Verborgenen geschehe. Vielleicht wird auch daran erinnert, dass der Heilige Geist wehe, wo *er* will.

Wie aber sieht es mit der Selbstbeurteilung der Pfarrer, der Pfarrerin aus? Darüber gibt es bisher keine gesicherten Erkenntnisse. Immerhin gab es bei der Zufriedenheitsbefragung der Hannoverschen Landeskirche doch einige interessante Hinweise. Dort wurde unter anderem danach gefragt, welche Fähigkeiten und Kenntnisse ein Pfarrer heute haben sollte. Es waren maximal fünf Nennungen möglich.

An erster Stelle gaben Pfarrer „seelsorgerliche Kompetenz" (72 %) an, gefolgt von „theologischer Standpunkt" (63 %) und „Leitungskompetenz" (48 %). Erstaunlich, dass erst weit abgeschlagen Werte wie „kompetente Schriftauslegung" (28 %), „Sensibilität für soziale Situationen" (15 %), und „profunde Bibelkenntnisse" (9 %) folgten. Die genannten Werte beziehen sich allerdings auf die jüngeren Pfarrer (30–39 Jahre). Dagegen legen die älteren weniger Wert auf den theologischen Standpunkt und die Leitungskompetenz, bewerten hingegen Sensibilität für soziale Situationen und profunde Bibelkenntnisse deutlich höher.

Ob solche Befragungen zur Selbstbeurteilung viel austragen, bleibt allerdings fraglich, denn im Urteil der Gemeindeglieder zählt anderes, allem voran die Persönlichkeit des Pfarrers. Bewertet werden dessen Freundlichkeit und Empathie, ob er sich alle Namen merkt und seine Predigt verständlich ist. Auch die Umgangsformen von Pfarrern, ihre Erreichbarkeit, Verlässlichkeit, Authentizität und Menschlichkeit wird kommentiert. In zweiter Linie spielt natürlich auch das theologische Profil eine Rolle sowie Initiative und Gestaltungswille.

Vielsagend sind in diesem Zusammenhang die Stelleninserate der Pfarrwahlkommissionen, die fast unisono folgende Anforderungen stellen: verständliche und lebensnahe Verkündigung. Altbewährtes pflegen und Neues wagen. Offen auf die Menschen zugehen. Bereitschaft zur Zusammenarbeit. Immer wieder und immer öfter steht „Freude" auf dem Wunschzettel: Er oder sie soll Freude an den vielseitigen Aufgaben des Pfarramtes haben, mit Freude das Evangelium von Jesus Christus verkünden und Freude am Kontakt mit allen Altersgruppen haben.

Wie aber wird man ein „freudiger" Pfarrer? Am besten wohl, indem man sich selbst vom Evangelium erfassen lässt, danach lebt und die Menschen gern hat. Das allerdings lässt sich mit Managementinstrumenten nicht bewerkstelligen.

Dennoch macht es Sinn, im Pfarramt hohe Qualität anzustreben, denn wenn alles in Ordnung wäre, würde man nicht nach Qualität fragen. Wie in anderen Bereichen auch steht am Anfang eine Diagnose. Wie gut bin ich als Pfarrer? Wie gut ist unsere Pfarrerin? Eine erste Auskunft darüber kann eine Mitgliederbefragung geben, wenn sie auch im Blick auf pfarramtliche Tätigkeiten ausgewertet wird. Hilfreich ist es weiterhin, in der Gemeinde eine Feedback-Kultur unter Mitarbeitenden zu entwickeln sowie die Pflicht anzuerkennen, sich selbst und den Kirchenvorständen Rechenschaft zu geben über die Arbeit und das Erreichen von Zielen. Mitarbeitergespräche und ein faires Controlling können den Befund weiter präzisieren.

Wie Diagnosen eine Therapie zur Folge haben, muss eine Qualitätserhebung, wenn nötig, Veränderungen initiieren. An erster Stelle steht dabei die Arbeit an sich selbst. Weiterhin ist schon viel gewonnen, wenn Mitarbeitergespräche im Vertrauen und in einer Atmosphäre geführt werden, die dem Pfarrer Perspektiven eröffnen. Vielleicht müssen auch Rollen- und Machtfragen geklärt, die kollegiale Beratung verstärkt oder eine Supervision angesetzt werden. Gibt es einen Bedarf an Weiterbildung, sollte der Kirchenvorstand mit entscheiden, welche Weiterbildung der Gemeinde wirklich dient. Wenn etwa die Qualität der Gottesdienste verbessert werden soll, wird sie dem Pfarrer einen Kurs in liturgischer Präsenz empfehlen.

Beste Aus- und Weiterbildung garantieren aber noch keine Qualität. Auch Erfahrung allein garantiert nicht Qualität, sonst wäre der Erfahrenste immer der Beste. Es braucht mehr, nämlich einen „Sinn für Qualität". Dazu gehört es, ein kritisches Urteilsvermögen zu entwickeln.

Was eine gute Exegese ist, weiß primär der Theologe. Was hingegen eine gute Predigt ist und wie sie wirkt, weiß das Gemeindeglied. Ein guter Pfarrer, eine gute Pfarrerin wird also Gelegenheiten suchen, sich dem Urteil der Gemeindeglieder auszusetzen. Damit kann er, kann sie zudem vermeiden, in der Predigt Antworten zu geben auf Fragen, die niemand stellt. Dafür eignet sich schon der übliche Kirchenkaffee, wenn er zum Predigtnachgespräch wird. Es ist erstaunlich, was da alles zur Sprache kommt!

Die Kirche lebt von einer Dienstleistungsgesinnung, die erkennen lässt: Wir sind zu den Menschen gesandt. Wesentlich ist also die Beziehung. Diese zu pflegen ist eine erste Grundausrichtung. Hinzu kommt eine Zukunfts- und Zielorientierung: Christliches Leben streckt sich nach dem Reich Gottes aus. Diese nach vorne gerichtete Grundbewegung verlangt von den Mitarbeitern, dass klare Zielsetzung, Planung und Kontrolle diesen Weg steuern und begleiten. Schließlich braucht es eine Qualitätsorientierung: Wie in jeder Organisation ist immer wieder zu fragen, ob das Richtige und Zielgemässe getan wird (Effektivität) und ob dies mit einem massvollen Einsatz an Mitteln (Effizienz) geschieht.

In diesem Zusammenhang sind noch zwei weitere Problemanzeigen fällig: zum einen die fehlenden Leistungsanreize und zum anderen die Frage nach der Eignung zum Pfarrberuf. Die Tatsache, dass Pfarrer sehr unterschiedlich befähigt und engagiert sind, jedoch alle den gleichen Lohn beziehen, scheint revisionsbedürftig. Vermutlich kann dieses Problem mit Leistungszulagen wie in der Wirtschaft nicht gelöst werden. Ein besserer Weg scheint mir, über andere Formen der Anerkennung und Motivation die Haltungen und Einstellungen von Pfarrern zu verändern.

Die andere Frage, nämlich die nach der Eignung einer Pfarrerin oder eines Pfarrers zum Amt, bleibt immer noch merkwürdig in der Schwebe und letztlich ungelöst. Wer entscheidet eigentlich über die persönliche Eignung eines Pfarrers? Die universitäre Ausbildung und das Vikariat versuchen, die fachlichen Kompetenzen zu gewährleisten. Die Entscheidung über die persönliche Eignung liegt hingegen bei den Kirchenleitungen. Mir ist jedoch kein Fall bekannt, dass ein Theologe nicht zum Vikariat bzw. ein Vikar nach absolvierten Examina nicht zum Pfarramt zugelassen wurde, weil er persönlich als ungeeignet eingestuft werden musste. Einige Kirchen in Deutschland haben daher die Beratungspflicht für Studierende eingeführt. Für die Pfarrer im Amt könnten wiederum Personalgespräche zu einem Stellenwechsel führen und so Fehlbesetzungen nachträglich korrigieren. In der Regel geht man aber mit der Eignungsfrage äußerst großzügig um.

10.6 Qualitätssicherung in der Gemeinde

Bisher war von Qualität im Pfarramt die Rede. Eine andere Sache ist es, die Qualität in der Gemeinde zu sichern. Grundsätzlich ist das eher die Aufgabe des Kirchenvorstandes, doch Pfarrer sind in diese Aufgabe aufs Engste involviert.

Es ist umstritten, ob und wie weit Managementmethoden in einer Kirchgemeinde angewandt werden können. Der Anspruch auf Qualität aber darf nicht tabu sein. Darum lohnt ein Blick auf die Möglichkeiten, die heutige betriebswirtschaftliche Methoden bieten.

Von den Managern wäre zu lernen, dass Qualitätsmanagement die konkrete Analyse, Planung, Durchführung und Kontrolle von Maßnahmen beinhaltet. Und dies ist auch in einer Kirchgemeinde möglich und nötig. Qualität ist ja das Ergebnis eines Prozesses, der von personellen und institutionellen Faktoren gleichermaßen gesteuert wird. Es reicht also nicht, in den Gemeinden nur allgemeine Leitbilder zu entwickeln. Für Qualität braucht es konkrete Ziele und Maßnahmen. Die Instrumente dafür sind vorhanden, doch Behörden und Pfarrer sind mit ihnen meist überfordert. Auf diesem Gebiet sind uns die Freikirchen voraus.

In den Landeskirchen ist man zu wenig damit vertraut, das nötige Handwerkzeug für das operationelle Entscheiden und Leiten anzuwenden. Hinzu kommt eine weitverbreitete Scheu vor Controlling und Verbindlichkeit. Es wäre also viel gewonnen, wenn sich der Kirchenvorstand mit dem Metier vertraut macht. Dafür gibt es ausreichend Instrumente, etwa das EFQM (European Foundation of Quality Management), ein Modell, welches auf alle Systeme übertragbar ist und sowohl Prozesse als auch deren Wirkungen in Organisationen aufzeigt.

Auch die so genannte „Basler Studie", welche die Mitgliederperspektive im Blick auf Leistungen, Qualitätslücken und Zufriedenheit aufzeigt, kann wertvolle Entscheidungshilfen geben, ebenso wie das „New Church Management" (NCM), welches Elemente für die Gemeindeleitung mit integriertem Qualitätsmanagement enthält. Nützliche Hinweise zur Organisationsberatung und Gemeindeleitung bieten mittlerweile auch Bücher, die auf dem Markt zu haben sind.

Am Anfang steht in jedem Fall die Analyse. Um den Stand der Dinge in einer Gemeinde erheben zu können, bieten sich zunächst statistische Erhebungen an. Die Zahl der Gottesdienste und anderer Veranstaltungen, sowie die jeweilige Teilnehmerzahl können ausgewertet werden. Erfassen lassen sich auch die Hausbesuche, das Aufkommen von Kollekten, die Kirchenaus- und Eintritte, die Besuche auf der Website, die Arbeitszeiterfassung der Mitarbeiter und anderes mehr. Damit lassen sich Veränderungstendenzen, etwa bei den Kasualien, der Beteiligung am kirchlichen Unterricht und in der Fluktuation von freiwilligen Mitarbeitern erfassen.

Ein weiteres Potenzial liegt in Mitgliederbefragungen, wie sie in Firmen, Krankenhäusern und Non-Profit-Organisationen üblich sind. Dabei steht die Zufriedenheit der Mitglieder im Vordergrund, darüber hinaus das öffentliche Image, wozu auch die Meinung am Stammtisch gehört. Ebenfalls bewertet werden können das soziale Engagement, die Erreichbarkeit der Pfarrer, die Öffentlichkeitsarbeit und anderes. Darüber hinaus ist eine eigenständige Befragung der Mitarbeiter sinnvoll, weil sie weitere Aspekte zu Abläufen und Kompetenzen ans Licht bringt.

Mitunter versuchen Gemeinden, solche Befragungen intern und mit möglichst geringem Aufwand durchzuführen. Kirchenvorstand und Mitarbeiter tragen dann eher zufällig die Kriterien für einen Fragebogen zusammen. Spätestens bei der Auswertung hapert es, denn das Selbstgemachte hat meist wenig Aussagekraft. Um eine seriöse Befragung durchzuführen, braucht es sowohl für die Entwicklung als auch für die Auswertung der Fragebögen externe und professionelle Experten. Auch diese sind mittlerweile für Kirchengemeinden auf dem Markt präsent.

Ein weiterer Punkt, der in der Kirche bisher überhaupt noch nicht diskutiert oder praktiziert wurde, ist die Vergleichbarkeit. Ähnlich, wie die Bewertung von Krankenhäusern nur im Vergleich mit anderen aussagekräftig wird, lassen sich auch Kirchengemeinden miteinander vergleichen. Natürlich lässt sich nur Gleiches mit Gleichem vergleichen. Eine kleine Gemeinde mit einem Einzelpfarramt eignet sich nicht zum Vergleich mit einer großen Gemeinde, in der viele Gruppen und ein großes Mitarbeiterteam bestehen. Mittlerweile gibt es jedoch Instrumente, um Kirchengemeinden vergleichen und relevante Aussagen manchen zu können.

Um bei den Gemeindegliedern eine größtmögliche Zufriedenheit zu erreichen, müssen Qualitätsstandards erarbeitet und regelmäßig überprüft werden. Vielleicht müssen Leitungs- und Machtfragen geklärt, Pflichtenhefte angepasst oder Visionen vermittelt werden. Oder es gilt, den Kirchenraum angemessen zu gestalten oder die Öffentlichkeitsarbeit zu professionalisieren. Die Probleme liegen dabei weniger im Erkennen von richtigen Maßnahmen, als in deren Umsetzung und Verbindlichkeit. Hier ist vielen Gemeindeleitungen mehr Mut zu wünschen.

Es dürfte kein Zufall sein, dass sich kircheninterne Empfehlungen für Maßnahmen zur Qualitätssicherung fast ausschließlich auf Weiterbildung, Supervision und Mitarbeitergespräche beschränken. Die Mitarbeiter sollen sich selber entwickeln. Ob das in jedem Fall reicht, scheint fraglich. Was soll beispielsweise geschehen, wenn eine Gemeinde jahrelang unter einem unwilligen oder schlechten Pfarrer leidet? Oder wenn durch eine schlecht qualifizierte Organistin von der Qualität im Gottesdienst immer mehr Abstriche gemacht werden müssen? Da braucht es auch den Mut, einem Pfarrer die Empfehlung zur Wiederwahl zu versagen oder einem Mitarbeiter zu kündigen. Die richtigen Menschen mit den richtigen Fähigkeiten am richtigen Ort – das sollte auch eine moderne kirchliche Personalführung auszeichnen.

Aber, und dieser „aber“ ist entscheidend: Noch vor allen Aktivitäten, Umfragen oder Maßnahmen steht die Herausforderung, in der Gemeinde ein Bewusstsein für Qualität zu schaffen. Das allein scheint schon schwierig, da es in der Kirche eben doch Besonderheiten gibt. Man kann nicht mit dem Finger darauf zeigen und Qualität demonstrieren. Andererseits lehrt die Erfahrung: Qualität ist, was sich zeigt, über kurz oder lang. So viel Geduld und Vertrauen muss sein.

Christliche Gemeinden gehören zu den wert- und sinnorientierten Organisationen. Ihre Ziele (z.B. christliche Haltungen fördern, Hoffnung wecken, Lebenshilfe geben) sind nicht direkt zu „produzieren“. Daher wird darauf zu achten sein, dass eine Unterscheidung zwischen Sach- und Sinnqualität im Blick bleibt. Die messbaren Ergebnisse und Maßnahmen beziehen sich auf sachliche Leistungen und Abläufe. Daneben steht die Sinnqualität, die ganz anderes erkennbar macht, nämlich die Wirkungen von Geisteshaltungen jener Menschen, die in der Gemeinde tätig sind. Und diese haben in der Kirche Priorität!

10.7 Vom *package-deal*

Im Vorangegangenen wurden vor allem die Erwartungen an die Pfarrer thematisiert. Andererseits sind Pfarrer auch Zumutungen ausgesetzt, die ihnen von anderen – von Kirchenleitungen und Kirchenvorständen – gesetzt werden. Diese rufen bisweilen Irritationen hervor und belasten die Motivation und Identifikation des Pfarrers mit seinem Beruf.

Dabei handelt es sich vor allem um Sparmaßnahmen, Strukturänderungen und Stellenabbau. Hierher gehört auch das Mitgliederquorum bzw. die schrittweise Hochsetzung der Zahl von Gemeindegliedern, für die ein Pfarrer, bzw. eine Pfarrerin verantwortlich ist. Weiterhin haben Pfarrer durch neue Einstufungen Lohneinbußen hinzunehmen.

Als Belastung wirken sich des Weiteren die oft langen Entscheidungswege von Ankündigungen bis zum definitiven Entscheid aus. Vieles wird lange in der Schwebe gelassen, bis es durch Gremien, Arbeitsgruppen und Synoden entschieden wird. Schon bei Bewerbungen um eine Pfarrstelle kommt es zu langen Wartezeiten.

All das belastet die Motivation von Pfarrern. Gefragt sind klare Grundlagen oder Vereinbarungen für die gegenseitigen Erwartungen und Verbindlichkeiten zwischen Landeskirche, Gemeindebehörden und Pfarrern. *Isolde Karle* hat dafür den Begriff *package-deal* in die kirchliche Kultur eingeführt. Was hat es damit auf sich?

An die Pfarrer gibt es vom jeweiligen Arbeitgeber Verhaltenserwartungen, die in anderen Berufen so nicht üblich sind. Der Pfarrer bzw. die Pfarrerin nimmt zum Beispiel bewusst Einschränkungen seines privaten Lebens auf sich. Dafür erwarten sie die Verbindlichkeit einer lebenslangen Anstellung sowie die Fürsorge der Kirche. Dies gilt bereits für die Motivation zum Theologiestudium, vor allem jedoch für die Anstellungsformen der Pfarrer, die bisher in beamtenähnlichen Dienstverhältnissen stehen.

Diese Anstellungsform wurde nicht gewählt, um Pastoren und Pastorinnen möglichst viele Privilegien zu verschaffen, sondern um die Unabhängigkeit der Verkündigung zu fördern und damit zugleich die Basis für eine verantwortlich praktizierte Berufsethik zu schaffen. Das heißt, die Kirche gewährt Pfarrern eine sichere und starke Stellung und verhältnismäßig viel Autonomie in Bezug auf ihre Berufsausübung, damit diese selbst wiederum mit der nötigen Flexibilität ihren komplexen Aufgaben nachgehen können.

Der *package-deal* stabilisiert mithin auf beiden Seiten (Erwartungen) und bildet damit die Grundlage für das Vertrauensverhältnis von Pfarrern und Kirchenleitung. Dies bedeutet auch, dass Privilegien des Pfarrberufs nur dann erhalten werden können, wenn sie nicht missbraucht werden.

> Dabei erweist es sich zunehmend als problematisch, dass die zentrale professionsethische Verhaltenserwartung der Erreichbarkeit nicht mehr von allen Pfarrern akzeptiert und praktiziert wird. Bei stellenteilenden Pfarrern taucht das Problem der Präsenzpflicht in verschärfter Form auf. Umgekehrt ist es kein Zufall, dass die Bereitschaft der Pfarrer, Freiheitsverzichte in Bezug auf ihre Lebensführung in Kauf zu nehmen und verlässlich erreichbar zu sein, gerade in dem Moment spürbar nachlässt in dem die Kirche sich als Arbeitgeberin nicht mehr als zuverlässig erweist.[42]

Zu einem guten *package-deal* gehört die notwendige Anerkennung im Amt. Nicht alle fühlen sich in ihrem Engagement wirklich gewürdigt. Das ist offenbar ein weithin unterschätztes Problem. Wenn Pfarrern ständig suggeriert wird, sie müssten nur besser und erfolgreicher arbeiten, dann würde das Gemeindeleben aufblühen, wird ein permanenter Rechtfertigungsdruck erzeugt, der zum „Dienst nach Vorschrift" führen kann.

> Sie kultivieren ihre freie Tage und ihre Abgrenzungstechniken, sie thematisieren ständig ihre Belastbarkeit, lassen prinzipiell nur noch den Anrufbeantworter laufen und vollziehen schließlich die innere Kündigung. Dies wiederum ist für die verantwortlichen Pfarrer schwer erträglich, denn: Der faule und unfähige, der unverlässliche, nicht erreichbare, nicht präsente und

42 Isolde Karle, Der Pfarrberuf als Profession, 275 f.

> unhöfliche Kollege, der die Gemeindeglieder verprellt, bekommt sein Gehalt genauso wie der, der präsent, erreichbar, zuverlässig und höflich seinen Dienst tut.[43]

Sollten die Kirchenleitungen also doch über ein leistungsabhängiges Lohnsystem nachdenken? Eine solche Maßnahme scheint ungeeignet, denn Lohn vermag Leistungen zu stimulieren, nicht aber Haltungen hervorzubringen. Es brauchte andere Formen der Anerkennung, wie das traditionelle Lob, zusätzlichen Urlaub oder großzügige Regelungen für Weiterbildung. Es ist nun einmal so, dass Pfarrer sich auch persönlich verletzt fühlen, wenn ihre Arbeitsbereiche eingespart oder umstrukturiert werden und sie selbst sich gegen ihre Wünsche umorientieren müssen. Lässt sich in solchen Situationen eine Wertschätzung ihrer geleisteten Arbeit überhaupt noch vermitteln? Es ist für einen Pfarrer schwierig, das Gute, das über seine Arbeit gesagt wird, zu hören, wenn die Einsparung ihr dennoch ein Ende setzt.

Ein guter *package-deal* soll motivieren, Kräfte und Kreativität freisetzen. Gemeindeentwicklung und Neustrukturierung von Kirche sind auf die Unterstützung und Loyalität der Pfarrer angewiesen, auch darauf, dass sie bereit sind, zusätzliche Anforderungen zu bewältigen und Stress zu ertragen. Dafür brauchen sie das Vertrauen und die Unterstützung von Kirchenvorständen und jenen Gremien und Personen, die die Kirche leiten.

> Sozialkapital wird nämlich von unten nach oben aufgebaut. Wie jede Kultur, so hängt auch die Firmenkultur von den gewöhnlichen Menschen und ihrem Verständnis der Institution ab, nicht von der Erklärung, die man von oben her verordnet.[44]

Wenn Wertschätzung ausbleibt und Stellen abgebaut werden, gleichzeitig die Anforderungen und die Arbeitsverdichtung zunehmen, liegt es auf der Hand, dass Stress und Frust unter

43 A. a. O., 277.

44 Ulrike Wagner-Rau, Auf der Schwelle, 13.

Pfarrern zunehmen. So wäre es in diesem Zusammenhang interessant zu wissen, unter welchen Stressfaktoren Pfarrer am häufigsten leiden und welche Kriterien sie andererseits für ihren Erfolg kennen.

In der schon erwähnten Pfarrerbefragung der Hannoverschen Landeskirche wurden auch diese beiden Werte ermittelt. Unter den Stressfaktoren rangierte unter den Befragten weit oben „zunehmende Arbeitsverdichtung" (60,8 %), gefolgt von „diffuse Vielfalt der pastoralen Tätigkeit" (50,8 %), „aktueller Kürzungsdruck" (48,3 %), „Erwartungen meiner Gemeinde" (44,4 %). Außerdem wurde bei Pfarrern, die eine ständige Erreichbarkeit für sehr wichtig halten, ein Zusammenhang zum empfundenen Stress belegt. Der Ursprung des Stresses liege aber nicht nur in der eigenen Person, sondern auch in den strukturellen Arbeitsbedingungen. Eine überschaubare Arbeitsstruktur könnte, so wird festgehalten, zum Stressabbau beitragen.

Auf der anderen Seite wurde nach den Erfolgskriterien bei Pfarrern gefragt. Dabei fällt auf, dass sie ihren Erfolg vor allem an den Rückmeldungen der direkt Beteiligten oder der eigenen Person messen. Fakten, die über den persönlichen Interaktionsbereich hinausgehen, wie die Besucherzahl oder der Zuspruch von Kirchenfernen, spielt eine geringere Rolle. Konkret wurden folgende Angaben gemacht: Rückmeldung Teilnehmende (91,7 %), eigene Zufriedenheit (88,9 %), Besucherzahl der Angebote (59 %), Zahl der Ehrenamtlichen (34,7 %), Resonanz von außerhalb der Gemeinde (33,7). Damit haben qualitative, „weiche" Erfolgskriterien einen höheren Stellenwert als quantitative, „harte", die man messen kann. Anders gesagt: Die eigene gefühlte Zufriedenheit wird vorrangig aus der Interaktion sowie der emotionalen Zuwendung des jeweiligen Gegenübers bezogen.

Die Umfrage zur Zufriedenheit in der Evangelischen Kirche Hessen und Nassau ergab, dass die Zufriedenheit mit dem Pfarrberuf insgesamt recht hoch ist. Bei den Älteren übrigens höher als bei den bei Jüngeren; zudem sind Männer zufriedener als Frauen. Der Rat an die eigenen Kinder, ob sie Theologie studieren sollten, fiel allerdings mehrheitlich negativ aus. Auch die

Führungskompetenz kirchlicher Vorgesetzter wurde von der Hälfte der Befragten als schlecht eingestuft.

Natürlich können solche Befragungen zu Stressauslösern und Zufriedenheit nicht alles sein, was über den Pfarrberuf zu sagen ist. Große Bedeutung kommt, wie in jeder Profession, der Motivation sowie der Identifikation mit den jeweiligen Aufgaben und der Kirche zu. Darum liegt ja so viel an einem guten *package-deal*. Pfarrer können recht gut mit dem sogenannten Eu-Stress leben, wenn sie sich mit der Kirche und ihren Aufgaben identifizieren und eine angemessene Wertschätzung erfahren.

Mancher Pfarrer hat im Zustand des „Flow", wie er aus dem Leistungssport bekannt ist, über lange Zeit Großes geleistet und dies mit Freude und ohne Schaden zu nehmen bewältigt. Andere hingegen werden in einer durchschnittlichen Dienstanforderung von einer schleichenden, inneren Auszehrung ergriffen, die als Burn-out-Syndrom in Erscheinung tritt.

> Das Burn-out-Problem hat nicht, wie oftmals unterstellt, in jedem Fall mit Überforderung oder zu viel Arbeit zu tun. Unterforderung und die ständige Abgrenzung von den Erwartungen anderer kann in gleicher weise Frustration und Überdruss erzeugen. Wer in permanent negativer Abgrenzung lebt und arbeitet, wird innerlich genauso ausbrennen, wie diejenige, die meint, prinzipiell unersetzlich zu sein.[45]

Zu den gegenwärtigen Verunsicherungen unter Pfarrern gehört schließlich die Tendenz zu Teilzeitstellen und Spezialpfarrämtern. Bei den Teilzeitstellen handelt es sich nicht selten um eine ungewollte Stellenreduktion für den Amtsinhaber, der dadurch genötigt wird, zusätzlich anderen Beschäftigungen oder einem Zweitberuf nachzugehen. Dies wiederum führt ihn in Konflikte.

Die berufsethische Orientierung des Pfarrers, der Pfarrerin zielt ja darauf, das Vertrauen der Gemeinde zu gewinnen und zu erhalten. Dementsprechend werden an sie andere Erwartungen herangetragen als an einen Geschäftsmann.

---

45 Isolde Karle, Der Pfarrberuf als Profession, 279 f.

> Konkret heißt dies: Ein Gemeindeglied muss sich wie eine Patientin beim Arzt darauf verlassen können, dass der Pfarrer aus ihrer existenziellen Situation keinen Gewinn oder persönlichen Vorteil schlägt … Von einem Arzt oder einer Pfarrerin wird aufgrund ihrer Berufsrolle ein „sozialer Altruismus" erwartet, den man vom Geschäftsführer einer Firma nicht in dieser Form erwarten würde.[46]

Isolde Karle hat in diesem Zusammenhang folgendes Szenario gemalt: Der soziale Altruismus stehe

> in empfindlicher Spannung zu dem Phänomen der Stellenteilung, die für Pfarrerinnen und Pfarrer nicht selten das Erfordernis eines Zweitberufs auf dem ökonomischen Markt mit sich bringt … (Das könnte) in den Gemeinden mittel- und langfristig zu Verlegenheiten führen und Verwirrung stiften … Wenn beispielsweise ein Pfarrer in einer Gemeinde zusätzlich Versicherungspolicen verkauft, weiß das Gemeindeglied nicht mehr, ob es sich bei einer Begegnung mit dem Pfarrer um ein Seelsorgegespräch handelt, das dem Beichtgeheimnis unterliegt, oder ob der Pfarrer den Kontakt zu ihm vor allem deshalb sucht, um eine Versicherung zu verkaufen um damit einen finanziellen Gewinn zu erlangen."[47]

Mit anderen Worten: Das Amt und die Berufung werden zum Job, womit das notwendige Vertrauen zwischen Pfarrer und Gemeinde zerstört wird. Darum sollten Kirchenleitungen und Kirchenvorstände zurückhaltender mit Teilzeitstellen sein und eher Fusionen von Kirchgemeinden prüfen. Ein Pfarrer, der zu 80 % oder 50 % angestellt wird, ist eben nicht mehr voll verfügbar, sondern genötigt, auf die Uhr zu schauen und sich abzugrenzen. Das widerspricht seinem Amtsverständnis, führt in unterschiedliche Konflikte und beeinträchtigt die Gemeindeentwicklung.

> Diese Überlegungen legen es nahe, den Enthusiasmus vieler Kirchenleitungen im Hinblick auf die Stellenteilungspraxis von Pfarrerinnen und Pfarrern und das Ausüben von Zweitbe-

46 A. a. O., 131.
47 A. a. O., 132.

rufen, das in manchen Kirchen als besonders fortschrittliches und zukunftsträchtiges Modell propagiert wird, zu bremsen, die Folgeschäden dieser Politik nicht länger auszublenden und die mittel- und langfristigen Konsequenzen für den Pfarrberuf als Profession realistisch einzuschätzen.[48]

Darum sollten Kirchenleitungen die Gemeinden eher dazu animieren, Pastorationsgemeinschaften oder Fusionen anzustreben, um damit das Pfarramt als Vollamt sichern zu können und in den Gemeinden Verlässlichkeit zu garantieren.

Für die Identifikation und Verfügbarkeit der Pfarrer ist mehr gewonnen, wenn zwei Gemeinden drei Pfarrer im Vollamt anstellen, als wenn jede Gemeinde 140 bzw. 160 Stellenprozent zu Verfügung hat. Wenn Pfarrer zu Zweitbeschäftigungen genötigt werden, ist eben nicht mehr in jedem Fall klar, wo ihr Herz schlägt.

Hinzu kommt, dass Teilzeitstellen in viel stärkerem Maße klärende Strukturen brauchen und auch häufiger zu überarbeiten sind.

Gerade Stellen mit eingeschränktem Dienstauftrag brauchen klärende Strukturen, die im Sinne der Fürsorgepflicht von der Kirchenleitung bereitzustellen sind, sodass nicht der einzelne Stelleninhaber die jeweiligen Konditionen stets neu auszuhandeln hat. Dazu gehört, dass klare Dienstanweisungen und sachgemäße Teilungsstrukturen erstellt werden. Dabei kann es hilfreich sein, gemeinsam mit dem Kirchenvorstand bzw. anderen sachkundigen Gremien ein Stellen- oder Gemeindeprofil zu erarbeiten. Vertretungs- und Erreichbarkeitsregelungen müssen organisiert und abgesichert werden … Die Bereitschaft zur Übernahme befristeter Dienstaufträge ist durch eine weitblickende Personalentwicklung zu fördern.[49]

Skepsis ist auch der Entwicklung zu Spezialpfarrämtern entgegenzubringen, weil sie unter der Hand die Generalisten im Amt

48 A. a. O., 133.

49 Das Amt des Pfarrers und der Pfarrerin in der modernen Gesellschaft, 58.

> abwerten, die doch das breite Fundament der Kirche ausmachen. Besonders weit verbreitet ist die Auffassung, Professionalisierung impliziere eine funktionale Differenzierung und Spezialisierung pastoraler Aufgaben und damit den Abschied von parochialen Gemeindestrukturen. Man verband und verbindet damit bis heute die Hoffnung, die Diffusität pastoraler Arbeit und damit gleichzeitig die Rollendifussion von Gemeindepfarrern reduzieren zu können … sogenannte Funktionspfarrstellen sollten die parochialen Gemeindepfarrstellen, die als überholt und unzeitgemäß galten, mindestens teilweise ablösen. Die Ausdifferenzierung von Sonderpfarrämtern mit speziellen Kompetenzen wurde zum Leitmodell der angestrebten Professionalisierung.[50]

In der Praxis hat sich diese Vorstellung nicht bewährt und wurde auch nicht konsequent umgesetzt. Ein stärkerer Ausbau von Sonderpfarrämtern erscheint aus heutiger Sicht nicht mehr angemessen, denn dabei wird

> die grundlegende Bedeutung der Kontinuität einer pastoralen Berufsperson in den unterschiedlichen Handlungsfeldern des Gemeindepfarramts radikal unterschätzt. Ein zentrales Element des pastoral-professionellen Handelns ist der direkte Kontakt, die persönliche Begegnung mit Menschen, die vor allem über Kontinuität und Stetigkeit Vertrauen schafft und Verlässlichkeit garantiert.[51]

So ist es zum Beispiel wichtig, dass die Konfirmandin ihren Pfarrer nicht nur im Unterricht, sondern auch bei der Beerdigung ihrer Großmutter erleben kann.

> Ganz entgegen einem weit verbreiteten Verständnis von Professionalisierung ist es für eine Profession deshalb gerade typisch und notwendig, die Rolle eines Generalisten, eines Allgemeinpraktikers als professionelle Kernrolle auszubilden.[52]

Eine Profession lebt wesentlich von dem Vertrauen, das ihr entgegengebracht wird. Dieses bezieht sich nicht nur auf die theo-

---

50 Isolde Karle, Der Pfarrberuf als Profession, 234 f.

51 A. a. O., 235.

52 A. a. O., 236.

logische Kompetenz, sondern vor allem auf die Person, auf die man sich verlassen können will. Darum liegen die Stärken der Gemeindepfarrer nicht in Sonderaufgaben und Spezialisierungen, sondern in den allgemeinen Fähigkeiten und Fertigkeiten des Generalisten. Sie erlauben, das Ganze des Gemeindelebens im Blick zu behalten und auf jeden Wandel flexibel reagieren zu können. Darum sollte gerade das Gemeindepfarramt gestärkt werden.

Zu einem guten *package-deal* gehört also auch die Verlässlichkeit der Kirchenleitung gegenüber ihren Pfarrern. Gerade in Zeiten knapper werdender Ressourcen muss die Würde, Unabhängigkeit und Verfügbarkeit des Pfarramts erhalten bleiben. Gefragt sind die Fürsorgepflicht der Kirchen- und Gemeindeleitung auf der einen sowie Dienstbereitschaft und Verfügbarkeit der Pfarrer auf der anderen Seite. Beide Seiten müssen sich anstrengen und darum ringen, damit der *package-deal* stimmt. Für die Gemeindeglieder und die Entwicklung ihrer Kirchengemeinde dürfte dies in jedem Fall einen Gewinn bedeuten.

Zum Abschluss darum noch einmal ein Insider-Blick auf das, was nach Ansicht der Pfarrer getan werden sollte. Die Pfarrer der Hannoverschen Landeskirche haben die Maßnahmen bewertet, die für die Zukunft ihrer Kirche angedacht, geplant oder auch teilweise schon umgesetzt wurden. Dabei kam es zu folgender Rangliste:

Am häufigsten wurden genannt „theologisch begründete Prioritätensetzung" (41,5 %) und „Stärkung der Gemeinden" (39,7 %), gefolgt von „Ausweitung/Sicherung der Pfarrstellenzahl" (33,6 %). Bereits mit einigem Abstand dahinter folgten „innerkirchlicher Zukunftsdiskurs" (22,2 %), „flexiblere Strukturen" (21,9 %) und „Mitgliederwerbung" (19,3 %). Als am wenigsten wichtig werden dagegen „Spezialisierung pfarramtlicher Tätigkeiten" (6,5 %) und „Stärkung der Kirchkreise" (6,7 %) bewertet. „Kirchliches Qualitätsmanagement" kam immerhin auf 11,3 %. Dabei zeigten sich keine großen Unterschiede zwischen den Befragten im städtisch geprägten Raum und jenen in ländlichen Regionen.

Zusammenfassend noch einmal das Ideal:

Die Kirchenleitung muss strukturierend und unterstützend den Rahmen dafür bereitstellen, dass Pfarrer das tun können, was sie in ihrem Amt tun sollen: in Hören und Beten, Gottesdienst und Unterricht, Seelsorge und Gemeindeleitung dafür zu sorgen, dass das Evangelium von Jesus Christus bezeugt wird. Dadurch kann Glaube entstehen und wachsen, der Menschen im Horizont von Gottes ewigem Heil leben lässt.[53]

53 Das Amt des Pfarrers und der Pfarrerin in der modernen Gesellschaft, 13.

Fazit: 12 Thesen

Der alte und anspruchsvolle Beruf des Pfarrers muss sich den modernen Herausforderungen in Kirche und Gesellschaft stellen. Dabei trifft er auf eine kirchliche Praxis, die in den letzten Jahrzehnten pluraler und diffuser geworden ist. Andererseits hat sich das Selbstverständnis der Pfarrer verändert. Es ist facettenreicher geworden, hat damit aber zugleich das Profil des Pfarramtes unklarer werden lassen. Solche Entwicklungen bringen Anpassungen im Berufsbild des Pfarrers mit sich, beziehungsweise machen solche nötig.

Pfarrer üben ihr Amt in einer Institution aus, die gegenwärtig umfassende und weithin offene Veränderungsprozesse durchläuft, die gerade von diesen Pfarrern mitzugestalten sind. Dabei ist keineswegs sicher, wohin die Entwicklung geht. Ob sich die Kirche von Traditionellem verabschieden wird oder gerade dessen Renaissance befördern und gestalten soll, lässt sich noch nicht sagen. In dieser Situation scheint es schwierig, das Profil eines zeitgemäßen Pfarramts aufzeigen zu wollen.

Erschwerend kommt gegenwärtig die Neigung hinzu, sich vor allen an den Defiziten zu orientieren. Noch nie, so scheint es, haben so viele Menschen über so viele Krisen nachgedacht wie gegenwärtig. Mit solchem Fokus werden auch Kirche im Allgemeinen und das Pfarramt im Besonderen recht fraglos als in der Krise befindlich gedeutet. Meist bleibt dabei allerdings offen, was eigentlich als Normalität vorausgesetzt wird.

Weil sich Krisen aber in der Regel vom Normalen her definieren, müsste zunächst einmal eine Vorstellung von Normalität in Kirche und Pfarramt geklärt werden. Nicht alles nämlich befindet sich in der Auflösung oder in der Krise. In vielen Bereichen gibt es eine erstaunliche Kontinuität, zu der nach meiner Auffassung eben auch der Wandel von Gegebenem, die Übergänge und immer wieder neue Herausforderungen gehören. All das macht für mich das Normale der Kirche aus.

Darum soll, trotz mancher Bedenken und Einwände, danach gefragt werden, ob dem Pfarramt ein erkennbares und zeitgemäßes Format zugeschrieben werden kann. In zehn Kapiteln ist einiges von dem sichtbar geworden, was dem Pfarrberuf Profil und Kolorit geben kann. Mir ist es wichtig, dass sich im Anschluss an die Reflexionen über Tätigkeiten und Herausforderungen, Besonderheiten und Zumutungen im Pfarramt, Konturen für den Pfarrberuf auch benennen lassen. Aus meiner Sicht sind es zwölf:

1. Pfarrer verstehen ihren Beruf als ein kirchliches Amt.

Sie identifizieren sich mit der Kirche und wissen sich an diese Kirche gebunden. Sie üben ihren Beruf als Profession aus, die sich darauf richtet, Glauben zu wecken und zu stärken. Pfarrern ist bewusst, dass sie als Anschauungsfigur für gelebtes Christentum gelten. Dennoch überfordern sie sich nicht, denn sie wissen sich vom Amt getragen.

2. Pfarrer kennen die Möglichkeiten und die Würde ihres Amtes.

Sie haben sich von der Defizitperspektive und Befindlichkeitsschau gelöst und nutzen die Freiräume und Gestaltungsmöglichkeiten, die ihnen das Amt bietet. Sie kennen die Freude im Beruf und sorgen mit ihrem Dienst und ihrer Person dafür, dass die Würde des Pfarramtes erhalten bleibt oder neu sichtbar wird. Pfarrer akzeptieren die besonderen Belastungen und Zumutungen, die mit der Übernahme des Amtes verbunden sind, nehmen sie an und bewältigen sie nach bestem Vermögen und im Vertrauen auf Gott.

3. Pfarrer pflegen Spiritualität.

Sie nehmen sich Zeit für Gott und pflegen einen persönlichen Frömmigkeitsstil. Sie wissen, dass die Hände und der Geist schnell müde werden, wenn der Mund nichts mehr zu beten hat. Ihr Glaube begleitet alle pfarramtliche Tätigkeit. Damit machen sie den pastoralen Beruf als geistlichen Beruf erkennbar.

4. Pfarrer geben sich klare Strukturen.

Sie strukturieren ihre Arbeit verlässlich und transparent, vor allem im Blick auf Zeitmanagement, Erreichbarkeit und Zuständigkeit. Um im Umgang mit Zeit, Zielen und Erwartungen souveräner zu werden, nutzen sie auch bewährte Instrumente aus dem Management. Pfarrer haben ihre unterschiedlichen Rollen geklärt und sich für ihre Auftritte eine angemessene Rollensicherheit erarbeitet.

5. Pfarrer sind theologisch kompetent.

Sie sind als anspruchsvolle Theologen für die Vermittlung von Glauben zuständig. Sie bilden sich regelmäßig weiter, arbeiten an aktuellen theologischen Fragen und vertreten ihren Standpunkt mit Leidenschaft und Fairness.

6. Pfarrer inszenieren Gottesdienste, die berühren.

Sie haben sich liturgische Kompetenz und Stilsicherheit angeeignet. Auch bei den Gemeindemitgliedern haben sie einen Sinn für Liturgie geweckt. Sie stellen Öffentlichkeit für die Gottesdienste her und feiern diese mit Sorgfalt und Hingabe. Sie inszenieren Gottesdienste so, dass Glauben vermittelt und gefeiert wird, dass Frömmigkeit erfahrbar werden und sich entwickeln kann.

7. Pfarrer geben dem Wort ein neues Gewicht.

Gegen Wortinflation und Bilderkult pflegen sie die Kunst des gesprochenen Wortes. Sie vermeiden gleichwohl Geschwätzigkeit. Pfarrer halten die Heiligen Schriften in Ehren und kommunizieren das Evangelium mit Fantasie. Sie reden nicht gefällig, sondern wahrhaftig von Gott. Sie nehmen die Gemeindeglieder als mündige Hörer ernst und deuten ihr fragmentarisches Leben mit den Erfahrungen der Bibel.

8. Pfarrer praktizieren Religion.

Sie beherrschen das spirituelle Handwerk und den Umgang mit Symbolen. Sie beten, segnen, fasten, vergeben, schweigen und vollziehen Rituale. In ihrer religiösen Praxis machen sie somit Glauben auch sinnlich erfahrbar.

9. Pfarrer fördern Qualität.

Sie haben ein kritisches Urteilsvermögen sowie einen Sinn für Qualität in ihrem Beruf entwickelt und strengen sich an, diese in der Amtsführung umzusetzen. Sie geben sich nicht damit zufrieden, dass die Dinge einfach getan werden. Unter Mitarbeitern und in allem, was in der Gemeinde geschieht, engagieren sie sich für Qualitätsbewusstsein und hohe Standards.

10. Pfarrer leiten und motivieren.

Sie organisieren das Gemeindeleben zielorientiert und verlässlich. Dabei nehmen sie ihre Leitungsverantwortung wahr und können Mitarbeiter und Gemeindemitglieder motivieren. Für effektivere Abläufe nutzen sie betriebswirtschaftliche Methoden, ohne aber die Gemeinde wie ein Unternehmen führen zu wollen. Pfarrer praktizieren einen geistlichen Machtgebrauch.

11. Pfarrer verstehen sich als Grenzgänger.

Sie sind in unterschiedlichen Bereichen und Zeiten unterwegs: zwischen bürgerlichen und geistlichen Anforderungen, zwischen drinnen und draußen von Kirche, zwischen Tradition und Moderne, zwischen gegensätzlichen Kulturen, zwischen Gott und Welt. Pfarrer agieren bisweilen wie Seiltänzer und sind darauf aus, die Milieuverengung der Kirchgemeinde aufzubrechen.

12. Pfarrer nehmen ihre Rolle als evangelische Geistliche ein.

Sie haben im Spannungsfeld von geistlichen und bürgerlichen Ansprüchen, von Amt und Privatleben ihre Rolle als evangelischer Geistlicher gefunden und fühlen sich darin wohl. Sie können in Gelassenheit Gott feiern und den Menschen dienen. Dabei vertrauen sie auf den Heiligen Geist.

Literaturnachweis

Bauke Jan/Krieg Matthias (Hg.): Die Kirche und ihre Ordnung, Zürich, 2003.

Dubied, Pierre-Luigi: Die Krise des Pfarramts als Chance der Kirche, Zürich, 1995.

Evangelischen Kirche von Kurhessen-Waldeck: Das Amt des Pfarrers und der Pfarrerin in der modernen Gesellschaft. Eine Studie der DIDASKALAA Schriftenreihe, Heft 53, Kassel, 2004.

Gräb, Wilhelm und Weyel, Birgit (Hg.): Handbuch Praktische Theologie, Gütersloh, 2007.

Gräb, Wilhelm: Religion als Deutung des Lebens. Perspektiven einer praktischen Theologie gelebten Lebens, Gütersloh, 2006.

Greiffenhagen, Martin: Das evangelische Pfarrhaus. Eine Kultur- und Sozialgeschichte, Stuttgart, 1984.

Grethlein, Christian: Pfarrer – ein theologischer Beruf, Frankfurt, 2009.

Handbuch der Liturgik, herausgegeben von Hans-Christoph Schmidt-Lauber, Michael Meyer-Blanck und Karl-Heinz Bieritz, Göttingen, 2003.

Hänni, Beat und Marti, Felix: Kirchgemeinde gemeinsam leiten und entwickeln, Impulse aus Theologie und Organisationsberatung, Luzern, 2007.

Hartlieb, Gabriele u. a. (Hg.): Spirituell leben, 111 Inspirationen von Achtsamkeit bis Zufall, Freiburg, 2002.

Herbst Michael, Karle Isolde, Panzer Lucie: Kirche wächst, Hänssler Verlag Holzgerlingen, 2008.

Josuttis, Manfred: Der Pfarrer ist anders. Aspekte einer zeitgenössischen Pastoraltheologie, München, 1982.

Josuttis, Manfred: Die Einführung in das Leben, Pastoraltheologie zwischen Phänomenologie und Spiritualität, Gütersloh, 1996.

Josuttis, Manfred: Segenskräfte. Potentiale einer energetischen Seelsorge, Gütersloh, 2000.

Karle, Isolde: Der Pfarrberuf als Profession. Eine Berufstheorie im Kontext der modernen Gesellschaft, Gütersloh, 2001.

Kiechle, Stefan. Macht ausüben, Würzburg, 2005.

Kramer, Werner: Berufsbild Pfarrer/Pfarrerin, herausgegeben vom Pfarrverein des Kanton Zürich, 1991.

Mechels, Eberhard/Schauf, Kornelia: Der Pfarrer/die Pfarrerin von morgen, Wuppertal, 1999.
Meyer-Blanck, Michael, Weyel, Birgit: Studien- und Arbeitsbuch Praktische Theologie, Göttingen, 2008.
Nicol, Martin: Weg im Geheimnis. Plädoyer für den Evangelischen Gottesdienst, Göttingen, 2009.
Pachmann, Herbert: Nur der ganze Gott kann helfen, Göttingen, 2008.
Pfarrverein des Kantons Zürich: Berufsbild Pfarrer/Pfarrerin, 2006.
Pastorinnen- und Pfarrerbefragung der Evangelisch-lutherischen Landeskirche Hannovers, 2005, Internet: www.evlka.de/media/texte/befragung2005.
Peier, Martin (Hg.): Beim Wort genommen. Kommunikation in Gottesdienst und Medien, Zürich, 2007.
Riess, Richard: Haus in der Zeit. Das evangelische Pfarrhaus heute, München, 1979.
Rothen, Paul Bernhard: Das Pfarramt. Ein gefährdeter Pfeiler der europäischen Kultur, Münster, 2009.
Rössler, Dietrich: Grundriss der Praktischen Theologie, Berlin, New York, 1994.
Schniewind, Julius: Die geistliche Erneuerung des Pfarrerstandes, Berlin, 1946.
Schulz, Claudia/Hauschildt, Eberhard/Kohler, Eike: Milieus praktisch. Analyse- und Planungshilfen für Kirche und Gemeinde, Göttingen, 2008.
Schweizerischer Evangelischer Kirchenbund: Die Ordination, Bulletin 4/2007.
Steffensky, Fulbert: Schwarzbrot-Spiritualität, Stuttgart, 2005.
Steffensky, Fulbert: Feier des Lebens. Spiritualität im Alltag, Freiburg, 2009.
Wagner-Rau, Ulrike: Auf der Schwelle. Das Pfarramt im Prozess kirchlichen Wandels. Stuttgart, 2009.
Zufriedenheitsbefragung aller Pfarrer der Evangelischen Kirche in Hessen und Nassau, 2001, Internet: http.//pfarrberuf.iws-marburg.de.